자살예방실천현장에서의 동기면담

MOTIVATIONAL INTERVIEWING IN SUICIDE PREVENTION PRACTICE

| **강호엽 · 조성희** 공저 |

학지사

머리말

우리나라는 2011년에 「자살예방 및 생명존중문화 조성을 위한 법률」을 제정하면서부터 다양한 자살예방인프라가 구축되었다. 그 결과, 2014년에는 6년 만에 자살률이 최저로 감소하며 주목할 만한 성과가 나타났고, 공적 예산의 투입이 자살률 감소로 이어진다는 논리가 재확인되었다. 한편, 이러한 성과 이면에 존재하는 자살예방인력의 부족, 평가에 따른 실적 위주의 운영, 지역사회 중심 프로그램의 부족은 앞으로도 해결해 나아가야 할 과제이다.

국내 자살예방사업의 눈부신 성과 중 하나는 단연 생명지킴이 양성사업이다. 기하급수적으로 양성된 생명지킴이는 우리 사회에서 자살에 대한 인식 개선에 많은 영향을 주었고, 자살위험이 있는 이웃들을 발견할 수 있는 모니터링 체계가 구축되었다는 점에서 주목할 만한 성과를 보였다. 반면, 예방사업은 다양한 서비스로 체계화되고 확대되어 가고 있지만, 자살위험이 있는 내담자에게 제공되는 직접서비스에 대한 관심은 상대적으로 낮은 편이다. 국내 자살예방 실무자 프로토콜에 의하면 자살위험군이 발견되었을 때 정신과 연계 위주로 대응하는 것이 대부분이다. 이러한 접근은 지역사회 중심의 서비스 차별화에 의문을 가지게 만든다. 이러한 문제점을 개선하기 위하여 지역사회직접서비스로 인지행동 프로그램이 보급된 바 있다. 이 인지행동접근은 매우 효과적인 자살예방개입법이지만, 지역사회 자살예방기관에서 만나는 내담자는 삶과 죽음에 대한 양가감정을 가지고 있어 프로그램 참여에 이르는 데 한계가 따른다. 이러한 한계에 대비하여 동기면담은 낮은 동기를 증진하도록 개입하여, 다양한 근거 기반의 치료법과 연결하거나 이를 통합하여 사용하는 데 보완적인 역할을 할 것으로 기대한다. 또한 내담자와의 관계를 방해하는 요인을 알아차리고 동맹 관계를 견고히 하는 전략을 제공하고 있어서 실무자들의 밑바탕이 되는 실천기술로서 적합할 것이다.

저자는 다양한 자살예방실천현장에서 자살도구를 빼앗고 정신과 연계 중심의 접근전략을 취하는 모습을 많이 봐 왔다. 자살도구를 뺏고 입원 조치를 하는 것처럼 자살로부터 안전하게 만드는 것은 외적인 안전장치를 단단히 한다는 점에서 자살예방의 전략임은 분명하지만, 그렇다고 해서 내담자의 삶에서 달라지는 것은 없다. 당장 내일의 생계와 고독감이라는 현실과 다시 마주하게 되는 순간, 자살위험은 다시금 시작되기 때문이다. 완벽한 자살을 시도하는 사람은 주변 사람들을 안심시키고 조용히 삶을 포기한다. 그동안 우리는 외적인 안전장치에 관심을 기울이다 본의 아니게 내적인 안전장치를 찾을 기회를 뺏어 왔을지도 모르겠다. 우리가 이들을 어떻게 도울 것인가에 대해 고민한다면, 내적인 안전장치, 즉 삶의 이유(삶의 동기)를 찾는 것을 돕도록 시간을 충분히 확보할 뿐만 아니라 인력을 확충하고 인프라를 구축해야 할 것이다.

저자는 2006년부터 지역사회복지현장에서 일을 해 왔다. 내담자를 돕기 위해 실천기술이 필요하던 터에, 동기면담의 만남은 훌륭한 기술보다 돕고자 하는 진정성이 변화에서 가장 중요하다는 것을 깨닫게 해 주었다. 즉, 동정(compassion)의 가치를 일깨워 주었다. 어떻게 하면 자살위험이 있는 내담자의 자율성을 존중해 줄 수 있을까? 이것은 자살예방실천현장에서 일해 오며 여전히 계속되는 나의 관심사이다. 이 책을 통해서 자살예방실천현장에서 자살이라는 극단적인 선택의 상황에 처한 내담자의 자율성을 존중할 수 있는 실천기술을 체계화하는 것이 저자에게 가치 있는 일임은 분명하였다. 비록 쉬운 작업은 아니었으나, 매일 동료와 함께 사례를 고민하고, 문헌을 찾아보면서, 축적된 경험들을 알기 쉽게 글로 적고자 노력하였다. 비록 많은 부족함이 있더라도 독자의 너그러운 이해를 구한다.

생명을 살린다는 사명감 하나로 슬픔과 기쁨을 함께한 자살예방팀 동료 배민아, 황혜란 선생님께 감사함을 전한다. 그리고 집필과정 중 자료에 있어서 도움을 준 강지인 선생님, 프로그램 개발과정에 도움을 준 경북대학교 김희숙 교수, 대전광역정신건강복지센터 유제춘 센터장, 대전광역정신건강복지센터 박인하 부센터장, 서울시자살예방센터 이구상 부센터장, 인천광역자살예방센터 배미남 팀장, 대구광역자살예방센터 김정은 팀장, 군산시정신건강복지센터 봉계천 팀장, 정미용 동기면담 국제훈련가, 은희진 동기면담 국제훈련가, 최지환 힐링유 심신치유센터 원장, 현장사례모음을 도와준 상주시정신건강복지센터 김동환 자살예방팀장, 김천시정신건강복지센터 강호도 선생님, 자문을 도와주신 김기은 동기면담 국제훈련가, 임성철 동기면담 국제훈련가, 변신철 동기면담 국제훈련가, 신수경 동기면담 국제훈련가, 아낌없는 조언을 주신 대구대학교 이현주 교수께 고마움을 전한다. 또한 서슴지 않고 자문을 도와주신 한국 MINT 분들께 감사함을 전한다.

끝으로 집필에 함께 참여해 주시고 동기면담의 정신을 일깨워 주신 조성희 교수님께 감사와 존경을 표하며, 나의 아내 김보미와 우리 딸 다윤이에게 사랑한다는 말을 전한다.

2017년 9월

저자 대표 강호엽

차례

부록

제1장

자살예방실천과 동기면담

1. 동기면담의 개념

동기면담은 내담자 자신의 변화 동기와 변화 결단을 견고히 하도록 돕는
협동적인 대화 스타일이다.
(Miller & Rollnick, 3rd ed., 2013, p. 12)

동기면담은 면담자가 내담자와 대화를 하는 데 특징적으로 나타나는 대화 스타일이다. 여기서 면담자란 상담자, 사회복지사, 간호사, 사례관리자를 포함하여 내담자가 스스로 변화에 대한 탐색을 하고 변화를 실천하도록 변화 동기를 이끌어 내는 모든 전문가를 일컫는다.

동기면담은 내담자 중심의 접근 방법이며, 몇 가지 중요한 원칙을 포함한다. 내담자의 경험에 대해 공감을 표현하기, 내담자가 보이는 저항과 함께 구르기, 갈등을 직면하거나 부추기는 것을 피하기, 내담자가 원하는 변화행동과 현재 실제 행동

사이에 불일치를 만들기, 그리고 변화 달성이 가능하다는 자기효능감을 증진하기 등이 이에 속한다. 동기면담은 기본적으로 내담자가 스스로에게 폐해가 되는 현재 행동을 중단하거나 더욱 도움이 되는 행동을 실행해야 하는 이유들을 이끌어 내도록 도와서 변화행동의 실천 가능성을 높이고자 개발되었다.

동기면담은 내담자가 바라는 행동 변화 쪽으로 다가갈 수 있도록 방향을 맞추고 전략적으로 내담자를 안내한다는 점에서 방향지시적이다. 여기서 구체적인 기법들이 활용되는데, 예를 들어 내담자가 면담자에게 이해받는 느낌이 확실하게 들도록 경청하고 반영하기, 열린질문을 하면서 내담자가 더 많은 설명을 하도록 격려하기, 내담자의 장점을 인정하면서 자기효능감을 지지하기, 내담자가 설명한 것을 정리해서 요약하여 다시 말해 주기 등이 있다. 이러한 기법들을 활용하면서 내담자의 변화동기와 변화결단이 견고해지도록 한다. 내담자에게 정보를 제공하거나 조언을 하는 등 매우 지시적인 기법들이 동기면담의 관점에서 적절한 경우가 있는데, 이 경우에는 내담자에게 허락을 구하도록 한다.

동기면담이 소개된 것은 물질사용 행동 문제를 가진 내담자를 위한 것이었으나, 현재는 다이어트, 운동, 처방약 복용 준수, 치료 참여 등과 같이 건강 관련 행동 문제에 적용되고 있다.

자살을 생각하는 사람에게 삶과 죽음에 대한 양가감정이 매우 중요한 요인임을 고려할 때, 동기면담은 내담자의 양가감정을 해결하는 데 주안점을 가지고 있으므로, 자살사고를 가진 내담자에게 있어서 맞춤형의 접근이 된다. 동기면담을 하는 면담자들은 내담자의 양가감정 모두에 대해 전략적으로 주의를 기울이기 때문에 내담자는 자신의 상황이 가지는 복잡성에 대해 면담자가 이해를 잘 한다는 것을 알게 된다.

면담자가 살아야 하는 이유에 대해서만 이야기하도록 한다면, 양가적인 내담자는 죽어야 하는 이유들을 이야기하면서 자기가 어떻게 느끼는지에 대해 면담자를 이해시키려고 애쓴다. 자기지각이론(self-perception theory)에서는 사람들이 자신의 양가감정을 해결할 때 다른 사람의 말보다는 자신의 내면적 언어를 경청함으로써 무엇을 믿어야 할지 결정한다고 본다. 따라서 살아야 하는 이유들에 대해서만 이야기하는 면담자는 의도치 않게 내담자를 죽어야 하는 이유들에 대해 이야기하도록 몰아가게 되며, 결과적으로 내담자는 정말로 죽어야 할 이유들이 있다고 확신하는 기회를 가지게 된다. 이러한 결과를 피하려면, 면담자 스스로가 동기면담을 사용하여 죽어야 하는 이유들을 이끌어 내고 반영하면서, 내담자에게 그러한 설명을 할 기회를 주지 않아야 한다. 살아야 하는 동기를 만회하게 도우려면, 내담자 스스로 자신이 살아야 하는 이유들을 드러내도록 해야 한다. 죽어야 하는 이유들과 살아야 하는 이유들에 대해 탐색을 한 후에야 내담자는 비로소 자기가 원하는 것이 사는 것임을 알게 된다. 그러면서 내담자는 자신의 삶이 살 만한 가치가 있음을 확인하기 위해서는 어떤 변화를 수행해야 한다는 것을 알게 된다. 내담자가 일상생활의 변화에 대해 이야기할 준비가 되면, 면담자는 이러한 변화에 대해 내담자와 함께 탐색하는데, 예를 들어 '내담자가 죽어야 하는 이유들을 다룰 만한 치료에 참여하기' 등이 이러한 방법이다.

2. 자살예방실천에서 동기면담의 이론적 근거

자살위험이 있는 내담자를 치료할 때 환경이 제약적이고 치료 대안의 폭이 좁다는 점에서 동기면담의 사용은 내담자의 자율성을 크게 증진시킨다. 무엇보다도 치료 동맹 관계의 발전은 동기면담을 사용할 때 발생하는 이점이다. 자율성과 동맹이라는 긍정적인 관계성을 가짐으로써 면담자는 내담자로 하여금 그동안의 수동적인 태도나 비협조적인 태도를 보다 적극적이고 협조적으로 바꿀 수 있다. 자살위험 내담자의 수동성과 비협조적 태도는 치료 장면에서 흔히 있는 문제이다. 내담자의 양가감정을 반영하면서 생명을 향한 변화로 준비하도록 돕는 데 동기면담이 매우 효과적이다.

동기면담은 내담자의 자율성을 지지하고 보전한다는 점에서 가치가 있다. 위기에 처해 있는 내담자가 무기력하다고 해서 컨트롤하거나 대안을 강요하지 않고, 내담자의 자기효능감을 존중하고 세우는 동기면담이 효과적이다. 내담자 스스로 적절한 선택을 할 수 있다고 격려하고 지지하면서 내담자가 긍정적인 기대감을 가질 수 있도록 돕는 동기면담은 자기가 무망하고 무기력하다고 스스로 인식하는 자살위험 내담자와 면담을 할 때 특히 중요하다.

자살위험이 있는 내담자가 가지는 삶과 죽음에 대한 양가감정을 효과적으로 탐색해야 하는데, 위기 상황에서의 평가 때뿐만 아니라 입원기간, 퇴원계획 시, 추후 치료에서도 지속적으로 초점을 맞추는 것이 중요하다. 또한 내담자의 양가감정을 비호의적으로 다루었을 경우 자살의 재시도로 이어질 가능성이 있다.

동기면담은 면담자가 공감적으로 그리고 사회적으로 중립적인 관계를 유지함으로써 자살위험이 가지는 중요한 실존적 문제들에 접근하도록 돕는다. 동기면담은 내담자가 존재하는 데 도사리고 있는 많은 딜레마를 다루고 화해시키는 데 효과적인 기법과 최적의 정신을 제공한다.

일반적으로 자살로 죽는 사람들의 90%가 한 가지 이상의 정신장애를 가지고 있다고 하며, 그중 65%의 사람들이 심리적 또는 정신과 치료를 한 번도 받지 않는다고 한다. 자살 관련 행동을 줄이는 데 효과적인 치료적 개입으로는 인지행동치료(Cognitive Behavioral Therapy: CBT) 등의 심리사회적 개입을 들 수 있다. 위험성을 지닌 내담자들이 효과적인 정신건강 치료를 받게 하는 데 중요한 것은 이론적으로나 임상경험적으로 효과가 입증된 방법들을 사용하는 것이다.

동기면담은 타 치료 방법들을 보완하는 데 사용되는 경우 치료 참여도를 높이는 동시에 치료 성과를 증진시키는 것으로 연구 결과에서 보고하고 있다. 한편, 동기면담은 이론으로 시작된 접근법이 아니다. 인간의 동기이론 중에서 동기면담의 기반이 될 수 있는 원칙들을 가진 일반 이론으로는 자기결정이론(Self-Determination Theory: SDT)을 들 수 있는데, 이 이론은 동기면담이 인지행동치료와 어떠한 방식으로 통합되어 치료 참여와 성과를 높이는지에 대해 이해할 수 있는 틀을 제공한다.

한편, 자살위험이 있는 내담자들이 치료 선택을 하는 데 제약적이라는 점에서 동기면담은 내담자들의 자율성을 크게 증진시킴으로써 스스로 선택하게 한다는 점에 가치를 둔다. 동기면담이 가지는 중요한 가치는 자율성을 촉진하고 치료적 동맹 관계를 유발시키며 내담자의 양가감정을 스스로 탐색하여 행동 변화를 촉진하는 데 있다. 따라서 자살위험을 가진 내담자가 반복적인 시도를 하지 않고 생활양식과 행동습관을 스스로 바꾸도록 돕는 데 동기면담이 효과적이다.

관계 형성으로부터 시작하는 동기면담은 면담자가 내담자와 협동적인 관계를 유지하면서 내담자의 변화에 대한 이유와 필요, 변화하고자 하는 욕구, 변화할 수 있다는 능력을 표현하도록 돕는다. 내담자가 살면서 경험했던 실수나 실패, 이로 인한 좌절감과 무력감뿐 아니라 사소한 것이라도 성공과 성취의 경험을 존중하며 대화를 이끄는 데 주력한다.

동기면담을 하는 면담자는 내담자가 가지고 있는 삶에 대한 양가감정을 있는 그대로 수용하면서 내담자가 표현하도록 돕기 때문에 내담자는 공감받는 느낌을 갖는다. 공감은 변화 동기를 높이는 데 중요한 대인관계적 치료 요인이기 때문에 내담자가 자신의 양가감정을 읽어 주는 면담자로부터 자신의 양가감정을 재확인하며 동시에 변화에 대한 고민을 하게 된다.

협동과 수용, 동기 유발, 동정(compassion)은 동기면담의 정신으로 면담자가 내담자에게 전달하는 핵심 가치이며, 면담자는 이러한 정신을 담아 내담자 중심의 대화를 하게 된다.

동기면담을 원리와 기법의 관점에서 기술하는 것이 상당히 용이하기는 하지만 동기면담이 어떤 이유로 효과적인지를 설명하기는 매우 어렵다. 동기면담의 원리 및 기법과 상당히 많은 부분에서 일관성이 있는 전제 및 개념을 가진 심리학 이론으로는 자기결정이론(SDT)을 들 수 있다. 자기결정이론은 행동의 방향과 에너지 흐름을 모두 설명한다. 사람은 태어날 때부터 성장과 웰빙을 향해 가므로 삶의 내적 에너지를 소유하고 있다. 이 이론에 의하면 세 가지 기본 심리 욕구들이 있는데, 이 욕구들은 적정한 수준으로 성장, 개발, 기능을 해야 한다.

이 세 가지 욕구는 자율성, 유능함, 관계성이다. 자율성은 의지적으로 자기 자신을 행동의 주체자로 지각하는 욕구이다. 유능함이란 자신이 바라는 결과를 달성할 수 있는 능력이 있다고 느끼는 욕구이다. 관계성이란 중요한 사람들과 가깝다고 느끼고 이해받고자 하는 욕구다. 이러한 욕구들이 충족되었다고 믿는 정도만큼이나 사람들은 더욱 에너지를 받고 더 집중하게 된다.

자살위험이 있는 내담자들을 만나는 장면에서 이러한 욕구들을 높일 때, 심리적인 고통이 줄고, 살고자 하는 동기가 높아지고, 치료를 받고자 하는 동기가 증진된다. 동기면담은 이러한 기본적인 심리적 욕구들을 지지하는 데 특별히 효과가 있다. 예를 들어, 동기면담에서 공감을 표현하고 경청하며 반영할 때, 면담자가 내담자의 관점을 이해하고 있음을 내담자에게 전달해 준다. 이럴 때 내담자의 관계성 욕구가 충족되는 것이다. 인정하기를 통해서 내담자의 자기효능감을 지지하는 동기면담은 내담자의 유능함 욕구를 충족하는 것이 된다. 마지막으로, 갈등을 직면하거나 부추기는 대신 저항과 함께 구르기를 하는 동기면담에서, 그리고 내담자가 바라는 행동과 현재 행동 사이에 불일치감을 만드는 동기면담에서, 그리고 열린질문을 함으로써 내담자의 관점을 이끌어 내는 동기면담에서 내담자의 자율성 욕구를 충족하게 되므로 치유적인 과정에 내담자가 몰입할 수 있도록 해 준다. 자기결정이론은 면담자가 내담자를 위해서 지지적이고 치유적인 환경을 만들어 주는 데 중요한 역할을 해야 함을 강조한다.

자기결정이론 측면에서 보면, 동기면담은 내담자의 심리적 욕구를 충족하는 사회적 환경을 제공하며, 내담자로 하여금 치료 참여가 요구하는 에너지와 기타 성장 증진 행동을 향한 에너지를 제공해 준다. 심리적 욕구들을 위한 지원이 단기 또는 장기적으로 부족한 경우, 사람들은 비교적 외면적인 인생 목표를 만들게 되어 우울감이나 불안 그리고 신체화의 증가뿐만 아니라 생명력의 감소를 종종 경험하곤 한다. 내담자의 기본적인 욕구들을 지지할 때, 내담자의 생명력과 내면적 포부를 높일 수 있고, 더 나아가 삶을 유지하는 행동을 증가시키는 결과를 가져온다.

자살예방을 위한 인지행동치료가 내담자에게 적응적인 대처 전략들을 제공하는데, 이러한 전략들을 내담자가 배우고 사용하도록 해 주는 치유적인 환경을 어떻게 만들어 줄 수 있는지에 대해서는 가이드가 충분하지 않다. 동기면담이 내담자의 기본 심리 욕구들을 지원하는 정도에 따라서, 내담자의 고통을 줄이고, 인지행동치료와 같은 치료에 쏟아야 하는 에너지를 만들어 낼 수 있다.

동기면담이 가지는 중요한 가치는 자율성을 촉진하고 치료 동맹을 유발하며 양가감정을 검토하는 것이다. 자살위험이 있는 내담자의 경우 비자발적이거나 강요된 상황에서 면담자를 만나게 될 때 내담자는 자율성 욕구가 충족되지 않은 상태에 놓이게 된다. 동기면담은 이러한 환경에서 변화를 촉진시킬 수 있는 기회를 제공하며 치료 동맹 관계는 자살위험이 늘 도사리고 있는 내담자들에게 있어 필수적이다. 동기면담의 정신으로 양가감정을 탐색하는 것이 치료 동맹을 맺으면서 내담자의 자율성과 함께 최소한의 제약 내에서 치료를 받을 수 있는 권리를 존중하는 열쇠가 된다.

3. 자살예방실천에서 동기면담의 적용

동기면담의 사용 목표는 내담자에게 부여되는 치료의 가능성을 최소화하고 동시에 내담자의 자율성을 증진시키며 자기효능감을 높이는 것이다. 변화를 도모하기 위해서 구체적으로 내담자의 양가감정이나 불확실성의 상태에서 벗어나서 안전성의 상태를 유지하도록 이끈다. 어떠한 방법으로든지 내담자가 자해를 하지 않는 것에 변화 목표를 둔다. 더 나아가 내담자가 면담에서 협조적인 태도를 보이면서 치료 절차와 처방을 준수하는 것이며, 단기적 · 장기적 치료 계획을 설정하는 데 내담자가 참여하고 동의하는 것이 변화 목표이다.

동기면담 정신은 진솔한 공감을 표현하고 보여 주는 것으로서, 내담자가 말한 것과 말하지 않은 것을 경청하고 주의 집중하는 것이며, 정중하고 비위협적인 방식으로 진솔하고 정직하게 긍정적 에너지의 모든 빛을 식별하고, 존중하고, 반영하고, 인정하며, 지지하는 것을 말한다. 동기면담에서 면담자는 내담자가 얼마나 협조적인가 하는 것과 관계없이 내담자의 일정과 안전성, 후속 치료를 목표로 만나야 한다. 이러한 측면에서 동기면담이 실제적으로 적용 가능하다.

내담자의 자율성을 효과적으로 증진하는 데에 동기면담의 협동 정신 그리고 저항과 함께 구르기를 적용할 수 있다. 내담자와의 동맹 관계를 증진하기 위해서는 동기면담의 정직성, 공감 표현하기, 진솔함이 중요하다. 내담자의 양가감정을 검토하는 데에는 동기면담의 유발성과 불일치감 만들기가 사용될 수 있다. 내담자의 자기효능감을 지지하는 데에는 변화대화를 알아차리고 반영하는 것이 효과적이다.

동기면담에서는 면담자가 내담자와의 만남에서 정중하고, 민감하며, 허락을 구하고 정보나 조언을 제공한다. 경청하고 반영하고, 진솔하게 공감을 표현하는 데에 특별히 노력하는 이유는 이러한 노력이 면담자와 내담자의 관계를 촉진하기 때문이며, 내담자가 스스로 부정적인 감정을 다루는 데 좋은 선택을 하는 능력을 부여하는 역할을 하기 때문이다.

자살위험이 있는 내담자가 강요된 치료와 지시를 받을 때, 또한 충분한 관계 형성이 이루어지지 않았을 때, 재위험성이 높아진다. 위기 상황에서 내담자의 속도와 방향에 맞추어 반응하도록 허락하는 것이 동기면담 정신에 부합한다. 이렇게 할 때 상호 신뢰를 만들 수 있고, 내담자는 자기통제감을 어느 정도 유지하게 된다. 내담자와 대화를 하면서 지금 여기에서 가지고 있는 양가감정의 중요한 요소들을 이끌어 내고 인식하는 것이 가능해진다.

자살사고로 인해서 경험하는 심리적인 고통이 압도적이기 때문에 그것으로도 내담자로 하여금 치료에 참여하게 할 만한 충분한 동기가 될 수 있다고 생각하는 사람들이 많다. 하지만 사실은 이와 다르다. 한 가지 가설은, 자살에 대해 생각하는 사람들은 치료에 참여하기를 힘들어하는데 그 이유는 살고자 하는 동기가 부족하여서 치료에 대한 관심이나 에너지가 부족하기 때문이라는 것이다. 연구 결과에서 보면, 자살에 대해 생각하는 많은 사람이 양가감정을 가지고 있다. 즉, 죽고 싶지만, 동시에 살고 싶은데 고통이 덜하기를 원한다. 죽는 것과 사는 것에 대해 가지는 양가감정은 자살위험의 연속선상에 있는 모든 사람에게서 관찰된 바 있다. 즉, 자살에 대한 생각을 말하는 내담자로부터 유서를 남기고 자살에 성공한 사람들에 이르기까지 양가감정을 가지고 있었다. 죽고자 하는 강도 대 살고자 하는 강도 비율은 미래의 자살 관련 행동에 있어서 중요한 결정요인으로 나타났다. 살고자 하는 강도보다 죽고자 하는 강도가 클 경우, 자살시도를 하는 사람은 죽고자 하는 의도가 더 컸고 자살 가능성이 높았다.

이러한 양가감정을 해결함으로써 살고자 하는 동기를 높이는 것이 중요한데, 이는 생명을 위협하는 행동 수행을 줄이는 동시에 치료와 같이 삶을 유지하는 행동을 지속하도록 돕기 때문이다.

두 번째 가설은, 자살에 대해 생각하는 사람들의 경우 종종 치료 불참 이유가 매우 많다는 것이다. 자살사고 및 자살시도의 위험도를 높이는 바로 그 요인들이 치료 참여에 걸림돌이 된다. 요인들로는 낮은 수준의 사회경제적 지위가 있는데, 이는 교통비나 치료비를 내는 데 어려움을 준다. 우울감 요인은 낮은 동기 수준으로 나타난다. 경계선 성격장애 요인은 대인관계에서의 어려움과 관련된다. 정신장애로 인한 사회적 낙인 역시 치료를 시작하거나 치료를 유지하는 데 걸림돌이 된다. 이러한 걸림돌들을 극복할 수 있는 능력은 자살과 종종 관련되는 인지 기능의 한계로 인해 낮아진다. 한편, 치료 동기가 자살 관련 행동의 만성적 위험성과 관련될 수 있고, 살고자 하는 동기와 매우 다를 수 있다는 주장들이 있다. 예를 들어, 어떤 내담자는 심한 만성적 통증으로 인해서 자살을 생각할 수 있는데 동시에 살고자 하는 이유는 자신의 자율성을 가치 있게 생각하였기에 과거에 어려운 시간들을 견뎌 낸 것에 있을 수 있다. 이 내담자가 치료 불참의 주요한 이유는 자신이 자율적인 사람이라고 생각하고 스스로 문제를 해결해 온 것일 수 있다. 한편, 치료를 고려하고자 하는 이유는 자신의 심한 만성적 통증을 관리하고 싶기 때문이다. 이 경우, 살고자 하는 이유를 높이면 단기적인 위험성을 줄일 수 있으나, 참여 동기를 저하하게 되어 장기적인 위험성을 의도치 않게 높일 수도 있다. 중요한 시사점은 살고자 하는 동기와 치료받고자 하는 동기가 서로 다를 수 있다는 것이며, 따라서 이 두 가지 동기를 분리하여 다루는 것이 중요하다.

집중 사례관리와 개인 및 집단 치료 등 다양한 치료도구가 있어서 내담자로 하여금 삶을 영위하면서 치료에 참여하고 치료를 유지하도록 걸림돌들을 극복하도록 돕고 있기는 하나, 모든 상황에서 이 도구들이 적합한 것은 아니다. 자살 행동에 대해 생각하고 있거나 이미 그러한 행동을 한 사람들 중 많은 사람이 정신과 응급실이나 급성 입원실 등과 같은 장면에서 만나게 되는데, 이러한 장면에서는 복합적이고 광범위한 치료에 필요한 시간이나 자원이 제공되지 못한다. 개인 병원에서도 자살 환자들을 치료하고 있는데 큰 규모의 건강 케어 체계에서 제공될 수 있는 것을 받지 못한다. 따라서 다양한 장면에서 자살위험이 있는 내담자들의 치료 동기 및 살고자 하는 동기를 다룰 수 있는 실제적인 도구와 방법이 있어야 한다.

연구 결과에서 보면, 동기면담은 타 치료들에 보완책으로 사용될 때 가장 효과적이라고 한다. 그중 인지행동치료에 부가적으로 사용되는 경우 다양한 행동 문제를 다루는 데 효과적이었다. 자살예방을 위한 인지행동치료에서 자살위험이 있는 내담자들에게 동기면담을 사용하는 것이 논리적이고 합당하다고 본다. 자기결정이론 측면에서 볼 때, 동기면담 원리를 인지행동치료에 동화하는 것은 내담자의 관계성과 자율성을 증가시키는 것이며, 따라서 내담자의 생명력을 높이고, 그들의 고통을 절감시키며, 인지행동치료 과제에 적극적으로 몰입하는 능력에 긍정적인 영향을 준다.

자살예방에 동기면담을 적용하는 것과 관련하여 자살사고를 다루기 위해서 동기면담 적용판이 개발된 바 있다(MI-SI). MI-SI는 세 가지 단계로 구성되는데, 정신과 응급실 임상가들을 위해서 1회기로 내담자의 살고자 하는 동기를 다루고 높이면서 동시에 생명 증진 활동에 몰입하도록 돕는 방법으로 개발되었다. 단계 1에서 면담자는 내담자가 현재 문제가 무엇인지 제시하고 탐색하도록 하면서 자살을 생각하는 이유에 대해 이야기하도록 돕는다. 단계 2에서는 살아야 하는 이유를 이끌어 내고 탐색함으로써 살고자 하는 동기를 만들어 간다. 단계 3에서는 내담자의 살고자 하는 결단을 견고히 하면서 개별적 계획을 만들어서 살 만한 가치가 있는 삶을 경험하도록 돕는다. 이 단계들은 체크리스트로 되어 있지 않고, 면담자가 MI-SI 회기를 구조화하도록 돕는 개요로 되어 있다. 동기면담은 매뉴얼을 사용하지 않았을 때 더욱 효과가 있는 것으로 나타났다. 매뉴얼에 너무 충실할 경우, 사실 동기면담의 기본적인 개념에 어긋날 수 있어서 효과를 약화시킨다. 예를 들어, 내담자가 죽어야 하는 이유에 대해 아주 조금 언급했을 경우 더 많은 이유를 자세하게 탐색하도록 설득한다면 오히려 역효과를 가져온다. 이와 마찬가지로, 내담자가 준비되어 있지 않을 때 내담자로 하여금 살 만한 가치가 있는 인생을 만들도록 계획을 하라고 설득하는 경우 호전하는 데 걸림돌이 될 수 있다. 왜냐하면 내담자의 자율성을 경감시키기 때문이다.

단계 1에서 면담자는 내담자가 현재 문제와 자살에 대해 생각하는 이유를 이야기하도록 이끄는 것을 목표로 한다. 내담자가 자살에 대해 생각하는 이유를 내담자 스스로 이해할 수 있다. 내담자는 이유에 대해 완전히 인지하지 못하고 있거나 이유에 대해 이야기할 준비가 되어 있지 않을 수 있다. 동시에 내담자가 살아야 하는 이유를 말하도록 이끌어 내는 것이 단계 1에서의 또 다른 목표인데, 조급하게 이끌어 내려고 할 경우 내담자는 오히려 죽어야 하는 이유를 더 많이 이야기하곤 한다. 따라서 내담자가 스스로 살아야 하는 이유에 대해 이야기를 할 준비가 되어 있는지 살펴야 하며, 면담자는 내담자를 정중하게 가이드하면서 살고자 하는 동기를 이끌어 내야 한다. 내담자가 죽어야 하는 이유를 말할 때, 면담자는 비판단적인 방식으로 그러한 이유들을 이끌어 내고 반영하기를 하면서 내담자의 자율성 욕구와 관계성 욕구를 지지해야 한다.

내담자가 살아야 하는 이유에 대해 이야기할 준비가 되었다면 단계 2라고 볼 수 있다. 내담자는 여전히 양가감정을 가지고 있으므로, 즉 죽어야 하는 이유와 살아야 하는 이유를 모두 가지고 있으므로, 단계 2에서는 살아야 하는 이유들을 더 많이 이야기하도록 도우면서 삶의 방향으로 양가감정을 해소하도록 해야 한다. 내담자를 지지하고 내담자의 삶의 복잡성을 알아차리고 인정하면서 내담자의 자율성과 관계성을 늘리고 생명력을 확장시켜야 한다. 삶의 에너지와 생명력의 증가는 양가감정이라고 하는 저울에서 죽고자 하는 마음으로부터 멀어지면서 살고자 하는 방향으로 기울어지게 한다. 양가감정을 가지고 있는 내담자가 그동안 잊어버렸던 살아야 하는 이유들을 이끌어 내야 하며, 그렇게 함으로써 내담자의 살고자 하는 동기를 높일 수 있다. 단계 2에서 사용 가능한 기법으로는 '변화준비도 척도'가 있다. 내담자가 살고자 하는 것에 대해 어느 정도 중요하게 생각하는지, 살 만한 가치를 가진 인생을 살아갈 능력에 대해 어느 정도 자신감을 가지고 있는지 묻는 것이다. "10점은 '매우 중요하다'이고, 0점은 '전혀 중요하지 않다'라고 한다면, 살아가는 것이 지금 ○○님에게 얼마나 중요할까요?"라고 묻는다. 내담자가 점수를 말하면, 왜 0점이 아닌 그 점수를 선택했는지 질문한다. 만약 내담자가 0점이라고 한다면, 좀 더 높은 점수, 예를 들어 5점을 선택하려면 어떤 변화가 있어야 하는지 묻는다.

단계 3에서 내담자가 가치 있는 삶을 사는 데 도움이 될 만한 변화행동이나 치료 프로그램을 찾도록 도와야 한다. 면담자는 내담자가 자기 삶에 도움이 될 것을 찾는 데 전문가라는 점을 기억해야 하며, 동시에 면담자가 알고 있는 자원과 정보를 나눌 필요가 있다. 이때 중요한 것은 내담자로부터 허락을 구해야 한다는 점이다. 면담자가 강요하거나 조정하려고 한다면 내담자의 자율성을 해치게 되므로 생명력이 저하된다.

4. 동기면담 활용의 제한점

동기면담을 적용하는 것은 논쟁을 피하고, 판단하지 않고, 설득을 피하면서 변화를 증진시키는 것을 말한다. 따라서 동기면담을 시간낭비라고 하는 몇몇 학자의 견해가 있다. 제약적인 시간 틀 내에서 요구되는 절차를 달성하는 데 동기면담 개입이 과연 실제적이고 관리 가능할지 회의적인 전문가들이 있다. 동기면담을 토대로 한 개입에 드는 시간이 일반적으로 다른 기법들보다 조금 길다는 것이다. 사실 질적인 차이를 가져온다는 점에서 이러한 차이가 전혀 유의미하지 않다는 것이 사실이다. 이러한 차이에 포함되는 것으로는, 정보의 정확성을 지지해 줄 뿐 아니라 긍정적 치료 관계를 만들어 주고 지속적으로 긍정적인 참여를 할 수 있도록 지원하며, 걸림돌이 될 수 있는 것을 파악하고 최소화하는 것 등이다.

동기면담을 정규적으로 수행하는 임상 장면이 드물어서 자살에 대한 경험적 연구가 제한적이다. 무선별 통제 실험 연구, 상관관계 연구 등을 보다 활발히 해야 할 필요가 있다.

제2장

동기면담의 이해

1. 동기면담의 이론적 배경

동기면담에는 여러 가지 중요한 특성이 있다. 첫째, 동기면담이 Rogers의 인간중심 상담에 그 뿌리를 두고 있으므로, 내담자를 향한 동기면담의 태도는 내담자 중심이다. 그러나 동기면담은 비지시적 접근이 아니고, 방향지향적이다. 즉, 동기면담은 내담자의 변화 혹은 행동 변화라는 구체적이고 명확한 목표에 초점을 둔 방향지향적 특성이 뚜렷하다.

둘째, 동기면담의 특성은 면담자의 의사소통 스타일이 면담의 효과성을 결정한다. 내담자의 변화에 대한 인식과 수용, 변화하려는 의지와 태도에 중점을 두는 것이 아니라, 면담자의 의사소통 스타일이 내담자의 변화를 주도하는 점을 강조한다. 즉, 면담자의 의사소통 스타일에 따라 내담자가 변화하고 싶게도 혹은 변화와 멀어지게도 할 수 있다는 것이다.

셋째, 동기면담은 상담(counseling)이나 치료(therapy)가 아니다. 동기면담은 면담자의 권위와 힘이 내담자의 변화를 주도하지 않음을 강조하며, 동기면담에서 면담자와 내담자의 만남이 인격적으로 이루어져야 함을 강조한다. 동기면담에서는 기존의 치료와 상담에서처럼, 상담자나 치료자 혹은 전문가의 권위와 전문적 지식 및 경험이 내담자나 환자의 변화로 이끌어 간다고 보지 않고, 두 사람의 의사소통이 변화를 초래하는 힘임을 거듭 강조한다.

넷째, 동기면담의 방향지향적 특성에서 이미 강조한 바와 같이, 동기면담은 내담자의 과거 혹은 어린 시절, 내적 갈등 등에 중점을 두기보다는 내담자의 구체적인 변화에 초점을 둔다. 따라서 내담자가 변화하도록 돕기 위해서는 외적 동기나 요인보다는 변화의 내적 동기를 이끌어 내는 데 주력하는 특성이 있다.

다섯째, 변화에 대한 인식이 부족하고 변화에 대한 동기가 없어 보이는 내담자라 하더라도, 그들의 대화 속에는 자신의 문제로부터 멀어지고 싶은 동기, 문제행동을 중단하고 싶은 욕구, 문제를 일으키지 않고 다른 사람들과 함께 살아가고 싶은 마음이 내재되어 있다. 면담자는 내담자들과의 면담 속에서 내담자의 이러한 변화에 대한 욕구, 능력, 이유, 필요를 선별할 수 있는 능력이 있어야 한다. 따라서 동기면담의 최종 목표는 내담자들의 언어나 생각 속에서 변화대화를 이끌어 내고 선별하는 데 있다.

2. 동기면담의 정신

Miller와 Rollnick(2013)은 동기면담의 정신을 네 가지로 설명하고 있는데, 그것은 협동, 수용, 유발, 동정이다. 수용에 포함되는 하위 특성으로는 자율성 지지하기, 절대적 가치로 받아들이기, 인정하기, 정확한 공감하기가 있다. 동정은 내담자가 고통당하고 있는 것에 대해서 긍휼히 여기고 고통으로부터 자유로워지기를 소원하는 마음을 말한다. 자비 또는 사랑으로도 설명할 수 있다.

우선, 내담자를 향한 면담자의 태도와 의사소통 스타일은 면담자가 동기면담 정신을 지니고 있는가 아닌가에 따라 많은 영향을 받는다. 동기면담 정신은 다른 어떤 동기면담 핵심 기술들보다 우선적이고 더 중요하다. 대화 기법이나 기술에 능수 능란한 면담자라 할지라도 기본적으로 이런 정신과 관련 특성들을 지니고 있지 않다면, 내담자는 쉽게 이것을 알아차리고 존중받지 못한다는 느낌을 받거나 통제 당한다는 느낌을 받아 면담의 효과성을 발휘하지 못하게 되고 만다. 타성에 젖어서 적절한 타이밍에 맞지 않게 면담 기술들을 사용하거나 내담자의 말을 경청하지 않고 면담자가 자기의 타이밍에 맞추어 흔히 사용하는 기법들을 의도적이고 맥락에 맞지 않게 사용한다면 진정한 동기면담을 한다고 볼 수 없다. 다시 말하면, 기법 위주의 면담은 금물이다.

네 가지 특징으로 설명할 수 있는 동기면담 정신은 면담자가 가져야 할 필수적 자세이자 태도이다.

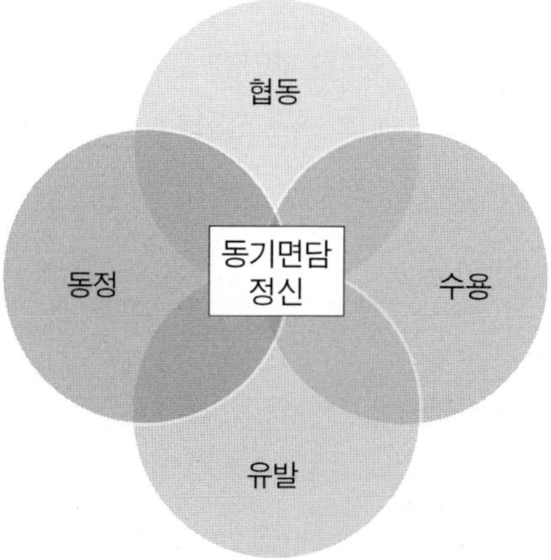

1) 협동

협동은 파트너십을 말한다. 면담자가 내담자의 전문성을 존중하는 관계를 말한다. 협동은 동기면담 정신의 중요한 측면에서 첫 번째에 해당하며, 협동에는 파트너십이 내포되어 있다. 면담자와 내담자는 힘의 균형에서 동일한 위치에 서며, 각각 전문가라고 일컬어진다. 내담자가 전문가라는 관점은 매우 중요한데, 문제행동과 관련되어 경험해 온 모든 측면이 내담자를 전문가로 만들어 주기 때문이다. 내담자의 전문성은 변화를 유발시키는 열쇠가 된다. 면담자 스스로 전문가임을 자처하는 것은 동기면담 정신에 위배되는 것으로, 내담자로 하여금 수동적 위치에 서게 하고 힘의 불균형을 초래하여 변화동기를 감소시키고 변화의 가능성을 낮아지게 한다. 내담자를 능동적으로 면담에 몰입하여 참여하도록 하는 것이 면담자의 협동적 동기면담 정신에서 가능하다.

2) 수용

수용은 내담자가 다른 사람들처럼 부족하고 잘못을 할 수 있는 존재이자 자율적인 존재임을 그대로 받아들이는 것을 말한다. 인간은 누구든지 실수하고, 완벽할 수 없는 존재라는 것을 인정하는 것이다. 내담자가 최선의 선택을 하고자 노력할 것이며 선택에 대한 책임을 지는 존재임을 믿는 것이다. 수용은 내담자의 현재 문제행동이나 과거의 실패 등에 대해 면담자가 잘잘못을 판단하지 않고 그대로 받아들이는 것이다. 그렇다고 해서, 잘못된 내담자의 행동이나 생각 등을 '그럴 수 있다.'라고 동의하는 것은 아니다. Miller와 Rollnick(2013)은 수용을 네 가지 측면에서 설명하는데, 즉 절대적 가치로 받아들이기, 정확한 공감하기, 자율성 지지하기, 인정하기이다. 수용이란 내담자를 절대적인 가치가 있는 존재로 받아들이고 내담자가 가지고 있는 관점이나 이해하는 바를 정확하게 공감하는 것이며, 내담자의 개인적 선택권과 통제력 등의 자율성을 지지하고, 내담자의 강점과 노력, 과거의 성공경험들에 대해 인정하는 것이다. 수용의 네 가지 측면을 구체적으로 살펴보면 다음과 같다.

절대적 가치로 받아들이기는 내담자가 한 사람의 소중하고 독립된 존재임을 받아들이는 태도로서, 내담자를 소유할 수 있다고 여기거나 조건을 전제로 하여 받아들이는 것과는 반대되는 정신이다. 그것은 독특한 개성을 가진 그리고 다른 사람과 비교할 수 없는 개인으로서의 존재를 인식하고 받아들이는 것이다. 내담자의 마음을 조종할 수 있거나 통제할 수 있다고 한다면, 이러한 태도는 절대적 가치를 받아들이는 특징과는 반대된다. 내담자는 태어날 때부터 존엄성이 주어졌고 개인이 누릴 수 있는 모든 권리를 타고난다.

비록 내담자를 100% 완전히 이해하고 면담자 자신과 동일하게 느끼거나 경험하는 것은 불가능하지만, 정확한 공감하기란 내담자의 옷을 입고 신발을 신고 내담자의 입장에 들어가서 느끼고 생각하고 이해하는 바를 면담자가 내담자에게 드러내고 표현하는 것을 말한다. 내담자와 동일한 혹은 유사한 경험을 면담자가 하지 않았을 수도 있다. 그러나 면담자는 자신의 가치관이나 도덕적 · 윤리적 기준을 내담자에게 부과하지 않고 내담자를 존중하며 이해하는 것이다.

자율성 지지하기는 내담자가 스스로 최선의 선택을 할 수 있는 존재임을 믿고 내담자의 선택을 존중하며 내담자 자신의 통제력과 책임성을 지지하는 것을 말한다. 내담자가 변화를 결단하고 면담 장소를 떠날 때에 행동으로 실천할 것인가 아닌가 하는 것은 온전히 내담자에게 달려 있음을 받아들여야 한다.

내담자를 수용한다는 것은 내담자가 가지고 있는 장점과 강점, 긍정적 속성과 과거의 성공 경험과 미래를 향한 열망 등을 칭찬, 격려, 인정한다는 것을 말한다. 비록 내담자가 행동실천을 하지 못하고 있더라도 변화에 대해 생각을 한다거나 노력을 시도할 때라면 내담자의 노력을 인정해야 한다. 인식전단계 내담자가 지속적이고 반복적으로 문제행동을 드러낼 때, 면담자는 내담자에게 인정할 만한 부분이 아무것도 없다고 판단할 수 있다. 이러한 경우에도 면담자는 내담자가 면담을 하러 이 자리에 와 있다는 행동에서 칭찬하고 인정할 만한 것들을 찾을 수 있다. 인정하기는 내담자가 가진 성품, 가치관, 의지, 강점, 칭찬할 만한 속성들을 면담자가 찾아내어 내담자에게 인정하기로 돌려주는 것이다. 이때, 면담자는 내담자가 가진 외적인 장점들, 즉 직업, 외모, 재물, 명예, 학벌, 인적 네트워킹, 사회적 지위 등을 인정하는 데 초점을 맞추기보다 내담자 자신의 내적인 동기를 들여다보고 지속시킬 수 있는 내적인 강점이나 속성들에 초점을 맞추어야 한다.

3) 유발

유발이란 내담자가 가지고 있는 내적 자원들, 예를 들어 가치관, 삶의 목표, 가족의 지지, 사회적 지원체계, 장점, 성격 특성, 보호 요인, 변화준비도, 동기 등을 이끌어 내는 것을 말한다. 여기에서 전제되는 것은 내담자는 한 인간으로서 태어날 때부터 좋은 삶(good lives)을 살고자 하는 바람을 가지고 있다는 것이다. 좀 더 좋은 사람이 되고 싶고, 더 나은 삶을 살고 싶고, 더 행복해지고 싶은 바람은 누구도 예외는 아니다. 심각한 문제를 가진 내담자라 할지라도, 자신의 문제를 부인하는 내담자라 할지라도 그들의 내면에는 조금 더 자기 자신에 대해 좋게 느끼기를 원하며 보다 나은 생활을 하고 싶어 하는 마음이 있다. 이러한 그들의 내면 동기를 이끌어 내는 것이 유발이라는 동기면담 정신이다. 더불어, 내담자가 살아오면서 보고, 듣고, 느끼고, 생각하고, 경험했던 바들을 토대로 하여 나름대로의 내적 자원 및 활용 가능한 자원, 해결 방식, 변화의 최종 목표, 삶의 궁극적 목표, 계발된 능력과 역량뿐 아니라 내적 가치관과 우선순위 등을 확인하고 새로 발견하도록 돕는다. 더 나아가 변화에 대한 양가감정을 스스로 해결하여 행동실천을 촉진한다.

4) 동정

동정은 내담자가 고통으로부터 자유로워지기를 바라는 마음이다. 누구나 유형이나 정도가 다르기는 하지만 삶의 고통을 겪으며 살아간다. 이러한 가운데, 서로가 삶의 고통이나 인생의 올가미로부터 빠져나와 자유함을 느끼며 살아가기를 원한다. 고통당하고 있는 내담자를 보면서 면담자는 '불쌍히 여김' '긍휼히 여김' '가엾이 여김' 등과 같은 마음을 갖게 된다. 동정은 내담자의 웰빙을 바라는 마음이자, 내담자의 복지와 최상의 이득을 도모하고자 하는 마음이다.

면담자가 자신의 이득을 우선시한다면, 동기면담 정신에 위배되는 것이다. 예를 들어, 내담자의 면담 효과를 정량화하여 면담자의 역량을 제시하기 위한 목적으로 내담자를 만나거나, 명성과 인기도를 증진시킴으로써 경제적 · 사회적인 이차적 이득을 염두에 두고 내담자를 만나거나, 내담자를 연구 대상자로 간주하거나 슈퍼비전 사례로서 보는 것 등은 모두 면담자 자신의 이득을 내담자의 이득보다 우선시하는 경우이다.

면담자의 이득이 내담자의 이득보다 우선시될 때, 면담자가 설정한 목표로 내담자를 끌고 가게 되어, 내담자는 이용·착취당했다는 느낌, 존중받지 못하고 공감받지 못했다는 느낌, 부당한 처우를 받았다는 느낌, 비인간적인 대우를 받았다는 느낌, 무시당했다는 느낌을 가질 수 있다. 결과적으로 변화의 방향보다는 반대 방향으로 움직일 가능성이 높아진다. 면담자의 이득이 내담자의 이득보다 앞서게 되는 것은 동기면담 정신, 즉 동정과 반대된다.

3. 동기면담의 네 가지 과정

Miller와 Rollnick(2013)은 동기면담의 과정을 네 가지 과정, 즉 관계 형성하기, 초점 맞추기, 변화동기 유발하기, 계획하기로 나누어 설명하였다. 이 네 가지 과정을 통해 동기면담은 내담자가 스스로 해야 할 것을 찾고 목표로 설정하여 실천하기로 결단하고 구체적인 계획을 세우는 데까지 내담자의 변화동기를 지속적으로 이끌어 내는 데 매우 효과적으로 작용한다.

첫 번째 과정은 관계 형성하기 과정으로, 면담을 시작하는 내담자와 면담자가 대화에 몰입하면서 상호 교류하고 공감하는 과정이다. 내담자가 변화단계(인식전단계, 인식단계, 준비단계, 행동실천단계, 유지단계, 재발단계 등) 중에 어떤 단계에 있든지 간에 관계 형성은 초기 과정이자 필수 과정이다. 왜냐하면 관계 형성이 실제적으로는 동기면담의 네 가지 과정에 토대가 되어 주기 때문이다. 만약 내담자가 인식전단계에 있다면 관계 형성이 지연될 수는 있으나, 이 첫 번째 과정에서 내담자와 면담자 두 사람은 조력 관계에서 함께 있음을 느끼고, 내담자는 면담자에게 자기가 염려하는 바에 대해 이야기를 풀어 간다. 관계 형성 과정을 간과하면 내담자의 저항이나 방어적인 면을 줄이는 데 면담자가 많은 어려움을 경험할 수 있다. 이 과정을 촉진시키는 동기면담의 핵심 전략과 기법들은 동기면담 정신과 어우러져서 활용될 때 효과적이다. 관계 형성하기 과정에서 잊지 말아야 하는 것은 내담자의 관계 형성은 면담의 첫 회기에서뿐만 아니라 매 회기마다 새롭게 해야 한다는 점이다(Rollnick, 2015).

면담이 진행되면서 자연스럽게 두 사람은 특정 의제에 초점을 맞추는 초점 맞추기 과정에 돌입한다. 이것이 두 번째 과정이다. 내담자가 가야 할 방향, 즉 면담의 구체적인 목표 행동과 관련된 특정한 행동 변화가 언급되는 과정이기도 하다. 이때, 내담자의 가치관과 면담자의 가치관이 충돌할 수 있으므로 면담자는 평형(equipose)을 유지하면서 대화를 이끌어 가야 한다.

초점 맞추기 과정에서 하나 이상의 변화행동 목표가 언급되고 내담자가 면담에서 이러한 변화행동 목표들에 우선순위를 매겨 기꺼이 의제를 다루고자 하면, 면담자는 자연스럽게 내담자의 변화동기를 높이기 위해 다음 과정, 즉 변화동기 유발하기 과정에 돌입한다. 이 세 번째 과정에서 내담자는 행동 변화에 대해 많은 이야기를 하게 된다. 이 과정이야말로 동기면담 정신과 핵심 기술들이 가장 활발하게 적용되는 시간이라고 볼 수 있다. 내담자의 변화대화 빈도가 올라가고 반대로 유지대화의 빈도가 감소하면서 내담자의 변화의 필요성과 자신감 수준이 최대한 상승하게 된다. 내담자는 마침내 실천을 결의하는 결단대화를 표현하고 강도 높은 결심을 한다. 이때, 네 번째 과정인 계획하기 과정이 이어진다.

계획하기 과정 자체는 동기면담의 네 과정 중에서 반드시 필요한 과정은 아니다(Miller & Rollnick, 2013). 내담자의 변화동기가 유발되고 행동실천을 결단하는 지점에 이르면 내담자는 면담이 종료되더라도 행동실천의 가능성이 매우 높다. 따라서 계획하기까지 가지 않더라도 동기면담의 과정이 완성될 수 있다.

변화는 과정이지, 사건이 아니다. 변화의 연속선상에 과정들이 있다. 내담자가 서 있는 위치에 따라 어떤 과정과 어떤 개입이 가장 적합한지 결정된다. 이 과정들은 앞뒤로 움직일 수 있는데, 대상과 변화준비도 수준에 따라 다시 관계 형성하기 과정을 시작해야 할 때가 있고, 초점 맞추기와 유발하기 과정이 거의 동시에 일어날 수도 있다. 네 가지 과정 중에서 관계 형성하기와 변화동기 유발하기 과정이 면담의 성공 여부를 가늠하는 분기점으로 보인다. 계획하기에는 내담자의 행동 변화를 촉진하는 데 도움을 제공할 수 있는 타 접근들이나 타 기관의 프로그램으로 의뢰하는 것이 포함되어 있기도 하다. 만약 내담자의 정서적인 문제가 다루어지고 나서 행동 변화를 위한 면담이 효과적일 것으로 예상된다면 면담자는 내담자에게 동의를 구하고 이와 관련한 정보를 교환하고 기타 적절한 자원들을 찾아보도록 돕는다.

1) 관계 형성하기

어떤 종류의 상담 혹은 심리치료 유형이든 간에 내담자와의 만남에서 제일 먼저 이루어져야 하는 단계는 관계 형성이며, 소위 라포 형성하기라고도 불린다. 면담자가 어떠한 유형의 이론적 배경과 슈퍼비전을 받았든 간에 또는 어떠한 장면에서 전문적 실천을 수행하든 간에 마찬가지이다.

관계 형성하기는 대인관계의 토대, 즉 실제적으로 도움이 되는 관계 형성을 의미한다. 관계 형성하기는 면담자가 협동, 수용, 동정, 유발이라고 하는 동기면담 정신을 내담자에게 전달할 때라야 가능한 과정이다. 이 단계에서야말로 상호 신뢰하는 협동적인 동기면담 정신이 백분 드러나야 한다. 면담자에 대해서 내담자가 어떻게 느끼는가에 따라 이후에 행동 변화가 가능할 수도 있고 그렇지 않을 수도 있으며 조기 탈락에도 영향을 준다. 무엇보다도 면담자는 자신의 삶 속에서 해결해야 하는 개인 심리적 · 정서적 과제들이 탐색되고 해결되어 내담자와의 만남에서 평형 상태를 효과적으로 유지할 수 있어야 한다.

2) 초점 맞추기

Miller와 Rollnick(2013)은 동기면담 과정에서 초점 맞추기가 관계 형성과 이어져 있지만 이를 별개의 과정으로 간주한다. 면담에서 면담자와 내담자가 관계 형성하기만 하면서도 회기 종료는 가능하다. 하지만 면담의 이유와 목적을 가지고 있는 내담자는 초점 맞추기를 하기 전까지 생산적인 방향을 잡지 못하고 제자리에서 맴

돈다는 느낌을 가질 수 있다. 이러한 느낌은 면담자에게도 마찬가지다. 따라서 내담자가 방문한 목표가 무엇인지에 대해 대화를 해야 하며, 이것이 바로 초점 맞추기 과정이다. 면담자는 이 과정이 면담의 방향성을 찾고 유지하는 것이라고 설명할 수 있으며, 내담자는 인식하지 못한다 하더라도 면담자는 초점 맞추기의 필요성을 인식하고 있어야 한다. 여기에서 방향성은 변화 목표와 동일한 의미이다. 물론 내담자가 복잡한 문제들을 동시다발적으로 가지고 면담에 임할 수도 있고 상호갈등적인 목표들을 가지고 있을 수도 있다. 면담이 여러 회기 진행되면서 목표가 바뀔 수도 있다. 하지만 우선적으로는 하나의 방향을 향하여 두 사람이 움직여 가는 것이 우선되어야 한다. 이어서, 의제 정하기를 하기 위해 열린질문을 하여 두 사람이 함께 결정하거나 구조화된 방법으로 의제를 설정할 수도 있다. 이때 중요한 것은 타협하기가 아니라 대화하기라는 점이다. 초점 맞추기 과정에서 면담자는 평형, 즉 중립적 태도로 면담에 임해야 한다. 면담자의 가치관을 내담자에게 부여해서는 안 된다.

3) 유발하기

변화동기 유발하기 과정에서는 기본적으로 내담자와의 관계 형성을 지속적으로 유지하는 것이 필수적이다. 동시에 내담자와의 대화에서 합의된 변화행동 목표가 명확하게 진술되는 초점 맞추기가 선행되어야 한다. 이는 변화해야 한다는 필요성과 중요성을 최소한 내담자가 인식하고 있음을 의미한다. 이러한 내담자가 이제 행동으로 실천하면서 유지하는 삶을 살기 위해서 변화동기를 극대화하는 과정이 변화동기 유발하기 과정에서 수행된다. 변화동기를 높이도록 동기면담을 적용하면서 내담자가 면담자에게서 내담자의 변화준비도보다 너무 앞서거나 무리하게 끌고 간다는 느낌을 받으면, 이 과정의 효과성이 매우 감소한다. 내담자 스스로가 변화행동을 어떻게, 어디서, 무엇을, 누구와 할 것인지를 자발적으로 진술하도록 대화가 진행되어야 한다. 이 과정은 많은 변화대화가 유발될 수 있도록 열린질문 하기, 칭찬하기, 격려하기, 인정하기, 반영하기 등의 동기면담의 핵심 기술들이 매우 융통성 있고 적절하게 적용되는 때이다. 더불어 그 밖의 여러 가지 변화동기를 유발하는 전략들, 예를 들어 유발적인 열린질문 하기, 상세히 말하도록 요청하기, 척도 질문하기, 가정적 질문하기, 결정저울 사용하기, 목표와 가치관 탐색하기, 평가 결과에 대해 피드백이나 유용한 정보 교환하기 등을 내담자의 변화동기를 유발하는 데 활용한다.

4) 계획하기

내담자가 변화에 대한 준비 수준이 높아지고, 중요성과 자신감 수준이 상승하여 많은 결단대화를 하였다면, 이제 구체적으로 행동실천을 시작하는 과정에 들어선 것이다. 이 과정을 계획하기라고 말하며, 내담자의 행동실천이 가능해진다는 표시로는 변화대화의 빈도가 높아지는 것, 행동실천을 시작한 것, 유지대화의 빈도가 줄어든 것, 변화에 대한 불쾌한 감정이 해소된 것, 미래에 대한 이야기가 많아진 것, 변화에 대한 질문을 많이 하는 것 등이다. 면담자는 내담자에게 직접적으로 어떤 변화행동을 실천할 것인지를 물을 수 있다. 또한 요약하기를 하고 난 후에 어떤 행동을 할 것인지 물어볼 수 있다.

계획하기 과정에서는 면담자가 내담자와 충분한 관계 형성하기를 하였고, 공유된 변화행동 목표가 분명하며, 내담자의 변화동기가 매우 높아서 구체적인 행동을 즉시적으로 실천할 만한 변화준비도가 보일 때 수행하는 것이 필수적이다. 이때 내담자가 활용할 수 있는 다양하고 유용한 사회적 자원이나 활용 가능한 정보들을 면담자가 많이 알고 적절하게 제공하는 것은 매우 도움이 된다. 그러나 유의할 점은 다양한 자원의 활용이나 대안에 대해서 최종 선택을 하는 것은 내담자임을 기억해야 하고, 내담자 개인의 선택과 통제력을 강조해 주는 것도 잊지 않아야 한다는 것이다. 더불어 칭찬하기, 격려하기, 인정하기를 충분히 하여 면담 회기를 마친 후에 즉시 실천할 수 있도록 도와야 할 것이다.

4. 동기면담의 핵심 기술

동기면담을 선호하는 면담자들은 동기면담 정신이 매우 중요하다는 사실을 알고 있다. 동기면담에서는 내담자들이 자신의 문제행동에 대한 양가감정을 자연스럽게 언급하도록 도와주는 것이 성공적인 시작점이 된다. 다음의 동기면담 핵심 기술들은 면담자들이 내담자를 지지하도록 도와주며, 내담자가 안전한 공간에서 자신의 양가감정을 탐색하도록 이끈다. 동기면담의 핵심 기술들은 열린질문 하기, 인정하기, 반영하기, 요약하기(OARS)이다.

동기면담의 핵심 기술: OARS
• O: 열린질문 하기(**O**pen-ended questions) 내담자의 자유로운 발언을 이끌어 낸다. • A: 인정하기(**A**ffirmations) 목표 행동을 향한 변화동기를 증진한다. • R: 반영하기(**R**eflections) 내담자의 말을 면담자가 이해한 대로 말한다. • S: 요약하기(**S**ummaries) 내담자의 말이나 생각을 선별하여 목차를 쓰는 것처럼 열거하여 정리한다.

1) 열린질문 하기

질문이란 진술과 구별되는데, 질문은 말꼬리를 올리는 것이다. 열린질문은 많은 양의 정보를 이끌어 내고 다양한 가능한 반응을 하도록 허용하고 내담자의 관심을 전달하는 질문들이다. 닫힌질문은 특정 정보를 이끌어 내고, '예 또는 아니요'로 이끌어 내는 질문들이다. 닫힌질문은 어떤 가정이 내포되어 있는 한편, 열린질문은 내담자가 자신의 관점을 확장하고 공유하도록 돕는다. 닫힌질문이 틀린 것은 아니고 사용하지 말아야 하는 것은 아니지만, 과다하게 사용하지 않도록 유의한다. 가능하면 내담자가 자신의 관심을 공유하도록 허용하는 열린질문을 사용한다.

2) 인정하기

인정하기는 내담자에 대해서 그리고 내담자의 노력과 성취에 대해서 존경 혹은 인정과 감사를 전달하는 표현이다. 인정하기는 칭찬과 격려를 포함하는데, 유의해야 할 사항은 사실에 근거하여 내담자의 강점을 끌어내어 말해야 한다는 것이다. 이와 같이 인정하기가 사실에 근거하지 않으면 '진정성'이 감소하기 때문에 진정성 있는 인정하기가 중요하다. 또한 인정하기는 '적시성'이 있어야 한다. 내담자에 대한 인정하기는 면담 중 타이밍이 매우 중요하며, 이러한 적시성이 갖추어질 때 인정하기의 효과가 높아진다. 내담자에 대한 인정하기는 면담자의 가치관을 변화시킬 수 있다. 즉, 인정하기를 통해 면담자는 내담자에 대한 긍정적 관점, 세상에 대한 긍정적 관점, 자원에 대한 긍정적 관점들을 점차 갖출 수 있도록 도와주기 때문이다. 인정할 만한 것이 하나도 없는 내담자라 하더라도, 즉 문제에 대한 인식이 없거나, 저항이 심하거나 할 때에도 마치 '무'에서 '유'를 창조하듯이 면담자는 내담자로부터 긍정적 속성을 찾아낼 수 있음을 기억해야 한다. 짜증스럽게 만드는 내담자의 이러한 표현에서도 훌륭한 면담자는 "○○님이 열심히 살고 있군요." "○○님은 시간을 소중하게 생각하는 분이군요."라고 진정성 있게 동기면담의 인정하기를 할 수 있다.

또한 내담자가 칭찬, 격려, 인정의 말을 들었을 때, 그것이 자신의 내적 자원임을 수긍할 수 있어야 한다. 칭찬하기, 격려하기, 인정하기는 적시에 할 경우에만 변화동기를 높이는 데 효과가 있다.

3) 반영하기

반영하기는 경청을 토대로 가능하다. 반영하기는 면담자가 내담자의 언어적 표현에 내포된 의미에 대해서 가설을 세운 후, 그 가설의 진위 여부를 확인할 수 있는 기회를 갖게 해 준다. 반영하기는 공감을 표현하는 가장 으뜸 되는 방법이다. 동기면담에서는 언어적인 표현으로 반영하는 것에 중점을 두고 있는데, 면담자가 정확하게 공감을 표현하기 위해서는 내담자의 비언어적인 단서들, 즉 자세, 얼굴표정, 목소리 톤, 시선 접촉, 제스처 등이 전달하는 의미를 잘 포착하여 언어적으로 반영하는 데 깊이를 더하여야 한다.

반영하기는 새로운 의미나 새로운 말을 하는 것이기도 하고, 내담자가 방금 말한 내용 중 몇 가지 부분을 포착하여 되돌려 주기도 한다. 반영하기에서 내담자가 말했던 생각 중에서 최소 두 가지 내용을 한꺼번에 재진술하거나 다르게 표현한다. 반영하기는 동기면담 기술에서 가장 중요한 기술인데, 왜냐하면 내담자가 자기가 한 말을 면담자가 들었음을 알도록 해 주고, 오해한 부분이 있으면 명료화할 기회를 제공할 수 있기 때문이다.

4) 요약하기

세 개 이상의 반영을 한번에 모아서 말할 때 요약하기가 된다. 이것의 목적은 내담자가 표현한 많은 것을 모아서 정보를 수집하여 표현들 사이의 연결고리를 만들거나 하나의 탐색 영역에서 다음 탐색 영역으로 이동하도록 하는 데 있다. 요약하기는 본질적으로 방향지향적인데, 왜냐하면 면담자는 요약하기에 무엇을 포함시킬 것인지에 전략적이 될 수 있기 때문이다. 요약하기는 '요약을 할 것이다.'라는 신호가 되는 말(예를 들어, "제가 이해를 했는지 보도록 하지요.")로 시작할 수 있으며(그러나 그렇게 하지 않을 수도 있다), 요약하기의 마무리 말은 내담자가 좀 더 상세히 설명하도록 이끌거나 표현한 것들이 어떻게 연결되는지 보게 하거나 다음 주제로 넘어갈 수 있도록 이끈다.

제3장

동기수준에 따른 접근방법

자살예방실천현장에서는 다양한 경로의 내담자들을 만난다. 기관의 도움을 구하며 자발적으로 찾아온 내담자가 있다면, 보호자에 의해 비자발적으로 의뢰되는 내담자도 있다. 자발성이 높은 내담자라면 변화와 관련하여 분명한 욕구를 표현할 수 있겠지만, 비자발적인 내담자라면 "제가 무슨 문제가 있나요?" "어떻게 해야 할지 모르겠어요."와 같이 변화와 관련하여 인식을 못하거나 양가감정을 표현할 수 있다. 이 경우 변화의지가 없는 것으로 간주할 수 있는데, 동기면담에서는 변화와 관련하여 인식을 못하거나 양가감정을 느끼는 것은 누구나 가지고 있는 동기의 상태로 보고 있다. 따라서 내담자의 현재 동기수준에 맞춰 동기를 증진하는 전략을 취하게 된다.

동기면담은 낮은 동기를 증진하는 데 효과성이 강력하게 입증되었다. 동기면담에서는 동기가 있거나 없는 상태가 아니라 양가감정의 상태에서 계속 변화한다고 보고 있는데, 이러한 관점이 자살예방실천현장에서 미치는 영향은 매우 크다. 왜냐하면 자살위험이 있는 내담자는 비자발적으로 의뢰되는 사례가 많으며, 심리적으로는 삶과 죽음에 대하여 양가감정을 가지고 있기 때문이다. 이 때문에 응급실에 내원한 자살시도자가 자살예방기관의 사후관리서비스에 쉽게 동의할 것이라 기대하는 것은 면담자의 바람과 같지 않다. 그렇다고 하여, 내담자가 사후관리서비스에 의사가 없다고 간주하고, 무방비 상태로 퇴원하는 모습을 지켜만 보고 있을 수도 없는 노릇이다. 따라서 우리는 제약된 환경에서 주어진 면담 기회를 가지고 변화동기를 증진하는 데 최대한의 노력을 기울여야 할 것이다. 내담자가 변화 과정에서 어느 지점에 와 있는지를 이해하고, 동기수준에 적절한 출발점부터 면담을 시작하고, 삶의 동기를 증진시켜 안전계획을 수립하는 데 힘을 쏟아야 하겠다.

따라서 이 장에서의 목적은 변화단계모델의 단계에 따른 내담자의 동기 특성을 살펴보고, 동기수준에 따른 적절한 개입의 방향성을 찾기 위한 구조적인 틀을 제시하는 것이다.

1. 인식전단계

인식전단계의 내담자들은 자신의 행동이 보이는 문제점을 인식하지 못하거나 변화의지가 없다. 이 때문에 변화에 대하여 대화하는 것에 거부적이고, 화를 내거나 언성을 높이기도 한다. 이 단계의 내담자들은 변화에 대한 중요성을 인식하지 못하고 있어 가족이나 주변 사람들에 의하여 의뢰되는 사례가 많다. 예를 들어, 응급실에 내원한 자살시도자, 가족에 의해 자살예방센터에 의뢰된 비자발적인 내담자의 사례에서 볼 수 있다. 이러한 사례에서 내담자는 "전혀 도움은 필요 없어요." "저는 전혀 문제가 없어요."와 같이 표현할 수 있다. 한편, 면담자는 생명보호의 의무를 다하기 위하여 '자살예방'이라는 분명한 방향성을 가지고 대화를 해 나가야 하므로, 자살하지 않도록 힘쓰기 위하여 문제를 인식시키려 하거나 해결방법을 조언하기 쉽다. 그러나 인식전단계의 사람들은 자신의 문제점을 인식하지 못한다. 내담자는 변화의지가 없는 상태에서 섣부른 조언에 불쾌감을 느끼고, 변화하지 않을 수밖에 없었던 자신만의 이유를 면담자에게 이해시키려고 할 것이다. 결국, 이러한 대화의 흐름은 면담자와 내담자 각자가 미리 원하는 답을 정해 놓고 서로를 설득하기 위해 힘을 쏟게 한다. 이것이 동기면담의 '한쪽 편에 서기 함정'이다. 면담자가 해결책을 알려 주면, 내담자가 자신의 문제를 인식할 것이라 기대할 수 있으나, 이러한 바람은 쉽게 좌절된다. 그리고 이러한 좌절과 마주하기 싫은 면담자는 내담자가 저항하고 있다거나 변화의지가 전혀 없다고 생각하고 싶어 할지도 모른다. 의도치 않게 인식전단계의 내담자들에게 우리는 "면담이 필요하시면 다시 연락 주세요."라고 말해 왔거나 보호자에게 연락을 취해 왔을지도 모르겠다.

동기면담과 변화단계모델에서는 내담자의 이러한 특징을 인식전단계의 정상적인 과정으로 간주한다. 비록 변화하고 싶지 않은 이유가 견고할지라도 반대편 언덕에서는 그동안 변화하지 못했던 이유가 기다리고 있다. 내담자가 변화에 대해 양가감정을 가지고 있다면 변화에 대한 욕구를 찾을 기회를 얻게 될 것이다. 따라서 면담자는 내담자가 살아온 역경을 이해하는 것에서 출발해야 한다. 비록 내담자의 현재 문제행동이 이해가 되지 않는다고 하더라도 그들만이 처한 상황을 이해하고 존중할 때, 내담자는 마음속 깊은 이야기를 나눌 것이다.

관계가 형성되면 자신의 행동이 주는 장단점을 말하도록 질문하는 것이 좋다. 변화와 관련된 장단점을 말함으로써 변화의 중요성을 인식하게 되며, 내담자에게 이득이 되는 방향으로 합리적인 결정을 할 수 있게 한다. 변화하지 않았을 때의 장점을 묻는 것은 대단히 중요한데, 내담자의 편에 서서 대화를 하므로 논쟁하지 않게 된다. 그리고 내담자는 스스로 변화하지 않았을 때의 장점을 말하게 되면서, 변화하지 않았을 때의 단점에 대해서도 생각해 볼 준비를 하게 만든다. 변화하지 않았을 때의 단점을 인식하고 변화했을 때의 장점을 말하게 될 때 변화의 중요성은 높아진다. 한편, 현재 행동이 주는 장점과 단점을 말하는 것과 결정저울은 다르다. 결정저울은 신중한 선택을 돕기 위하여 면담자가 중립적인 자세를 취하면서 서로 다른 대안들을 모두 검토해 보는 방법인 반면에, 인식전단계에서 장단점을 탐색하는 것은 분명한 방향성을 가진다.

동기면담은 인식전단계 내담자들에게 의도적으로 불일치감을 조성하고 변화대화를 유발하는 전략을 가진다. 희망이 전혀 없다고 느끼는 내담자라면 변화의 방향에 대하여 다양한 대안들을 제안하는 것이 필요하다. 시급한 생계문제가 변화에 걸림돌이 된다면 다양한 복지자원을 활용할 수 있는 방법들을 제안하고, 작지만 실행 가능한 변화들을 생각해 보도록 안내하는 것이 좋다. 막연했던 현실에서 변화 가능하고 실행 가능한 대안들이 생기면서 삶의 가능성이 마음의 문을 열게 한다. 변화하는 것과 변화하지 않는 것에 대한 양가감정이 생기기 시작하면 인식단계로 넘어가게 된다.

2. 인식단계

내담자들은 자신의 현재 행동에 문제가 있음을 알게 되면 변화해야 하는 이유를 인식하기 시작한다. 그리고 변화해야 하는 이유와 변화하지 않아야 하는 이유가 상충되면서 어떻게 해야 할지를 망설이는 양가감정 상태에 놓이게 된다. 인식단계는 언제든지 양가감정의 한쪽 편이 활성화될 수 있는 상태이다. 따라서 면담자는 내담자의 변화의 측면을 말할 수 있게끔 도와야 한다.

내담자는 그동안 스스로 변화하지 않았던 이유와 변화하고 싶은 욕구를 함께 갖고 있다. 이러한 양가적인 상태는 언어로 표현된다. 예를 들어, "저는 취업을 하기 위해 여러 번 구직신청을 했어요. 그런데 이제는 지쳤어요. 그냥 정말 살고 싶지 않아요."의 예에서 내담자는 "정말 살고 싶지 않아요."라고 표현했다. 과연 내담자는 정말 살고 싶지 않은 것일까? 그런데 왜 내담자는 기관에 찾아왔는가? 만약, 면담자가 내담자의 현재 상태만 이해하고자 한다면 살고 싶지 않은 욕구만 선택적으로 반영할지 모른다. 얼마나 살고 싶지 않은지, 구체적인 자살계획은 시도해 보았는지와 같은 위험성 평가로 이어질 수 있다. 하지만 동기면담에서는 양가감정의 상태를 변화의 신호로 보고 의도적으로 반영을 한다. 내담자가 양가감정을 표현하면, 양가감정을 인식할 수 있도록 도와야 하며, 양가감정을 반영하는 양면반영은 인식을 돕는데 매우 효과적인 기술이다.

인식단계의 내담자들에게 또 다른 접근법은 객관적인 정보를 제공하는 것이다. 유용한 정보는 내담자의 욕구를 해결하도록 돕는다. 그러나 내담자는 여전히 양가감정 상태이므로 정보 제공이 양가감정의 한쪽 방향에만 치우치면 안 된다. 면담자가 동기면담 정신에 충실하게 대화해 왔을지라도, 정보 제공 과정에서 일방적인 의사소통을 하게 된다면 그동안 해 온 동기면담의 효력을 잃게 된다. 예를 들어, 면담자가 "A의 방법을 해 보세요."라고 정보를 제공했다고 가정하자. 내담자는 "좋은 방법이기는 한데 저도 그런 방법 모두 해 봤어요. 제 상황을 안 겪어 보셔서 모르실 거예요."라고 대답할 가능성이 있다. 이때 면담자는 내담자가 보이는 반응에 당황해 하고, 내담자를 설득시킬 수 있는 근거가 되는 정보를 다시 알려 줄 것이다. 이러한 흐름은 결국 논쟁으로 이어지고 만다. 인간은 스스로 한 말에 대해 인정받고 싶어 하기 때문에, 의도치 않게 서로의 주장이 옳다고 강조하게 된다. 이러한 논쟁은 미리 피하고 논쟁이 없는 의사소통을 사용해야 한다. 변화는 전적으로 본인의 몫이며 가능한 방법들을 함께 찾아보자고 말한다면 논쟁은 힘을 잃게 된다. 정보를 제공할 때는 내담자와 함께 여행 안내지를 살펴보는 것처럼 협력적인 관계를 이루어야 한다. 동기면담의 정보 교환하기는 내담자에게 협력적이고 자율적인 선택권을 주어 면담자의 제안을 받아들일 가능성을 높인다(5장 참조).

내담자의 변화에 대한 중요성이 높아지면 자연스럽게 변화에 대한 방법을 찾기 시작한다. "제가 할 수 있을까요?" "이제 어떻게 하면 될까요?" "그 방법은 비용이 얼마나 드나요?"와 같이 변화와 관련된 방법을 고민하거나 질문하기도 하며, 실제로 변화로 이어졌을 때를 상상하거나 자신감을 표현하기도 한다. 이러한 흐름은 매우 중요한데, 내담자의 변화준비도가 높아졌다는 언어적 신호가 되기 때문이다. 변화대화의 양이 많아지고 변화에 대하여 궁금해하는 언어 표현이 많아질수록 결단대화는 빨리 나타난다. 결단대화가 나타나면 준비단계로 이동하게 된다.

3. 준비단계

준비단계는 변화행동에 대하여 결단을 내린 상태로 필요한 준비를 하고 실행에 옮기고자 하는 단계이다. 변화준비와 관련된 언어는 "나는 술을 끊을 것을 약속합니다." "취업을 알아볼 것을 맹세해요."와 같이 행동결단을 표현하는 것으로 나타난다. 그러나 이러한 언어 표현이 나타났다는 것이 모든 양가감정이 해결되었다는 것을 의미하지는 않는다. 여전히 내담자의 생활 주변에는 행동실행을 방해하는 방해물들이 도사리고 있다. 따라서 이 단계에서는 내담자의 결단을 더 견고하고 실행 가능하게 만들어 주는 것이 중요하다. "구직신청을 할 거예요."라고 표현하였지만, 구직정보를 어떻게 알아볼 것인지는 계획이 없을 수 있다. 따라서 계획은 현실적이고, 실현 가능하며, 측정할 수 있게 작성하도록 도와야 한다. 그리고 계획에 방해가 되는 방해물을 탐색하고 제거할 방법을 찾는 것이 필요하다.

준비단계는 동기면담의 과정모델에서 계획하기에 해당한다. 계획하기는 내담자의 행동실행을 위하여 다양한 방법을 세우는 과정이다. 다양한 방법 중에서 몇 가지 자살예방에 효과적으로 알려진 근거 기반의 치료법이 포함되면 좋다. 예를 들어, 자살예방에 효과적으로 알려진 심리개입은 인지행동치료, 변증법적 행동치료, 문제해결치료, 약물치료 등이 있다. 그리고 지지자원 연계, 복지자원 연계 등 환경적인 문제와 관련한 것을 계획하기 안에 포함해야 한다. 이 과정에서 유용하게 사용할 수 있는 접근법 중 하나는 결정저울이다. 결정저울은 실행을 결단하고 난 이후에 필요한 자원을 스스로 선택하기 위한 도구로 유용하다.

이 단계에서 내담자는 치료에 대한 양가감정을 보인다. 삶에 대한 동기가 높아져 취업, 다이어트, 금주와 같은 변화목표를 세우지만, 이 때문에 더는 치료는 필요 없다고 말할 수 있다. 선택은 내담자의 몫이지만, 면담자는 자살을 예방하기 위해서 효과적으로 알려진 방법들을 제공해야 할 책임을 진다. 동기면담의 정보 교환하기 (4장 참조)는 효과적인 대안들을 제안하고 내담자가 자율성을 가지고 선택할 수 있도록 돕는 데 효과적인 기술이다.

4. 행동실천단계

행동실천단계는 내담자가 준비단계에서 작성한 변화계획을 행동으로 실행하는 단계이다. 내담자는 계획을 행동으로 옮기면서 스스로에 대해 재평가하기 시작한다. '할 수 있다'는 자신감에서 '하고 있다'는 성취감을 맛보게 된다. 그러나 지역사회 환경에서는 다양한 방해물이 도사린다. 금주를 결단한 내담자라면, 삶 속에서 언제든지 스트레스를 유발하는 사건이 재경험될 수 있으며 술은 얼마든지 손쉽게 살 수 있다. 결단한 계획에 실패하면 내담자는 다시금 좌절을 느끼게 된다. 이때 면담자는 내담자의 실패가 변화의 연속적인 과정에 포함된다는 것을 인식시켜 주는 것이 필요하다. 실패는 더 좋은 대처전략을 시도해 볼 기회를 제공한다. 내담자의 금주를 방해하는 내·외적인 요소들을 탐색하고 대처전략을 구체적으로 작성하는 것이 좋다. 내담자가 계획대로 행동을 실행해 간다면 충분한 지지를 제공하는 것이 면담자의 역할이다.

5. 유지단계

유지단계에서는 재발 혹은 자살 재시도를 방지하기 위하여 행동실행을 유지하고 스트레스를 관리하는 삶을 살아가도록 돕는 것이 필요하다. 생활환경 속에서 자살사고를 촉진하는 사건들이 재경험되면 다시 자살충동이 들 수 있다. 따라서 자살충동을 유발하는 생각과 정서, 행동을 알아차리고 도움이 되는 대처전략을 스스로 사용할 수 있어야 한다. 지역사회 자살예방기관에서 유지단계에 해당하는 내담자라면, 자살위험이 감소하여 행동실천단계에서 유지단계로 이동한 사례관리 대상자일 것이다. 유지단계에서는 자살위험모니터링 차원에서 서비스의 목적으로 안부 전화, 문자 보내기, 가정방문 등을 제공한다. 이러한 서비스는 자살예방에 효과적으로 알려진 방법이나, 저자의 현장 경험을 비춰 보면 내담자들은 더는 자살생각은 없지만 행복하지 않다고 표현해 왔다. 즉, 자살은 더는 안 하겠지만 사는 것이 행복하지도 않다는 것이다. 복지기관의 궁극적인 설립 목적이 인간의 행복을 실현하는 것이라면, 유지단계에서는 내담자의 행복에 관심을 기울일 필요가 있다.

선행연구에 의하면 행복의 핵심 요소를 5가지로 정의한다. 그것은 첫째, 즐거운 삶이다. 즐거운 삶이란, 지속해서 긍정정서를 끌어내는 삶을 말한다. 차 한 잔의 여유 속에서 책을 읽으며 기분 좋은 시간을 보내듯이 유쾌한 활동들을 늘려 가는 것을 말한다. 둘째, 몰입하는 삶이다. 몰입은 시간 가는 줄 모르고 깊게 빠져드는 상태를 말한다. 여가, 좋아하는 활동, 자발적인 업무활동 등 몰입할 수 있는 활동을 찾는 것이 필요하다. 셋째, 좋은 관계의 삶이다. 관계는 타인과 함께 어울리는 삶을 말한다. 행복은 관계에서 출발한다. 지지자원을 늘려 가는 것이 필요하다. 넷째, 의미와 목적을 추구하는 삶이다. 봉사와 같은 의미부여를 할 수 있는 활동을 찾는 것이 좋다. 마지막은 성취하는 삶이다. 성취는 경쟁이 아닌 자신만의 목표를 설정하고 성취를 이뤄 나가는 삶을 말한다. 이러한 행복의 요소를 고려해 보면 내담자에게 필요한 행복요소를 파악할 수 있다. 성취를 추구하는 삶을 살아간다고 하여도, 좋은 관계를 맺은 사람들이 없다면 행복하지 않을 것이다. 내담자의 행복 실현을 위하여 필요한 자원을 활용할 수 있도록 돕고 지속해서 지지하는 것이 필요하다.

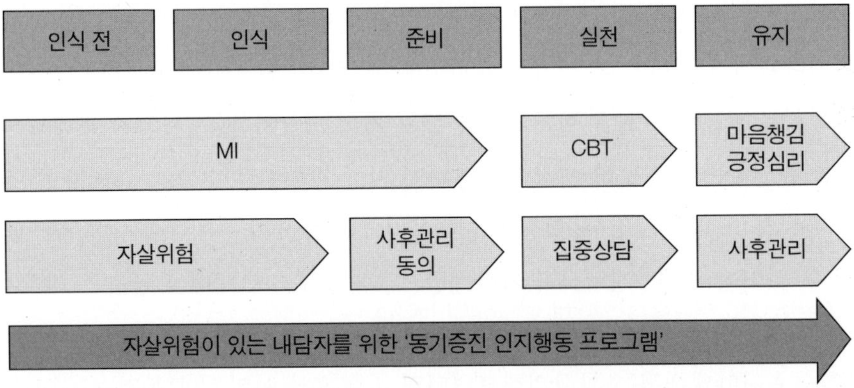

6. 변화대화에 따른 준비도

자살위험이 있는 내담자는 몇 가지 문제를 동시에 호소하는 경우가 대부분이다. 자살이라는 주제에서 주요 문제는 매우 복잡하고 다양하다. 음주 문제와 의사소통 문제가 함께 있는 내담자가 있다고 가정하자. 음주 문제는 인식하고 있지만, 비난적인 의사소통 문제에 대해서는 부인한다면 인식전단계로 봐야 할까, 아니면 인식단계로 봐야 할까? 이처럼 다양한 문제가 얽혀 있을 때는 변화단계모델의 적용이 복잡해진다.

『동기면담(Motivational Interviewing)』(3판)(Miller & Rollnick, 2013)에서는 세분화된 변화대화를 통해서 행동 변화를 예측한다. Miller는 내담자가 변화대화를 말한다고 해서 동기가 생겼다고 볼 수는 없으나, 이는 내담자를 안내하는 과정에서 무언가 내적인 변화가 생기고 있음을 알 수 있는 암시신호라고 말하였다(Miller, 2015). 사람마다 동기가 발생하는 속도가 다르다. 어떤 사람은 결단대화는 늦게 표현하지만, 더 빠르게 행동 변화를 보이기도 한다. 이처럼 동기 변화는 단계별로 순차적으로 진행되지 않을 수 있다. 따라서 변화대화를 통해서 내담자의 변화준비도를 예측하면서 내담자의 걸음 속도에 맞춰 함께 가야 한다.

변화대화는 변화와 관련된 모든 언어를 일컫는 것으로 변화준비를 나타내는 예비적 변화대화와 행동실행과 유지를 나타내는 활동적 변화대화로 나뉜다. 예비적 변화대화는 변화단계모델에서 인식단계, 준비단계에 해당하는 언어적 표현을 일컫는다(제6장 참조). 이러한 변화대화는 변화준비도를 이해하는 유용한 지표가 된다. 따라서 저자들은 자살예방실천현장에서 변화단계모델의 큰 틀 안에서 변화대화를 참고하여 동기수준을 이해하는 것이 바람직하다고 본다. 〈표 3-1〉에서는 변화단계별로 나타나는 변화대화의 예시를 보여 주고 있다.

〈표 3-1〉 변화단계별 주요 변화대화

변화단계	특징	단계별 변화대화
1. 인식전단계	문제(어려움)를 인정하지 않거나 무시한다.	• 잘 모르겠어요. • 변화해야 할 이유를 모르겠어요. • 면담이 필요 없어요.
2. 인식단계	문제(어려움)에 대해 인정하지만, 문제(어려움)를 해결하고 싶은 마음과 현 상태를 유지하고 싶은 두 마음이 공존한다.	• 잘 모르겠어요. • ○○을 하고 싶어요. 그런데 자신이 없어요. • ○○을 끊고 싶어요. ○○은 건강에 해롭기 때문이죠. • 변화하고 싶지만 변화하는 것이 두려워요.

3. 준비단계	문제(어려움)를 인정하고 변화를 결심한다. 실행을 위해 계획을 세우나 아직 실행 전이다.	• 나는 ○○을 약속합니다. • ○○을 맹세해요. • ○○에 ○○을 알아보았습니다. • ○○를 위해서 ○○에 면담예약을 해 놨습니다.
4. 행동실천단계	본격적으로 준비한 계획을 실천한다.	일주일 동안 ○○을 실천했어요.
5. 유지단계	실천한 내용이 원래 계획대로 잘 진행되어 유지된다.	6개월간 ○○을 실천했어요.

이러한 변화대화를 토대로 내담자가 변화단계에서 어디쯤에 와 있는지를 이해할 수 있을 것이다.

한편, 유지단계에 있다가 다시 재발로 이어질 수도 있다. 재발로 인하여 절망감을 호소하는 내담자에게 면담자는 평정심을 잃지 않는 것이 필요하다. 오히려 재발 이후에 더욱 성장할 기회가 된다는 것을 설명하고, 그동안 유지할 수 있었던 힘을 지지하면서, 재발의 요인들을 찾아 예방하는 것이 이루어져야 할 것이다.

단계마다 면담자는 권위적인 자세가 아니라 함께 고민하는 협동적인 자세를 취해야 한다. 그리고 이미 가지고 있는 강점을 불러일으키고 지지하는 것이 중요하다. 각 변화단계에서의 면담자의 과제는 〈표 3-2〉와 같다.

〈표 3-2〉 변화단계와 면담자의 과제

변화단계	면담자의 과제
인식전	의구심 제기하기, 현재 행동의 위험과 문제에 대한 내담자의 지각 증진시키기
인식	결정저울, 변화의 이유 유발하기, 변화하지 않을 때의 위험 유발하기, 행동 변화를 위한 내담자의 자기효능감 견고히 하기
준비	변화에 적합한 행동실천 과정을 결정하도록 내담자 돕기, 행동 변화 계획 세우기
행동실천	계획을 실행하도록 돕기, 기술 활용하기, 문제 해결하기, 자기효능감 지지하기
유지	재발을 파악하도록 돕기, 재발을 예방하기 위한 전략들을 활용하도록 돕기, 관련 문제들 해결하기
재발	재발로 인해 정체되지 않도록 지시하기, 비난하지 않기

출처: 신수경, 조성희(2015). 중독과 동기면담의 실제. 서울: 시그마프레스.

1) 동기를 평가하는 질문

내담자가 표현하는 언어를 통해서 동기수준을 알 수도 있지만, 질문하여 동기를 평가할 수도 있다. 이러한 질문법은 면담의 초기 단계나 면담 과정 중에 지속해서 내담자의 변화동기를 파악하기 위해 사용할 수 있다.

"오늘 기분은 어떠신가요?" 면담 초기에 내담자의 현재 기분 상태를 질문한다. 이러한 질문은 면담 초반에 내담자에게 자유롭게 말할 기회를 제공함으로써, 내담자의 이야기를 수용하고 경청할 준비가 되었다는 자세를 보여 준다. 이는 치료적 동맹 관계를 견고히 하는 데 매우 효과적이다. 질문에 대한 대답을 통해 동기수준을 평가할 수 있다. 예를 들어, "오늘 기분이 너무 좋아요." "오늘은 마음이 편안한 것 같아서 면담이 잘 될 것 같아요."라고 대답한다면, 내담자의 동기가 높다는 신호이다. 이러한 경우 기분에 대한 간단한 이유를 물으면서 변화대화를 유발할 수 있을 것이다. 한편, "오늘은 기분이 안 좋아요." "오기 싫었는데 겨우 왔어요."라고 말한다면, 내담자가 걱정스러워하는 부분을 경청하는 것부터 출발하면 된다. 또한 내담자의 기분에 대하여 경청하는 과정에서 자연스럽게 자살위험성을 평가할 수 있다. 예를 들어, "매우 힘들어 보이는군요. 혹시 하루 동안 지내시면서 자살충동이 든 적이 있었나요?"라고 간단하게 물어보면서 현재 자살의 동기수준을 평가하면 된다.

"면담을 받아 본 경험이 있으신가요?" 이전에 면담 경험을 통해 얻은 부정적인 경험을 평가할 수 있다. 부정적인 경험이 있었다면 면담실을 방문하기까지 양가감정이 있었을 것이다. 이러한 양가감정을 알아차리면 관계 형성을 방해하는 함정을 피할 수 있으며, 이미 시도해 본 다양한 방법을 평가할 수 있다. 이미 시도해 본 방법들(면담 경험 등)이 있다면, 시도해 본 방법을 더 상세하게 말할 수 있도록 한다. "~을 할 수 있었던 이유는 무엇인가요?" 이러한 질문을 통해서 내담자의 변화동기 수준을 평가할 수 있으며, 변화대화를 유발하고 동기를 증진할 수 있다.

"면담을 통해서 기대하는 바가 무엇인가요?" 내담자가 면담을 통해서 달성하고자 하는 바를 아는 것은 매우 중요하다. 이러한 질문은 내담자의 변화 욕구를 표현하게 한다. 예를 들면, "~하고 싶어요." "잘 모르겠어요." 등이 있다. 이때 표현하는 내담자의 언어 수준에 따라서 변화동기를 평가할 수 있다.

"0점에서 10점까지의 척도로 한다면?" 척도질문은 변화준비도, 변화자신감 등 다양한 동기수준을 초기면담에서 알 수 있는 질문법이다. 예를 들어, "변화에 대한 중요성이 0점은 '매우 중요하지 않다', 10점은 '매우 중요하다'라고 한다면 몇 점에 해당하나요?"라고 질문할 수 있다. 표현되는 점수에 따라서 내담자의 변화준비도를 평가할 수 있다. 한편, 점수는 내담자 스스로가 정한 주관적인 기준이기 때문에 점수가 의미하는 바를 알아야 한다. 내담자마다 같은 3점을 표현하여도 주관적인 기준이 다르므로 3점을 부여한 의미 또한 다를 것이다. 따라서 3점이라고 부여한 이유에 대하여 묻는 질문으로 이어지면 된다.

2) ICR 척도 활용하기

〈표 3-3〉 변화에 대한 척도질문

중요성(importance)
- 지금 변화를 하는 것이 얼마나 중요합니까?
- 10점부터 0점까지의 척도에서 10점은 변화하는 것이 매우 중요하다는 의미이고, 0점은 전혀 중요하지 않다는 의미라고 합시다. 지금 몇 점입니까?

자신감(confidence)
- 변화를 결심했다면, 변화를 이룰 수 있는 자신감은 어느 정도입니까?
- 10점부터 0점까지의 척도에서 10점은 변화하는 데 매우 자신 있다는 의미이고, 0점은 전혀 자신 없다는 의미라고 합시다. 지금 몇 점입니까?

준비도(readiness)
- 지금 변화를 실천할 준비는 어느 정도입니까?
- 10점부터 0점까지의 척도에서 10점은 변화하는 데 완전히 준비되어 있다는 의미이고, 0점은 전혀 준비되어 있지 않다는 의미라고 합시다. 지금 몇 점입니까?

앞의 질문들에 덧붙여 부가적으로 할 수 있는 질문은 다음과 같다.

- 그 점수는 무엇을 의미하나요?
- 어떻게 벌써 점수가 중간에 와 있나요?
- 1점이 높아진다면 그것을 어떻게 알 수 있을까요?
- 1점이 높아진다면 어떤 모습일까요? 그 경우 무엇을 다르게 하고 있을까요?
- 1점이 높아진다면 ○○님과 주변의 중요한 사람들에게 어떤 변화를 줄까요?
- 1점을 올리는 데 무엇이 필요할까요?
- 같은 문제를 가진 다른 사람이 1점을 올리려면 그 사람은 어떻게 해야 할까요?
- 몇 점이 되면 면담(상담, 치료 등)할 필요가 없을까요?
- ○○점에서 ○○점으로 가는 데 무엇이 도움이 되었나요?

출처: 신수경, 조성희(2015). 중독과 동기면담의 실제. 서울: 시그마프레스.

제4장

관계 형성하기

관계 형성하기는 내담자와 신뢰와 협동 관계를 수립하는 과정이다. 이러한 협동 관계는 자살을 예방하는 중요한 보호 요인으로 작용한다. 협동 관계는 단순히 친절을 베풀고 좋은 인상을 심어 주는 것이 아니다. 반드시 동기면담의 네 가지 정신이 관계 형성하기에 있어야 하며, 진정성을 가지고 내담자를 대하는 언어적·비언어적 표현을 보여야 한다.

Miller와 Rollnick(2013)은 동기면담을 '협동적인 의사소통 스타일'이라고 정의하였다. 협동적이라는 것은 내담자와의 관계에서 힘의 불균형이 없는 수평적인 관계를 의미한다. 그렇다면 '수평적이다'를 의미하는 의사소통은 무엇인가? 바로 '안내하기'이다. 동기면담을 초반에 배우는 면담자들은 '내담자 중심'이라는 정의를 '따라가기'로 오해하곤 한다. 동기면담은 내담자 중심적이지만 무조건 내담자 편에서 동의하는 것이 아니라, 잘못된 길을 가고 있다면 지도를 보여 주며 안내하는 것이다. 간혹 내담자는 그 길이 맞는지 의심을 한다. 그때는 나침반을 꺼내 이 방향으로 길을 갔을 때의 도착지점을 예상해 보고 올바른 길이 어디인지를 알게 하는 것이다. 이처럼 관계 형성하기 과정은 면담자와 내담자의 수평적인 자세가 밑바탕이 되어야 한다. 그렇다면 어떻게 안내해야 하는가?

열정 가득히 안내하였지만, 의도치 않게 내담자와 불화가 생겼다. 누군가가 대화 장면을 녹화하여 설명해 주지 않는 이상 무엇이 잘못되었는지 알기는 쉽지 않다. 동기면담에서는 이와 같이 관계 형성을 방해하는 초기함정들을 설명하고 있다. 초기함정들을 이해하면 면담자 스스로 무엇이 관계 형성을 방해했는지를 이해할 수 있어서 초기함정을 피할 수 있게 한다. 지금부터는 관계 형성을 방해하는 요인들을 살펴보도록 하겠다.

1. 관계 형성을 방해하는 요인들

1) 교정반사

동기면담에서는 '교정반사'를 주의할 것을 강조한다. 교정반사는 반사적으로 상대방을 올바르게 만들고자 하는 행동이다. 우리는 돕고자 하는 마음으로 내담자에게 해결책을 제시한다. 그러나 논쟁으로 이어지거나 극단적으로는 불화로 이어져 관계가 단절되기도 한다. 구체적인 예를 들어, 내담자가 변화 욕구에 대해 "다이어트를 하고 싶어요. 그런데 시간이 없어서 못해요."라고 말했다고 하자. 이때 면담자가 말하기를 "시간 계획을 세워서 짧은 운동방법을 해 보세요. 최근에는 10분 운동법이 많이 있어요."라고 말한다면 내담자는 어떤 반응을 보일까? 예상되는 시나리오 중에서 "저도 알고 있어요. 그런데……." "저도 시도해 봤어요. 그런데……." 라고 표현할 가능성이 높다. 이 대화에서 내담자는 양가감정의 상태이다. 다이어트를 하고 싶은 욕구와 실행하지 못한 이유가 공존한다. 면담자가 제시한 해결책을 내담자가 이미 알고 있거나 시도해 본 방법일 수 있다. 그런데 이 대화에서 면담자는 내담자가 이러한 정보를 모른다는 가정에 따라 조언하고 있어, 내담자는 이미 알고 있는 방법이라는 것을 설명하려고 하는 것이다. 이러한 대화 흐름에서 면담자는 "○○님이 모른다는 게 아니고, 그러니까 제 말은……."으로 이어질 수 있다. 면담자가 의도치 않게 자신의 주장을 옳게 만들고자 또 다른 이유를 꺼내 이해시키려 할 수 있다. 이것을 동기면담에서는 '한쪽 편에 서기 함정'이라고 부른다. 또 다른 예시를 들어 보겠다. 정신건강복지센터에서 '약물 복용을 하지 않는 조현병을 가진 회원'에게 약물 복용의 중요성을 알려 주어야 하는 상황이라고 가정해 보자. 이때 면담자는 강력한 '교정반사' 의사소통을 사용한다. 면담자로부터 "약은 매일매일 반드시 드세요. 약을 안 드시니까 계속 환청이 들리는 거예요."와 같은 피드백을 받는다면 내담자는 '나를 존중해 주지 않는구나.'라는 생각이 들 것이다. 내담자가 면담자의 지시에 따르지 않는다면 면담자의 다음 대화에서 "○○님, 제 말 잘 들으세요. 제가 이 말을 하는 이유는 ○○님을 위해서 그러는 거예요. 왜냐하면……."이라고 대답할 수 있다. 이처럼 교정반사적인 의사소통은 상대를 방어적이게 만들며, 서로가 자신이 한 말을 입증하기 위해서 논쟁으로 이어지게 한다.

교정반사는 '지시하기' '가르치기' '설득하기'를 포함한다. 사례의 언어를 코딩해 보면 "약은 매일매일 반드시 드세요."는 지시하기이다. "약을 안 드시니까 계속 환청이 들리는 거예요."는 가르치기이다. 이처럼 내담자를 돕기 위해 무의식적으로 사용해 오던 언어들을 자세히 들여다보면 관계 형성을 방해하는 '교정반사'였던 경우가 많다. 따라서 면담자는 대화 중에 교정반사를 알아차리고 멈추는 것이 중요하다. 교정반사는 내담자의 기분을 나쁘게 하며 변화동기를 증진하는 것을 방해한다. 그렇다면 내담자를 위해서 반드시 해결책을 알려 주어야 하는 상황이라면 어떻게 '안내하기'를 사용해야 하는가?

바로 동기면담의 정보 교환하기, 즉 '이끌어 내기(elicit)-정보 교환하기(provide)-이끌어 내기(elicit)'를 사용하는 것이다(5장 참고). 사람은 스스로 한 말을 믿는 경향이 있다. 면담자가 이미 알고 있는 방법을 물어본다면, 내담자가 스스로 표현하는 방법들에 의해서 동기화될 것이다. 따라서 앞에 사례에서 면담자가 "어떤 방법을 알고 있나요?"라고 물어봤다면 논쟁을 할 필요도 없이 면담자가 말하고자 했던 정보를 내담자가 스스로 말하면서 중요하게 인식하게 되었을 것이다. 그리고 내담자가 "저도 알고 있어요. 그렇긴 한데……." "저도 시도해 봤어요. 그런데……."라고 표현하였을 때도 마찬가지로, "방법을 알아보셨군요!" "시도해 보셨군요!"와 같이 간단한 반영하기, 인정하기만 해 주었어도 논쟁을 피하고 내담자가 스스로 변화대화를 했을 것이다.

2) 관계 형성을 방해하는 초기함정

'교정반사'와 같이 상호적이지 않은 소통은 관계 형성을 방해한다. 내담자가 주인이 아닌 면담자가 전문가로서 결정하는 의사결정 방식은 내담자를 수동적으로 만든다. 면담 초기에 이러한 함정에 빠져 잘못된 방향으로 면담이 진행되기가 쉽다. 〈표 4-1〉은 관계 형성이 이루어지지 않고 있다는 신호들이다.

〈표 4-1〉 관계 형성이 안 되었음을 알리는 신호들

무효화하기	저항하기	철회하기
존중받지 못함	논쟁하기	딴청하기
이해 못함	무시하기	싫어하기
듣지 않음	방어적이 되기	집중하지 않음
화냄	적대적이 되기	수동적이 되기
창피해함	부인하기	피하기
불편해함	지연시킴	자리 뜨기
변화 불능	정당화하기	돌아오지 않음

출처: 신수경, 조성희(2016). 알기 쉬운 동기면담. 서울: 학지사.

앞의 예시처럼 내담자들이 딴청을 피우거나 집중하지 않는다면 관계 형성이 이루어지지 않고 있다는 것을 알아챌 수 있다. 그렇다면 관계 형성을 방해하는 이유는 무엇인가? 지금부터는 관계 형성을 방해하는 초기함정에 대해 알아보겠다.

(1) 평가함정

평가함정은 면담자가 내담자에 대한 정보를 많이 알고 있어야 한다는 생각에 평가를 집중적으로 다루는 것을 말한다. 예를 들어, 자살위험이 있는 내담자의 개인적 · 사회적 · 대인관계적 정보를 캐물으려고 할 경우, 면담자는 질문하고 내담자는 대답만 하게 되어 상호수직적인 관계에 놓이게 된다. 이렇게 되면 내담자가 말하고 싶은 주제를 꺼내지 못하게 되고 자신의 동기를 탐색하고 변화대화를 제공할 기회를 뺏기게 된다. 자살위험이 있는 내담자와의 면담에서는 초기면담에서 자살위험성을 평가하게 되는데, 내담자의 이슈보다 위험성 평가에 초점을 두고 정보수집만 한다면 평가함정에 빠지게 된다.

〈표 4-2〉 평가함정의 예

구분	대화내용	코딩
면담자	자살을 생각해 보셨나요? (자살사고 유무 평가)	닫힌질문
내담자	네.	
면담자	그렇군요. 구체적인 계획까지도 생각해 보신 건가요? (자살계획 유무 평가)	닫힌질문
내담자	그냥 술이나 잔뜩 마시고 옥상에서 뛰어내리면 되겠죠.	
면담자	한번 음주를 하시면 주량이 얼마나 되시나요? (음주여부 평가)	닫힌질문
내담자	소주 1병 정도요.	
면담자	이전에 자살을 시도하신 경험이 있으신가요? (과거 자살시도력 평가)	닫힌질문
내담자	아니요. 없어요.	

앞의 사례를 보면 면담자는 자살위험성을 예측하기 위하여 정보수집에만 관심을 두고 닫힌질문을 사용하고 있다. 내담자는 무엇이 자살사고로 이어지게 된 것인지, 무엇 때문에 음주를 하는지, 어떤 변화를 바라고 있는지에 대해서 전혀 말할 기회를 제공받지 못하고 있다. 우리가 알아야 할 점은 내담자의 이슈를 경청하는 과정에서 생각하지도 못했던 정보까지도 발견한다는 것이다. 만약 정보수집의 양이 많다면 사전에 허락을 구한 후에 닫힌질문을 하여 정보수집을 하거나 사정 기록지를 내담자가 작성하게 하는 것이 평가함정에 빠지지 않게 하는 방법이 될 수 있다.

(2) 전문가 함정

면담자가 이미 답을 정해 놓고 해결책을 제시해 주려고 할 때 나타날 수 있는 함정이다. 내담자에게 정보수집을 하기 위한 질문들만 한다면 내담자는 해결책을 기대하게 되고 면담자는 해결책을 제시해 주고자 하게 된다. 이 경우 내담자가 면담자보다 힘의 균형이 아래로 향할 가능성이 커져 내담자 스스로 문제를 탐색하고 인식하는 기회가 낮아진다. 동기면담은 면담자가 해결책을 심어 주는 것이 아니라 내담자가 이미 가진 전문성을 스스로 표현하고 인식하게끔 돕는 협력자가 되는 것이다. 〈표 4-3〉은 전문가 함정의 예이다.

〈표 4-3〉 전문가 함정의 예

구분	대화내용	코딩
면담자	언제부터 우울한 기분이 드셨나요?	닫힌질문
내담자	3개월 정도 된 것 같아요.	
면담자	식욕은 좋으신가요? 안 좋으신가요?	닫힌질문
내담자	입맛이 없어요.	
면담자	주무시는 거는요?	닫힌질문
내담자	대체로 4시간 정도 자는 것 같아요.	
면담자	지금 말씀하신 것을 종합해 보면 우울증인 것 같네요. 잘 주무시고, 식사 잘하시고, 약물치료를 꾸준히 받는 것이 중요합니다. 우선 약물치료를 받으면서 가벼운 운동을 매일 꾸준히 해 보세요.	교정반사
내담자	이전에도 한 달 정도 약물치료를 받았는데 크게 달라진 것이 없었어요.	
면담자	무엇보다 치료를 꾸준히 받으시는 것이 중요합니다. 제 말을 듣고 치료에 대해 의지를 가지시고 임하셔야 해요.	교정반사
내담자	네.	

(3) 조급하게 초점 맞추기 함정

조급하게 초점 맞추기 함정은 관계를 형성하기 전에 초점부터 맞추려고 하는 것을 말한다. 즉, 내담자의 의제보다 면담자가 생각하는 초점대로 대화를 해 나가는 것이다. 내담자는 욕구를 표현하지만, 면담자는 그보다 더 중요하게 다루고 싶은 주제가 있다. 서로 하고자 하는 대화의 방향이 다르면 논쟁으로 이어지거나 내담자는 더는 대화를 유지하지 않으려 할 것이다.

자살예방실천현장에서는 '자살예방'이라는 분명한 방향성을 갖기 때문에, 자살위험을 예측하는 데 필요한 정보를 수집하고, 특정 치료 방법을 제안할 수 있다. 예를 들어, 우울증이 있는 내담자라면 우울증 치료에 효과적인 약물치료를 제안할 수 있다. 그런데 초기대화에서 면담자가 필요한 정보수집에만 관심을 기울이거나, 특정 방향에만 초점을 두고 해결책을 알려 주게 되면 문제가 된다. 초기면담에서 내담자는 치료에 대한 대화보다는 당장 처한 상황에 관해 이야기하고 싶어 할 수 있기 때문이다. 내담자가 말하고 싶어 하는 이슈를 통제하고 면담자가 필요한 정보에만 관심을 둔다면, 관계는 불화로 이어지고 말 것이다. 〈표 4-4〉는 조급하게 초점 맞추기 함정의 예이다.

〈표 4-4〉 조급하게 초점 맞추기 함정의 예

구분	대화내용	코딩
면담자	어떤 문제가 있으신가요?	열린질문
내담자	당장 생계를 유지하는 게 너무 힘듭니다. (욕구) 취업난으로 일할 곳도 없고 막막합니다. 요즘은 잠도 잘 못 자겠고 우울한 기분이 계속 들어요.	
면담자	우울한 기분이 드신 거는 얼마나 되셨나요?	닫힌질문
내담자	1달 정도 된 것 같네요.	
면담자	매일 우울한 기분이 드시나요?	닫힌질문
내담자	매일 대부분 그런 것 같아요.	
면담자	평소에 취미로 즐기던 활동들에는 변화가 있나요?	닫힌질문
내담자	예전엔 문화센터에서 종이접기 강좌를 들었는데 요즘엔 안 나가요.	
면담자	주무시는 건 어떠신가요?	닫힌질문
내담자	매일 새벽 늦게 잠을 자게 돼요. 악몽도 간혹 꾸고요.	

앞의 사례를 보면 면담자는 내담자의 욕구보다 우울한 기분에만 초점을 맞추고 우울 증상을 평가하기 위하여 닫힌질문을 계속 이어 가고 있다. 사례에서 내담자가 표현한 욕구는 생계유지와 취업 문제 해결이다. 그러나 면담자의 우선순위는 '우울증 유무'이다. 우울한 기분에만 초점을 두고 있어 내담자가 하고 싶은 대화 주제와 전혀 다른 방향으로 진행되고 있는 것이다. 면담 초반에는 내담자의 욕구에 귀를 기울여야 한다. '면담자가 내 이야기를 잘 들어 주는구나.' 하는 생각이 들 때 내담자는 자신의 마음속 깊은 이야기를 더 터놓게 되며, 비로소 자신의 문제와 변화 방법에 대해서도 고민하게 된다.

또한 내담자가 무슨 이유로 면담에 왔는지 그 문제의 본질을 폭넓게 이해해야 한다. 면담 초반에는 내담자의 이슈로 주제를 시작해야 한다. 충분한 관계 형성에 관심을 두고 내담자의 염려를 경청하다 보면 자연스럽게 우울증 여부를 평가할 수 있으며, 오히려 예상치도 못했던 정보가 탐색되기도 한다. 만약, 대화 중간에 놓쳐서는 안 되는 중요한 정보수집이 필요하다면 닫힌질문을 적절히 활용하거나, 정보수집의 양이 많다면 사전에 허락을 구한 후 정보를 수집하면 된다. 이러한 자세가 내담자의 자율성을 존중하고 파트너십을 추구하는 것이다.

(4) 명명하기 함정

명명하기 함정은 내담자의 특정한 문제에 조급하게 초점을 맞추어 관련된 문제에 쉽게 진단명을 붙이는 것을 말한다. 면담자는 내담자가 스스로 자신이 가진 진단명(주요우울장애, 조현병 등)을 받아들여야 한다고 생각할 수 있지만, 많은 경우 수치심과 낙인감이 발생하여 갈등 유발의 원인이 될 수도 있다. 〈표 4-5〉는 명명하기 함정의 예이다.

이 사례를 보면 면담자가 진단명을 명명하자 내담자가 방어하는 모습으로 이어지는 것을 알 수 있다. 면담자를 통해 내담자는 자신의 문제는 듣게 되었을지 몰라도 관계는 더욱 나빠져 버렸다. 진단명을 아는 것이 유용하다는 과학적인 증거는 없다. 오히려 관계가 불화가 되어 버리면 대화를 할 기회도 사라지게 된다. 내담자가 스스로 문제를 인식하도록 돕는 것을 선행하되, 정보를 제공하는 것이 필요하다

〈표 4-5〉 명명하기 함정의 예

구분	대화 내용	코딩
면담자	어떤 문제가 있으신가요?	열린질문
내담자	당장 생계를 유지하는 게 너무 힘듭니다. 취업난으로 일할 곳도 없고 막막합니다. 요즘은 잠도 잘 못 자겠고 우울한 기분이 계속 들어요.	
면담자	우울한 기분이 드신 것은 얼마나 되셨나요?	닫힌질문
내담자	1달 정도 된 것 같네요.	
면담자	매일 우울한 기분이 드시나요?	닫힌질문
내담자	매일 대부분 그런 것 같아요.	
면담자	평소에 취미로 즐기던 활동들에는 변화가 있나요?	닫힌질문
내담자	예전엔 문화센터에서 종이접기 강좌를 들었는데 요즘엔 안 나가요.	
면담자	주무시는 건 어떠신가요?	닫힌질문
내담자	매일 새벽 늦게 잠을 자는 것 같아요. 악몽도 간혹 꾸고요.	
면담자	지금까지 말씀하신 내용을 토대로 보면, 우울증 같아 보이는데요. 평가를 한번 해 볼까요?	닫힌질문
내담자	제가 우울증이라고요? 취업 때문에 힘든데, 그럼 당연히 우울한 것 아닌가요?	

면 관계 형성이 이루어지고 난 후 동기면담 정보 교환하기를 통해서 제공하는 것이 초기함정을 피하고 내담자가 받아들일 가능성을 더 높인다.

(5) 비난하기 함정

비난은 상대방이 인격적으로 문제가 있다는 것을 내포하는 의사표현이다. 구체적인 예를 들자면, "○○님은 항상 말만 먼저 앞서네요." "○○님은 계속 약속을 어기시네요." "○○님이 말이 너무 많아서 정말 힘드네요." "왜 일을 안 하세요? 가족들 생각 좀 하세요." 등이 있다. 비난하기는 '맨날, 항상, 결코, 절대'와 같은 표현을 포함하며, 상대방의 특정한 것을 축소하거나 확대한다.

자살예방실천현장에서 '비난하기 함정'에 빠지기 쉽다. '인격장애를 가진 내담자의 반복적인 상담요청' '자살을 조건으로 특정한 목적을 요구하는 내담자' '면담자의 태도에 대해 계속해서 트집을 잡는 내담자' '말을 끊기 힘든 일방적인 의사소통을 보이는 내담자'의 유형에서 그렇다. 이러한 사례는 면담자의 심리적 소진을 부추긴다. 그럼에도 자살시도가 예상되는 사례라면, 면담자의 대처 방법은 매우 중요하다. 분노가 특징적인 내담자라면 반영적 경청이 효과적이다. 공감은 감정적으로 안정을 취하게 하고 이성적인 대화를 돕는다. 대화의 양이 너무 긴 내담자라면 전환하기 요약을 사용하는 것이 효과적이다. 요약하기는 대화의 주제를 다시 본질적인 주제로 되돌아오게 하거나 다른 주제로 넘어가게 해 준다. 특정한 목적을 요구하는 내담자에게는 타협 가능한 것과 타협이 불가능한 것을 알려 주는 것이 좋다.

또 다른 예로, 의도치 않게 비난하는 상황에 빠지게 되는 상황도 있다. '서로 비난하는 부부'가 대표적이다. 내담자들은 서로 자신이 더 힘들다고 호소하면서 면담자가 지금 문제가 누구의 책임인지를 밝혀 주기를 원한다. 그런데 면담자가 한쪽 배우자 입장에만 공감을 하게 된다면 다른 배우자는 비난받는 기분을 받게 된다. 한쪽 배우자에게서 '면담자가 내 편이 아니구나.' 하는 생각이 들기 시작하면 면담자와의 관계는 불화로 이어져 버린다. 이런 유형의 내담자들에게 면담자는 중립적인 자세를 취하는 것이 매우 중요하다.

(6) 잡담함정

잡담함정이란 면담이 방향성 없이 수다 형식으로 흘러가는 것을 말한다. 첫 면담에서 잡담은 긴장감 완화에 도움이 될 수 있겠지만, 선행연구에 따르면 잡담은 내담자의 동기를 증진하는 데 유의한 효과를 나타내지 않았다. 잡담은 면담에 대한 자신감이 부족하거나 방향성이 없을 때 많이 보이게 된다. 이 경우 불필요하게 일상생활적인 대화를 많이 주고받거나 농담을 던지게 된다. 변화에 대한 방향성이 없는 주제로 면담이 계속 이어진다면 내담자의 변화는 기대하기 힘들 것이다.

자살예방실천현장에서는 자살시도를 예방하기 위하여 사후관리서비스를 제공한다. 6개월 이상 사후관리서비스를 제공하다 보면 대화할 주제거리가 없어지기 마련이다. 대화의 주제가 부족해지다 보니 잡담으로 이어질 수밖에 없다고 생각할 수 있으나, 사후관리서비스의 목적은 자살위험성 모니터링과 행동 변화에 따른 사회적 지지를 제공하는 것이다. 따라서 내담자가 변화 목표를 지속해서 실행하고 있는지를 점검하고 변화행동들을 지지하는 것이 대화의 방향이 될 것이다. 만약 새로운 문제가 나타났다면, 재초점 맞추기를 진행하면 된다.

2. 동기면담을 활용한 자살위험성 평가

자살예방실천현장에서 내담자의 자살위험 요인을 평가하는 것이 개입의 출발점이다. 자살위험성 평가는 내담자의 자살위험의 수준을 파악하고 적절한 개입을 위하여 반드시 이루어져야 하는 임상 기술이다. 자살위험 요인에는 자살사고, 자살계획, 과거의 자살시도력, 우울증, 절망감, 신체 질병 등이 있다. 자살위험 요인의 총합과 강도에 따라 자살위험 강도가 평가된다. 그렇다면 평가 시 어떤 질문들을 해야 할까? 자살위험성 평가의 핵심 질문들을 살펴보겠다.

Tip 자살위험성 평가 주요 핵심 질문

1) 자살사고의 빈도와 지속기간
- 자살 생각은 언제부터 했나요?
- 어떤 일이나 사건이 자살 생각을 하게 만들었나요?
- 얼마나 자주 자살 생각을 했나요?
  일주일에 몇 번인가요?
  한 달에 몇 번인가요?
- 자살 생각이 들 때는 어떻게 하시나요?
- 자살 생각이 가장 심했을 때는 어떻게 했나요?

2) 자살 의도와 계획
- 자살에 대해 계획을 세운 적이 있나요?
  (있다면) 어떤 방법을 생각하고 있나요?

- 죽는 방법을 구체적으로 생각한 적이 있나요?
- 죽을 시간과 장소에 대해 생각해 놓으신 게 있나요?
- 필요한 도구를 가지고 있나요? (예: 약, 끈 등)
  그것은 어디에 있습니까?
- 자신이 다른 사람에게 짐이 된다고 느끼나요?
- 이 계획을 실제로 실행에 옮길 가능성은 몇 퍼센트나 된다고 생각하나요?

3) 자살 관련 행동
- 이전에 자살을 시도한 적이 있습니까?
- 언제 시도했습니까? 어떤 방법이었습니까?
- 자살 계획을 실행에 옮기기 위해 시도한 일이 있나요?
  (예: 약을 모으거나 끈을 사거나 자살을 할 장소에 미리 가 보는 행동)
- 혹시 자살을 위해 어떤 준비를 한 적이 있으신가요?
  (예: 유서를 쓰거나 물건을 정리하는 행동)

낮은 위험	중간 위험	높은 위험
• 죽음에 대한 막연한 생각 • 자살에 대한 계획은 없음 • 위험 요인이 거의 없거나 1~2개 있음 • 신체건강과 심리사회적 건강이 양호함	• 자살에 대한 생각이 있음 • 자살에 대한 계획은 없음 • 몇 가지 위험 요인이 있음 (예: 이전의 자살시도나 정신질환 과거력 등) • 급성적 스트레스가 있음 (예: 신체질환, 사회적 지지가 부족함, 최근에 실연 등의 스트레스 사건을 경험함)	• 죽음에 대한 확고한 생각과 의도가 있음 • 자살에 대한 계획을 세움 • 자살도구가 준비되어 있음 • 최근에 치명적 자살시도를 한 적이 있음 • 심한 우울증상, 약물 남용 등의 문제를 겪을 경우

출처: 중앙자살예방센터(2015). 자살상담매뉴얼.

자살위험성 평가는 위험 수준을 예측하는 중요한 임상 기술이지만 매뉴얼에 의하여 기계적으로 평가해서는 안 된다. 그리고 두 사람의 자살위험 요인들이 같다고 해서 같은 위험 수준이 아니다. 개인마다 처한 환경이나 개별 성격은 모두 다르다. 평가는 지금 이들의 상황에서 자살이 어떤 의미인지를 이해하는 것부터 이루어져야 한다. 나아가 이들이 처한 환경에서 벗어나기 위한 하나의 탈출구가 '자살'이라면, 무엇이 이들을 당장 자살시도로 몰지는 않았는지와 같은 보호 요인을 물어보는 것은 면담의 방향성을 안내한다.

국내에서 개발된 대부분의 자살위기대응 프로토콜에서는 자살위험 수준에 따라서 응급입원, 정신과 치료 등의 방법들로 이어질 수 있도록 권장한다. 한편, 이러한 접근은 지역사회 중심의 접근 전략이 무엇인지를 면담자로 하여금 고민하게 한다. 지역사회 중심의 접근과 의료 중심 접근을 구분 짓게 한다면, 더는 입원이나 정신과 치료는 지역사회 중심의 서비스가 아님을 알게 한다. 따라서 이제 지역사회 자살예방기관은 정신과 연계 위주의 수동적인 자세에서 벗어나 지역사회 안에서 새로운 삶을 살아갈 수 있도록 돕기 위한 다양한 서비스 개발에 힘을 쏟아야 할 것이다. 자살위험이 있는 내담자를 어떻게 도울 것인가를 고민하게 된다면, 기관에서 제공할 수 있는 서비스가 많지 않음을 금방 알게 된다.

자살도구를 뺏고 입원 조치를 하는 것처럼 자살로부터 안전하게 하는 것을 자살예방 성과라고 생각해 왔을지 모른다. 외적인 안전장치 측면에서는 성공적일지 모르겠지만, 내담자의 삶 속에서 달라진 것은 없다. 당장 내일의 생계와 고독감이라는 현실과 다시 마주하게 되는 순간, 자살위험은 다시금 시작된다. 완벽한 자살을 시도하는 사람은 주변 사람들을 안심시키고 조용히 삶을 포기한다. 외적인 안전장치에 관심을 기울이다 본의 아니게 내적인 안전장치를 찾을 기회를 빼앗아 왔을지도 모르겠다. 우리가 어떻게 도울 것인가에 고민하고자 한다면, 내적인 안전장치를 찾는 방법들을 고민해야 할 것이다. 〈표 4-6〉에서는 관계 형성을 방해하는 자살위험성 평가의 예를 살펴보겠다.

이 사례를 보면 면담자는 위험성 평가를 위해 정보수집에만 초점을 두고 있다. 내담자가 도박으로 인한 빚 문제를 갖고 있음을 호소하였지만, 내담자의 이슈보다는 다음 질문에 급급하여 자살도구를 제거하는 것에만 관심을 두고 있다. 이 사례에서 내담자는 자신의 처한 상황을 충분히 이해받지 못하고 있는 것이다. 지속적인 내담자와의 만남을 위해서 관계 형성은 필수이다. 내담자의 자살위험성 평가와 외적인 안전에만 관심을 기울이는 것은 관계 형성을 하지 않겠다고 하는 것이나 마찬

〈표 4-6〉 관계 형성을 방해하는 자살위험성 평가의 예

구분	대화내용	코딩
면담자	어떤 이유로 살 가치가 없다고 느끼게 되셨나요?	열린질문
내담자	스포츠 도박을 해서 빚이 2,000만 원이나 생겼어요. 빚을 갚을 방법도 없고 모든 것이 포기상태예요. 너무 힘들어서 매일 술만 마시고 있네요.	
면담자	술은 얼마나 자주 드시나요?	닫힌질문
내담자	최근에는 매일 마시는 것 같아요.	
면담자	한번 드실 때 얼마나 드시나요?	닫힌질문
내담자	소주 한 병 정도요.	
면담자	구체적인 자살 방법을 생각해 본 적이 있나요?	닫힌질문
내담자	네. 최근에요.	
면담자	어떤 방법을 생각해 보셨나요?	닫힌질문
내담자	집 근처 슈퍼에서 번개탄을 샀어요.	
면담자	현재 번개탄을 갖고 계시나요?	닫힌질문
내담자	네.	
면담자	갖고 계신 번개탄을 제가 보관해도 될까요?	닫힌질문
내담자	죽지는 않을 거니까 걱정 마세요.	
면담자	○○님의 안전을 위해서 그러는 거예요.	동기면담 정신 불일치

가지이다.

초기면담에서는 자살위험성 평가와 함께 변화에 대한 내적 동기를 높일 수 있는 힌트를 찾는 것이 중요하다. 그러기 위해서는 내담자의 욕구를 발견해야 한다. 면담과 동시에 욕구를 표현하는 내담자가 있는가 하면, 몇 회기가 흘러도 절망감만을 표현하는 내담자도 있다. 그러나 중요한 점은 면담자가 관계 형성에 힘을 쏟고 내담자와 동등한 관계에서 고민하고 있다면 내담자는 속마음을 터놓으려 할 것이며, 그렇게 될 때 변화로부터 가까워진다는 것이다. 지금부터는 동기면담의 관계 형성 과정 안에서 위험성 평가를 진행하는 방법을 살펴보겠다.

〈표 4-7〉 관계 형성 내 위험성 평가의 예

구분	대화내용	코딩
면담자	자살을 생각하게 된 이유가 궁금하네요.	열린질문
내담자	남편하고 매일같이 싸워요. 요즘은 정말 이혼하고 싶은 생각이 들어요.	
면담자	매일같이 남편과 다툼이 있군요.	단순반영
내담자	네. 남편은 시어머니 말만 듣는 사람이에요. 지금 시어머니와 함께 살고 있는데 시어머니의 간섭이 너무 심해요. 너무 미칠 지경이에요.	
면담자	시어머니의 간섭이 불편하군요.	단순반영
내담자	네. 시어머니와 싸우면 남편은 오히려 나한테 화를 내고 심지어 저를 밀치기도 했어요. 요즘은 정말 살고 싶지가 않고 그냥 죽어 버릴까 하는 생각이 하루에도 몇 번씩 들어요.	
면담자	마음이 아주 힘드셨겠어요. 혹시 구체적인 자살 계획도 생각해 보신 것인지 궁금하네요.	열린질문
내담자	아니오. 구체적인 생각까지는 안 해 봤어요.	

앞의 예시를 보면 자살생각 유무에 대한 평가를 "자살을 생각하게 된 이유가 궁금하네요."라는 열린질문으로 시작하였다. 열린질문을 하였기 때문에 내담자의 중요한 이슈가 곧바로 나타난다. 이와 반대로, 닫힌질문으로 시작할 수 있는데, "자살을 생각해 보셨어요?"라고 묻는다면 내담자는 "예" "아니요"와 같이 단답형 답변을 하게 될 것이다. 내담자의 중요한 이슈를 탐색하기 위해서 면담자는 다시 질문해야 하는 수고가 생기는 것이다. 앞의 예시에서 내담자는 "남편하고 매일같이 싸워요." "요즘은 정말 이혼하고 싶은 생각이 들어요."와 같이 현재 자살 생각을 하게 만드는 상황과 욕구를 표현하였다. 면담자는 곧이어 다른 자살위험성 평가 질문으로 이어가지 않고 내담자의 이야기를 반영하였다. 내담자의 이슈가 구체적으로 좁혀지고 있으며 내담자 스스로 자살 생각 유무까지 표현하였다. 이때 면담자는 자연스럽게 자살 계획 여부에 대해 열린질문으로 이어졌다. 예시처럼 자살위험성 평가에 필요한 정보가 나타나거나 자연스럽게 질문할 기회가 주어질 때 위험성 평가를 하는 것이 효과적이다. 만약 초반 대화를 통해 파악하지 못한 정보가 있고 제한된 시간 동안 많은 정보의 수집이 필요하다면 사전 허락을 구하고 닫힌질문을 활용하여 물어

보는 것이 효율적이다. 사전에 허락을 구하는 것은 내담자의 자율성을 존중하면서 필요한 정보를 수집하고 자기효능감을 증진할 수 있는 방법이다.

〈표 4-8〉 동기면담 활용 자살위험성 평가의 사례

구분	대화 내용	코딩
면담자	마음속 이야기를 꺼내시기 힘드셨을 텐데 감사드립니다. 몇 가지 궁금한 정보가 있는데 물어봐도 될까요?	사전 허락 구하기
내담자	네.	
면담자	혹시 이전에도 자살을 시도하신 적이 있으신지 궁금합니다. (이전 자살시도 여부)	열린질문
내담자	약을 먹은 적이 한 번 있었어요.	
면담자	조금 더 자세히 말씀해 주시겠어요?	열린질문
내담자	수면제 20알 정도를 한 번에 먹은 적이 있어요.	
면담자	수면제를 드신 경험이 있으시군요. 언제인가요?	반영하기, 닫힌질문
내담자	한 6개월 정도 된 것 같네요.	
면담자	수면제를 드신 이유가 궁금하네요.	열린질문
내담자	6개월 전에 휴대폰 조립공장에 수습직으로 취직을 했었어요. 어느 날 담당 과장이 저에게 와서 일을 그만해 줬으면 좋겠다고 하더군요. 아마도 제가 몸이 왜소해서 해고를 한 것 같아요.	
면담자	왜소한 몸 때문에 해고를 당하였다고 생각하시는 거군요.	반영하기
내담자	네. 저는 부품을 나르는 일을 했는데 제가 다른 직원들보다 속도가 느렸었거든요. 아무래도 제가 몸집이 작고 하니까 체력이 약하다고 생각했던 것 같아요. 그래서 또 실직하느니 차라리 죽는 게 낫겠다는 생각이 들어 시도했었죠.	
면담자	다시 실직하게 된다는 것이 감당하기 힘드셨겠어요.	반영하기
내담자	네. 맞아요.	

3. 관계 형성을 위한 동기면담 주요 기술(OARS)

이 장에서 우리는 2장에서 논의한 OARS를 자살예방실천현장에서 활용하기에 유용한 방식으로 설명할 것이다. 동기면담은 네 가지 과정을 토대로 핵심 기술인 열린질문 하기, 인정하기, 반영하기, 요약하기를 통해 내담자를 이해하고 변화동기를 유발하는 전략을 제공하게 된다.

1) 열린질문 하기

열린질문(open questions)은 많은 양의 정보를 수집하고 내담자의 다양한 생각과 의견을 이끌어 낼 수 있도록 하는 질문이다. 열린질문을 사용하면 면담자가 놓칠 수 있었던 여러 가지 대답을 내담자가 할 수 있도록 돕고 신뢰적인 분위기를 형성하는 데 도움이 된다. 자살예방기관에 의뢰된 내담자와 마주하게 된다면 면담자는 어떤 질문으로 시작해야 할까? 다음은 열린질문에 대한 예이다.

관계 형성 과정의 열린질문 예

- "○○님이 어떻게 이곳까지 오시게 되었는지 궁금합니다."
- "전화상으로 ○○님은 우울한 감정 때문에 힘들다고 이야기를 하셨습니다. 지금 이 자리에 오기까지의 일들에 대해 말씀해 주세요."
- "어렵게 용기 내어 이곳까지 오시게 된 모든 일을 이야기해 보시는 것이 어떻습니까?"
- "○○님이 삶을 포기하려고 생각하고 있어서 이곳에 오게 되었습니다. 무엇 때문에 ○○님이 자살에 대해 생각하고 있는지에 대해 시간을 가졌으면 합니다. 어떻게 생각하세요?"
- "○○님이 면담을 통해서 원하는 것은 무엇인가요?"
- "○○님이 면담을 통해서 기대하는 바는 무엇인가요?"
- "○○님이 원하는 것은 얼마나 중요한 일인가요?"
- "어떤 일이 일어날 것으로 생각했나요?"
- "자살에 대해서 생각하게 되신 이유에 대해 말씀해 주세요."

- “무엇 때문에 자살을 시도하게 되었는지 궁금합니다. 말씀해 주세요.”
- “어떤 이유로 살 가치가 없다고 느끼게 되셨나요?”
- “이 문제가 ○○님의 일상에 어떻게 영향을 미쳐 왔나요?”
- “지금부터 5년 후에 ○○님의 삶이 지금과 어떻게 달라져 있기를 원하나요?”
- “삶에서 가장 가치 있게 여기는 것이 무엇인지 말씀해 주세요.”
- “내가 어떻게 ○○님을 돕기를 바라나요?”

열린질문을 할 때 동기면담 정신에 따라 질문해야 한다. 예를 들어, “왜 자살을 시도하시게 되었나요?” “왜 최선을 다하지 않으셨나요?” ‘왜’라고 시작하는 질문들은 내담자가 수동적이고 요구적인 답변을 하게 만들어 대부분 동기면담 정신과 불일치한 열린질문이 될 수 있다. 또한, 한꺼번에 여러 개의 열린질문을 하는 것은 열린질문을 가장한 닫힌질문이 된다. 예를 들어, “○○님은 어떻게 달라지길 원하시나요? 무엇을 유지하기를 바라시는 것인가요? 아니면 어떤 것이 필요하신 건가요?”와 같은 질문은 열린질문으로 시작은 하였지만 다중 열린질문이 되어, 내담자가 어떤 답변을 해야 할지 혼란스럽게 만든다. 또한 마지막 질문에만 답하게 될 수 있어 한정된 대답을 요구하게 된다.

이와 반대로, 닫힌질문은 특정한 정보나 ‘예/아니요’ 혹은 ‘단답형’ 대답을 이끌어 내는 질문이다. 내담자의 한정된 대답을 이끌기 때문에 관계 형성에는 효과가 작고 내담자를 소극적으로 만든다. 하지만 사실 정보를 확인하기 위해서 사용할 때는 유용하게 활용될 수 있어 정보수집이 필요한 경우 사전 허락을 구한 후 질문을 하는 것이 바람직하다. 이때 중요한 것은 동기면담 정신에 맞는 태도와 느낌을 전달하여야 한다는 것이다.

관계 형성 과정의 닫힌질문 예

- “자살 생각을 느낀 지 얼마나 되었나요?”
- “과거에도 자살을 시도한 적이 있나요?”

- "가족 중에 자살을 시도한 사람이 있나요?"
- "구체적인 자살방법을 생각해 본 적이 있나요?"
- "언제 자살을 시도할 계획인가요?"
- "다니시는 교회가 있나요?"
- "가족들은 얼마나 자주 만나세요?"
- "당신은 도움을 받을 만한 자원이 있습니까?"
- "도움을 요청한 적은 있었나요?"
- "술은 마시나요?"
- "1회 주량은 얼마인가요?"
- "누구와 함께 사나요?"
- "현재 정신과 치료를 받고 있거나 과거에 받았던 적이 있습니까?"
- "약물은 복용하고 계시나요?"
- "정신과 치료를 받으셨다면 진단명을 알고 있습니까?"
- "도움을 요청할 만한 주변에 사람은 있나요?"
- "힘들 때 누구와 이야기를 나누나요?"
- "현재 소득이 얼마인가요?"
- "신체적으로 아프신 곳이 있나요?"
- "경제적인 어려움이 있나요?"

2) 인정하기

인정하기(affirming)는 강점과 긍정적인 부분을 강조하는 기술로 내담자의 내재한 좋은 면들을 알아보고 반영하는 것이다. 인정하기는 본질적으로 내담자의 긍정적인 부분을 이해하고자 하는 노력이라는 점에서 공감과 같다. 인정하기는 내담자를 개방적으로 만든다. 인간은 다른 사람으로부터 인정받았을 때 더 마음을 열고 시간을 보내려 하기 때문이다. 또한 인정하기는 내담자가 자신을 평가하던 부정적인 인식 패턴에서 긍정적인 자기개념으로 재구조화할 수 있도록 돕는다.

동기면담에서는 인정하기를 칭찬과 다르게 구분하는데, 칭찬하기는 면담자가 주어가 되어 표현하는 것을 포함하기 때문이다. 예를 들어, "저는 ○○님의 계획성이 마음에 듭니다." "저는 ○○님이 가장 프로젝트를 훌륭히 소화하는 것 같습니다."

와 같이 주어가 면담자가 되는 것이다. 만약 면담자가 주어가 되어 내담자를 칭찬한다면 좋은 의미로 받아들일 수 있지만, 한편 평가하는 느낌을 줄 수 있다. 따라서 좋은 인정하기는 '당신'이라는 단어에 초점을 두는 것이 좋다. 예를 들면, "○○님은 열악한 환경이었지만 끝까지 버텨 오셨군요." "○○님은 가족의 소중함을 잘 아시는 분이시군요." 등이다. 광범위한 관점에서 인정하기를 할 수도 있는데, "바쁘신 와중에도 와 주셔서 감사합니다." "이렇게 만나서 반갑습니다." "이야기를 꺼내시기 힘드셨을 텐데 말씀해 주셔서 감사합니다." 등이 그 예이다.

관계 형성 과정에서 인정하기의 예

- "먼 길까지 오시기 힘드셨을 텐데 와 주셔서 감사합니다."
- "이렇게 반갑게 맞이해 주셔서 감사합니다."
- "어려운 이야기를 꺼내 주셔서 감사합니다."
- "가족들을 위해서 그동안 견뎌 오셨군요."
- "저 같았으면 포기했을 것 같은데 버텨 내신 것이 놀랍군요."
- "○○님이 그동안 일을 유지해 왔다는 점이 인내심이 많은 분이라는 생각이 듭니다."
- "○○님은 좋은 아이디어를 가지고 계시는군요."
- "이미 많은 방법을 시도해 보셨군요."
- "○○님은 그동안 실패에도 좌절하지 않고 많은 시도를 해 오셨군요."
- "어떻게 그렇게 하실 수 있었는지 놀랍습니다."
- "○○님의 이야기를 들으면서 어떻게 그런 상황을 극복할 수 있었는지 믿을 수가 없어요. ○○님은 정말 인내력이 강하시군요!"

또한 인정하기는 동의하기와 다르다. 인정하기는 면담자가 내담자의 강점, 역량 등 긍정적인 속성을 말하는 것이지만, 동의하기는 내담자의 가치관이나 판단을 무조건 옳다고만 말하는 것이기 때문이다. 만약 내담자의 가치관이나 판단 기준이 적절치 않다면 인정하기가 제한될 수 있다.

인정하기가 제한될 수 있는 예

- 과대망상이 심해 무모한 도전을 계획하는 경우
- 인격장애로 인해 합리적이지 않은 믿음을 말하는 경우
- 물질 남용의 정당성을 요구하는 경우
- 자신의 능력을 과장하여 부풀리는 경우

3) 반영하기

반영하기는 내담자의 말을 면담자가 이해하는 것에서 나아가 면담자가 이해한 바를 내담자에게 다시 언어로서 되돌려 주는 것을 말한다. 이때 내담자는 면담자가 반영한 언어를 듣고 반응을 하게 되는데, 면담자의 반영이 일치하는 경우는 이해받고 있는 느낌을 받고 더 개방적인 대화로 이어질 수 있다. 반영하기는 반영의 수준에 따라 단순반영과 복합반영으로 나뉜다.

(1) 단순반영

단순반영은 내담자가 말한 것에 다른 의미를 덧붙이지 않고 그대로 되돌려 주는 것이다. 면담 초반에서 단순반영은 내담자의 대화를 촉진하는 데 유용하다. 초반에는 내담자에 대한 정보가 없는 상태이기 때문에 복합반영을 하는 것은 섣부른 추측이 되어 내담자가 기분을 상하게 할 수 있다. 반면, 단순반영을 계속하면 면담이 진전이 없고, 제자리를 계속 맴도는 느낌이 들고, 내담자가 한 말을 계속 반복하여 따라 하는 느낌을 주게 한다. 따라서 수준 높은 반영을 위해서는 면담 초반에 내담자가 표현한 언어보다 짧게 반영하며 정보를 수집해 나가되, 점차 복합반영을 활용하여 면담을 진전하는 것이 필요하다.

내담자: 저는 정말 제 아들이 중요합니다.

면담자: 아드님이 중요하시군요. (단순반영)

내담자: 요즘은 항상 피곤해요.

면담자: 항상 피곤하시군요. (단순반영)

(2) 복합반영

복합반영은 내담자가 한 말에 의미를 부여하거나 강조하는 것으로 내담자가 말한 것에 추측을 덧붙여 언어로 되돌려 주는 것이다. 복합반영을 많이 하면 내담자의 마음속 깊은 곳까지 대화를 진전시켜 가지만, 너무 섣부른 복합반영은 판단하는 느낌을 줄 수 있으므로 많은 연습이 요구된다.

내담자: 저는 정말 제 딸이 중요합니다.

면담자: 따님이 보고 싶군요. (복합반영)

내담자: 네. 제가 마지막으로 제 딸 얼굴 한번 봤으면 좋겠네요.

면담자: 딸이 자살로부터 아버님을 보호하고 있었군요. (복합반영)

내담자: 네. 저의 유일한 삶의 이유이죠.

〈표 4-9〉 반영하기 사례

구분	대화 내용	코딩
면담자	처음 뵙습니다. 만남에 응해 주셔서 감사합니다.	인정하기
내담자	별말씀을요. 내가 괜한 소리를 해서 온 동네가 시끄럽네요.	
면담자	어떻게 해서 우리 기관으로 연락을 주시게 된 건지 궁금하네요.	열린질문
내담자	막상 몸도 이렇게 되어 버리니까 살고 싶은 생각이 없어요.	
면담자	건강 문제가 있으시군요.	단순반영
내담자	네. 맞아요.	
면담자	조금 더 자세히 말씀해 주시겠어요?	사전 허락 구하기
내담자	네. 신장암 2기 판정을 받았어요. 현재 치료비도 없는 상황이고 누구에게 도움을 요청할 입장도 되질 못해요. 그냥 하루하루 어떻게 죽을지만 생각을 하는 상황이죠.	

면담자	암 판정을 받게 되고 치료비가 걱정되는 상황이군요.	단순반영
내담자	네, 맞아요. 치료비 문제가 해결되었으면 좋겠네요. (변화욕구)	변화대화

사례에서 보면 면담자는 단순반영만 하였는데도 내담자가 스스로 변화대화를 표현하였다. 이 사례에서 면담자는 내담자의 살고 싶지 않은 이유를 반영하기보다는 살고 싶은 이유, 즉 욕구로 예상되는 측면만을 선택적으로 반영하였다. 어디에 선택적으로 반영하는지에 따라 추후 내담자의 언어는 달라진다. 만약 면담자가 내담자를 변화하게 하고 싶다면 내담자의 변화대화에 관심을 기울이고 반영해야 한다. 변화대화가 나타나지 않더라도 변화대화가 나올 수 있는 욕구와 관련된 언어를 잘 살펴보고 반영하는 것이 좋다.

(3) 요약하기

요약하기는 내담자가 말한 것을 되돌려 주는 것이기 때문에 본질적으로는 반영하기이다. 하지만 요약하기는 내담자가 말한 내용을 세 개 이상 모아서 말하는 것으로 반영하기와 구별된다. 요약하기를 통해 내담자는 자신이 한 말을 다시 듣게 되면서 변화에 대해서 인식할 기회를 갖게 된다. 따라서 내담자가 표현한 변화대화를 면담자가 잘 정리하여 되돌려 주는 것이 중요하다. 요약하기는 세 가지 유형으로 구분된다. 세 가지 유형은 모으기, 잇기, 전환하기다.

① 모으기 요약

모으기 요약(collecting summary)은 열린질문 이후 변화로 이어지는 말들을 모아서 되돌려 주는 것으로, 이야기를 계속 이어 가고 싶을 때 사용한다.

제가 이것을 이해했는지 보도록 하지요. ○○님은 남편하고의 갈등 때문에 술을 마시게 되셨지만, 누구보다 술을 끊고 싶어 하시고요. 술을 마시게 되면 분노를 통제하지 못하는 것이 주변 사람들에게 피해를 준다는 것을 알고 계시죠. 그래서 술을 끊기 위해 단주 프로그램에 참여해 보고 싶어 하십니다. 또 다른 것들이 있나요?

② 잇기 요약

잇기 요약(linking summary)은 내담자가 현재 말한 것을 이전에 나누었던 대화와 연결해 되돌려 주는 것으로, 양가감정을 강조하거나 해소하고 싶을 때 사용한다.

일주일 동안이나 술을 드시지 않으셨군요. 그리고 술을 드시지 않기 위해서 규칙적인 운동을 해 오셨고요. 지난번에 만났을 때는 단주하기가 힘들 것 같다고 이야기를 하셨는데 일주일 동안이나 단주를 하셨다는 것이 놀랍습니다. 어떻게 생각하세요?

③ 전환하기 요약

전환하기 요약(transitional summary)은 회기를 마무리하거나 다른 주제로 넘어가고자 할 때 사용한다.

마치기 전에 제가 잘 이해했는지 보겠습니다. ○○님은 최근에 사고로 인하여 수술을 하게 되셨고 이후로는 일하지 못하게 되셨어요. 현재 생계적인 어려움으로 식생활을 해결하는 것도 힘이 드는 상황이라고 이야기를 하셨고요. 먼저 경제적인 지원을 받을 수 있는 자원이 필요하다고 말씀해 주셨어요. 제가 잘 들었나요? 빠뜨린 부분이 있으면 말씀해 주세요.

제5장

초점 맞추기

동기면담의 초점 맞추기는 내담자의 변화 목표를 설정하는 과정이다. 내담자가 가지고 있는 다양한 문제, 즉 많은 의제를 좁혀서 가장 우선해야 할 의제를 결정하는 과정이다. 면담에서 초점 맞추기를 하지 않고 시작한다면 대화가 방향성 없이 제자리에서 빙빙 도는 느낌을 주게 된다. 반대로 초점 맞추기를 하면 다음 단계의 유발하기에서 어떤 대화를 나누어야 할지 방향성을 갖게 된다.

자살예방실천현장에서는 큰 범주에서 '자살예방'이라는 분명한 초점을 갖는다. 자살을 예방하기 위한 목적을 가지고 내담자의 이슈를 경청해 나가다 보면 내담자가 '욕구'를 표현하게 된다. 한 가지 욕구가 한 가지 의제에 해당한다. 먼저 내담자의 욕구를 의제로 정하여 면담을 시작하면 된다. 취업 문제를 호소하며 찾아온 내담자라면 '취업 문제를 해결하는 것'이 의제가 될 것이다. 대화를 하다 보면 처음에 호소한 문제보다 더 우선시되는 욕구나 면담자가 상담에서 필요하다고 판단되는 의제가 나타나기 마련이다. 이 경우 과학적 근거에 기반을 두어 내담자에게 이득이 되는 방향으로 재초점이 이루어져야 한다.

합의된 목표가 정해졌다면 면담의 방향성은 가장 확실하겠지만, 면담자가 중요하게 여기는 방향과 내담자가 원하는 방향이 다르다면 어떻게 할 것인가? 더군다나 내담자가 변화에 대한 의지가 보이지 않을 때는 어떻게 해야 할 것인가? 자살예방 실천 분야에서는 더욱 그러할 수 있는데, 내담자의 안전이 우선시되어 분명한 방향성을 가지기 때문에 내담자의 의사에 반하는 개입이 필요한 상황이 발생한다. 이때 면담자는 개입 방향을 판단하기가 쉽지 않다. 내담자의 자살 계획을 알게 되었다면 이 사실을 내담자의 가족들에게 알려야 하는가? 비밀 보장은 어디까지 해야 하는가? 내담자에게 과연 도움이 되는가?

몇 가지 큰 맥락에서 내담자를 돕기 위해 기준이 되는 방향성을 두는 것이 필요하다. 이러한 방향성에 있어서 동기면담에서는 윤리 원칙을 제시하고 있는데, 바로 무해성, 자율성, 선행이다. 첫 번째 윤리 원칙은 무해성이다. 무해성은 사람에게 해가 가는 중재를 해서는 안 된다는 것이다. 즉, 아무것도 도움을 주지 않는 것도 해를 입히는 것으로 보고 있어, 자살시도가 예측되지만 개입을 하지 않는 것은 무해성의 원칙에 어긋난다. 예를 들어, 자살을 시도하였거나 치명적인 자살방법을 분명하게 계획하고 있고 잠재적 자살위험 요인이 너무 높아 자살시도가 예견된다면 응급입원과 같은 위기개입이 필요할 수 있다. 위기개입은 충동적인 자살시도를 예방하고 약물치료와 같은 집중적인 치료를 받을 기회와 정서적 평형을 유지하는 시간을 확보해 준다. 그러나 저자의 현장 경험에 비춰 보면 강제적인 조치를 취한 후 내담자와의 관계는 걷잡을 수 없을 정도로 깨져 버렸다. 그리고 더는 내담자가 면담자를 찾지 않을뿐더러 완전한 강제적인 개입으로 내담자를 언제까지나 병동 안에 붙잡아 놓을 수 없다는 점이다. 그러나 한 가지 희망적인 것은, 강제적인 조치를 한 후 입원해 있는 내담자에게 지속해서 연락을 취하였을 때, 면담자에 대한 신뢰관계가 더욱 견고해졌다는 것이다. 이는 응급입원 이후 사후관리의 중요성을 말한다. 개입의 전 과정을 자살예방서비스의 한 과정으로 간주한다면 입원과 퇴원은 면담자의 손에서 다시 면담자의 손으로 이어져야 할 것이다. 응급입원이 내담자를 돕기 위한 하나의 방법이었음을 내담자가 인식하게 되면 오히려 관계 형성의 기회가 되기도 한다.

두 번째 윤리 원칙은 자율성이다. 자율성은 인간의 자유와 존엄성에 대한 존중으로 스스로 선택할 수 있도록 하는 것이다. 내담자의 욕구에 초점을 맞추고 대화하고 내담자가 스스로 결정할 수 있도록 돕는 것이 내담자의 자율성을 최대화하는 것이다. 한편, 앞서 말한 바와 같이 자살예방실천 분야에서는 '자살예방'이라는 분명한 방향성을 갖기 때문에 내담자의 자율적인 의사에 반하는 개입이 발생할 수 있다. 이러한 상황에서조차도 내담자에게 최소한의 선택권을 주어 자율성을 보장해 주어야 한다. 면담자가 내담자의 자살 계획을 알게 되었다고 가정하자. 당장 내담자의 안전을 예상할 수 없는 상황에서 응급입원이 대안이라고 한다면 어떻게 면담을 해야 할까? 자율성을 존중하는 것은 '사전에 허락을 구하는 것'부터 출발할 수 있다. 내담자의 허락을 구한 후에 입원의 필요성에 대하여 설명한다면, '설명해도 된다는 선택권'을 내담자에게 주는 것이다. 반면에 일방적으로 입원의 필요성을 설명한다면 내담자의 선택권은 전혀 없다는 것을 의미한다. 또 다른 접근법은 몇 가지 대안 메뉴를 함께 제안하여 선택권을 주는 것이다. 예를 들어, 자의입원이나 응급입원과 같이 몇 가지 대안을 함께 전달하여 선택권을 부여하는 것이다. 두 가지 모두 결과적으로 입원치료를 받는 것이 목적이지만 내담자는 스스로 입원을 선택하는 과정에 부분적으로 참여하게 된다. 이렇게 최소한의 선택권이 주어지는 것은 비자발적인 개입의 상황에서 내담자에게 최소한의 자율성을 보장하는 자세를 취하게 한다. 저자들은 이러한 의사소통이 강제입원을 최소화하고 권익을 향상할 것으로 확신한다.

세 번째 윤리 원칙은 선행이다. 선행은 내담자의 복지에 최우선을 두는 것으로 도움을 제공하여야 한다는 것이다. 자살예방에 효과적으로 알려진 정신사회적 치료법으로는 약물치료, 입원치료, 변증법적 행동치료, 인지행동치료, 문제해결치료 등이 있다. 내담자의 자살 생각을 감소하는 데 이익이 되는 근거 기반 치료를 제공하는 것은 내담자를 돕는 것이다. 이러한 근거 기반의 개입이 자살예방실천현장에서 내담자의 복지에 우선권을 두고 개입 방향을 결정하는 데 유용한 지표가 되어 준다.

1. 초점 맞추기의 유형과 적용

Miller와 Rollnick(2013)은 여행 가이드와 여행자의 조합처럼 면담자와 내담자의 상호전문성이 만나서 면담의 초점을 협상하는 과정으로 안내하기(guiding) 방법을 제시하고 있다. 안내하기는 면담자와 내담자가 협력하여 변화목표의 방향성을 협상하는 것이다. 내담자의 동기수준에 따라서 협상관계의 시작은 달라진다. 명확한 변화 목표를 가진 내담자가 있고, '어떻게 해야 할지 잘 모르겠어요.'와 같이 초점이 불분명한 내담자도 있다.

Miller와 Rollnick(2013)은 초점 맞추기 과정을 '초점이 분명할 때' '초점이 몇 가지 있을 때' '초점이 불분명할 때'와 같이 세 가지 시나리오로 구분하였다. 금주를 하기 위하여 찾아온 내담자와 같이 초점이 분명하다면 유발하기나 계획하기 과정으로 이어지면 된다. 두 번째 시나리오는 초점이 몇 가지 있을 때이다. "저는 아내와 다툼 때문에 너무 힘들어요. 그리고 대인관계를 잘하고 싶어요. 그래야지 취업을 할 수 있을 것 같아요."와 같이 내담자의 욕구가 몇 가지가 된다면 가장 우선적으로 다루어야 할 분명한 한 가지 초점을 정해야 한다. 의제 목록을 내담자와 함께 만들어서 우선순위를 정하는 방법으로 초점을 맞출 수 있다. 마지막으로 내담자가 제기하는 방향이나 의제가 불명확하다면 면담자가 전문적인 의견을 제시하여 구체적인 목표로 합의하는 과정으로 이어질 수 있다.

1) 초점이 분명할 때

(1) 내담자에게서 나오는 초점

변화 목표를 설정하기 위해 가장 많이 이용할 수 있는 출처는 내담자의 욕구이다. 이 예로는 "술을 끊고 싶어요." "직장을 구하고 싶어요." "사람들하고 어울리고 싶지만, 자신감이 없어요." 등이 있다. 내담자는 다양한 욕구를 호소하며 자살예방기관에 찾아온다. 이 경우 면담자도 내담자가 원하는 변화 방향에 동의한다면 시간을 낭비할 필요 없이 분명하게 초점을 맞추는 것이 필요하다. 면담자는 내담자의 변화의지가 높고 자신의 문제에 대해 인식하고 있다면 인정하기와 격려로 자신감을 높여 결단대화가 나올 수 있도록 돕는 방향으로 나갈 수 있을 것이다. 만약 변화에 대한 의지가 낮다면 불일치감을 조성하여 변화에 대한 중요성과 자신감을 높이는 순서로 이어지면 된다.

면담자: 우리가 대화를 나눌 주제가 구직활동을 위한 자신감을 되찾는 것이군요.
내담자: 네. 제가 취업은 하고 싶지만, 또 실패할까 봐 자신감이 생기질 않아요.
면담자: 혹시 그 외에 의논하고 싶은 다른 것이 또 있나요?
내담자: 아니요. 지금은 이게 필요한 것 같아요.

이 사례의 경우 유발하기 과정으로 이어지거나 변화준비도에 따라 계획하기 과정으로 바로 이어지면 된다.

(2) 서비스 제공기관이 제시하는 초점

두 번째 상황은 기관에서 제공할 수 있는 서비스에 따라 초점이 정해지는 경우이다. 서비스 제공기관은 특정 문제를 다루기 위해 분명한 방향을 갖고 일을 한다. 자살예방기관은 '자살예방'이라는 분명한 방향성을 가지고 있다. 기관들은 특정 목표 수행을 위해 설립되었기 때문에 기관에서 제공 가능한 분명한 서비스가 있다. 중독 문제를 가진 내담자가 중독 문제를 해결하기 위하여 중독관리통합지원센터에 내소하였다면 초점은 분명하다. 하지만 가족들의 요청으로 중독관리통합지원센터에 방문하게 되었거나, 내담자가 중독 문제에 대해서 인식을 하지 못하고 있다면 인식전단계 혹은 인식단계의 내담자에 대한 접근방법이 필요할 것이다. 검사지를 실시한 결과 알코올 중독에 해당하는 점수가 나타났으며 내담자와 가족의 이야기를 통해 내담자에게 단주가 필요해 보이는 것을 면담자가 판단하였다면 유발하기 과정으로 이어지면 된다.

(3) 면담자에게서 나오는 초점

면담자의 전문성을 토대로 초점을 맞추는 것을 말한다. 면담자의 전문성이라는 것은 근거 기반의 효과성이 검증된 변인에 초점을 맞추거나 검증된 방법을 제안하는 것이다. 우울장애, 양극성장애, 조현병 등 정신과 문제는 자살로 인한 사망과 관련된 정신과적 변인으로 입증되었다. 효과적인 개입방법으로는 조현병이 있는 내담자는 클로자핀, 양극성장애가 있는 내담자는 리튬, 우울장애가 있는 내담자는 항우울제가 자살예방에 효과적인 것으로 보고되고 있다. 자살로 사망한 사람의 90% 이상이 하나 이상의 정신질환을 가지고 있다고 보고 있어, 정신과 문제에 대한 치료로 이어질 수 있도록 연계하는 것은 매우 중요한 자살예방 전략이다.

자살로 인한 사망과 관련된 심리적 변인은 지역사회 자살예방기관에서 직접적인 서비스를 제공할 수 있는 부분이다. 대표적인 변인으로 절망감, 문제해결능력의 부족, 높은 충동성, 완벽주의 등이다. 이러한 심리적 변인에 초점을 두고 개발되어 효과성이 입증된 심리치료가 인지행동치료, 문제해결치료, 변증법적 행동치료이다. 효과적으로 알려진 자살예방서비스를 연결하는 것이 자살예방기관의 역할이다.

2) 몇 가지의 초점이 있을 때

두 번째 상황은 몇 가지 초점이 제시되는 상황이다. 면담자의 전문성으로 상황을 해결하기 위해 몇 가지 대안을 제시할 수 있으며, 내담자 또한 몇 가지 대안을 제시할 수 있다. 여러 가지 목표설정을 위한 대안이 나타나면 어떤 대안을 우선순위로 두고 초점을 맞추어야 할지 고민하는 상황이 된다. 이때 면담자의 판단으로 초점 맞추기가 빨리 이루어질 수 있는데, 이 경우 조급하게 초점 맞추기 함정에 빠질 우려가 있다. 이 경우 의제 그리기 기법이 유용한 전략이 된다. 의제 그리기는 다양한 의제가 나타날 때 효율적으로 초점 맞추기를 할 수 있도록 도와주는 도구이다. 이는 내담자의 문제가 복잡하게 얽혀 있어 초점 맞추기가 어려울 때 다양한 의제를 탐색하고 초점에 대해 하나의 주제를 찾아내는 데 유용하다. 자살위험이 있는 내담자의 경우 다양하고 복잡한 문제를 가지고 있어 변화에 대해 어렵게 느껴질 수 있는데 현재 가장 시급하고 중요한 하나의 영역에 초점을 맞추면서 꼬인 실의 매듭을 하나씩 풀어 가는 실마리를 제공할 수 있다.

의제 그리기는 가능하면 다양한 주제에 대해 의논하며 초점의 가능성이 있는 주제들을 확인하는 과정이다. 의제 그리기는 다양한 의제 목록을 작성하는 것으로 시작해 볼 수 있다. 변형된 방법으로는 간단하게 내담자와 면담자가 바라는 목표를

목표박스 작성하기(브레인스토밍)

내담자의 목표	면담자의 희망 목표
1) 2) 3)	1) 2) 3)
공통된 합의 목표 1) 2) 3)	

- "우리가 함께 나눠 갈 이야기 주제에 대해 혹시 여기서 잠깐 생각해 볼 수 있을까요?"
- "우리가 앞으로의 면담을 위해 초점을 맞추어야 할 주제에 대해 함께 의논해 보는 시간을 가져 봤으면 하네요. ○○님이 바라는 목표와 제가 희망하는 목표에 관하여 이야기를 나누고 싶은데 어떠신가요?"
- "~이 ○○님에게 중요하게 논의하고 싶은 주제이군요."
- "또 다른 논의할 것은 어떤 것이 있나요?"
- "○○님이 바라는 대안과 제가 떠오른 대안들을 함께 작성해 보도록 하겠습니다."
- "○○님이 작성하신 대안목록에 대해 궁금하네요."
- "무엇보다 ○○님에게 ○○은 매우 중요하군요."
- "제가 작성한 희망 목표 목록에 대해서 제안해도 될까요?"
- "A, B, C의 대안들이 좋은 방법이 될 수 있다는 정보가 있더군요."
- "제가 드린 정보에 대해 어떻게 생각하시나요?"
- "우리가 함께 작성한 대안 중에서 제일 먼저 초점을 두어야 하는 순서를 매겨 보도록 하겠습니다."

작성해 보고 상의하는 과정을 통해 초점에 대해 합의를 이끌어 내는 방법이 있다. 다음은 의제 그리기를 해 볼 수 있는 도구이다.

한편, 많은 내담자가 내적인 문제를 다루는 것보다 자신의 현재 상황을 해결하는 것에 초점을 두고 싶어 한다. 예를 들면, 기초생활수급 신청, 가정불화, 취업 문제, 대인관계 문제 등이다. 이러한 문제들은 자살을 촉발하는 환경적인 요인들이다. 이때 면담자는 내담자가 대화하고 싶어 하는 의제와 면담자가 대화가 필요하다고 보는 의제를 나열해 보고, 시급성의 우선순위에 따라 초점을 맞추면 된다. 당장 생계 문제가 시급하다면 주민복지과에 긴급생활지원비를 신청하는 것이 필요할 것이다. 장기적으로는 내담자의 인격적인 성숙과 유연한 삶을 돕는 것이 초점이 될 것이다. 이러한 장기초점 안에 단기적으로 심리 프로그램(예: 인지행동 프로그램)이나 약물치료를 제안하면 된다. 시급성에 따른 시간순대로 의제들을 좁혀 나가서 면담자가 대화가 필요하다고 보이는 초점도 내담자의 초점 목록 안에 추가하면 된다. 예를 들어, 내담자는 생계급여 신청이 목표이다. 한편, 면담자는 인지행동 프로그램을 제공하여 내담자의 자살충동을 일으키는 신념을 다루는 것이 필요해 보인다. 이 경우 초점의 1순위는 생계급여 신청, 2순위는 인지행동 프로그램 참여가 될 것이다. 내담자의 욕구와 면담자가 필요하다고 보는 초점이 모두 초점 목록 안에 포함되어 있다. 생계급여 신청은 주민복지과에 의뢰하거나 내담자가 신청할 방법들에 대하여 정보를 제공하면 된다. 그리고 그 이외의 시간은 인지행동 프로그램을 참여할 수 있도록 제안하면 된다. 이렇게 하면 초기함정에 빠지지 않고 합의된 초점을 이끌어 낼 수 있다. 또 다른 접근법으로 면담자가 대화가 필요하다고 보는 문제를 내담자가 객관적으로 이해할 수 있도록 사전 평가 검사지를 실시하고 심리면담이나 약물치료의 필요성을 제안하는 것도 효과적이다.

사례

음주 문제로 112로부터 의뢰되어 면담을 하게 된 사례이다. 관계 형성 단계에서 다양한 문제를 호소하였지만 가장 시급한 두 가지 문제가 발견되었다. 이 사례는 내담자와 상의하여 한 가지 주제로 초점 맞추기를 진행하는 장면이다.

〈표 5-1〉 초점 맞추기의 예

구분	대화 내용	코딩
면담자	음주 문제, 시부모님에 대한 갈등, 대인관계의 외로움에 관하여 이야기하셨는데 어느 것부터 우선적으로 이야기를 해 나가 볼까요?	변화주제 선택하기
내담자	제일 시급한 거는 음주로 인한 우울감. 그게 제일 힘들어요. 사람들은 술을 마시지 않으면 되지 않느냐고 말하지만 그게 말처럼 쉽게 통제가 잘 안 돼요.	
면담자	음주로 인한 우울감이라는 것은 구체적으로 어떤 건가요?	열린질문
내담자	술로 인해서 제가 망가지고 있다는 생각이 들어요. 정말 많이 마실 때는 기억이 끊긴 상태에서 무슨 일이 일어날지 모르겠어요. 아직 그런 적은 없지만, 혹시라도 제가 누군가를 해칠 수도 있잖아요. 그러면 진짜 인생이 정말 끝이겠구나 싶어요. 저는 그렇게 망가지고 싶지는 않거든요.	
면담자	기억이 나지 않는 순간이 염려되시는군요.	반영하기
내담자	음…… (생각) 그렇죠. 제가 기억이 끊기면 지나가는 사람들에게 시비를 건다고 하더군요. 주변 사람들이 저를 미친 사람 취급할 것 같고, 그러다 보니 점점 자존감이 낮아지면서 내가 형편없는 사람이 되는 것 같은 느낌이 들어요. 그래서 자꾸 좌절하고 또 좌절하다 보니까 우울해지고, 그럼 또다시 술을 마시게 되는 것 같아요.	
면담자	그렇군요. 술을 마시면 고민거리가 더 많아지는군요.	반영하기
내담자	네, 맞아요. 근본적으로 술을 안 마시는 게 중요한 것 같아요.	
면담자	중요한 생각이군요. (인정하기) 우리가 앞으로 음주 문제에 관해 이야기를 나눠 가는 건 어떠신가요? (열린질문)	초점 맞추기
내담자	네, 좋아요. 그런데 금주를 제가 할 수 있을지 자신감이 없네요.	

사례에서 내담자는 두 가지 변화 욕구를 표현하였으며, 면담자는 한 가지 분명한 초점을 정하기 위하여 제시된 두 가지 초점을 살펴보았다. 한 가지 초점을 우선적인 의제로 정하여 대화를 해 나가는 중에 내담자의 변화 욕구가 분명해지는 모습을 보이자, 면담자는 합의된 초점으로 대화해 나가고자 하는 것을 제안하였다. 앞으로 면담자는 유발하기 과정으로 금주에 대한 자신감을 증진하는 것을 진행할 수 있다.

3) 초점이 불분명할 때

세 번째 상황은 초점이 불분명한 경우이다. 내담자도 자신의 문제가 무엇인지 분명하게 알지 못하며 어떻게 해결해야 할지 힘들어한다. 이 경우 점차 구체적인 목표를 향하여 좁혀 가야 한다. 자살위험이 높은 내담자의 경우 변화동기가 낮고 변화에 대한 필요성을 인식하지 못하는 경우가 많다. 내담자의 복잡하게 얽힌 실타래를 풀기 위해 서로 협력하면서 퍼즐 조각을 함께 맞춰 가는 것이 필요하다.

사례

보건복지콜센터 129로부터 의뢰되어, 다양한 문제를 호소하는 내담자이다. 초점이 불분명한 상태에서 다양한 의제들을 점검해 나가면서 초점을 명확하게 하는 장면이다.

〈표 5-2〉 초점 맞추기의 예

구분	대화 내용	코딩
면담자	복잡한 문제들이 얽혀 있어 고민이 많으시군요. 일단 방금 하신 말씀을 제가 잘 이해했는지 살펴보도록 하겠습니다. ○○님은 남편이 오랜 실직상태로 인한 경제적 어려움 때문에 당장 생계를 유지하는 것이 어려워 취업을 생각하는 상황이시네요. 이제 이런 생활에 지쳐 버려서 남편과도 매일 다투고 이혼까지 고민하고 있고요. 한편, 혼자가 된다는 것이 불안하고 두려워 망설이고 계시죠. 제가 잘 들었나요?	요약하기
내담자	네. 남편과 헤어지고 싶은 마음은 간절한데 남편이 없으면 저는 대화할 사람이 전혀 없어요. 어려서부터 저는 외톨이였거든요. 그게 더 두려워요. 어떻게 이 상황을 해결해 나가야 할지 막막하고 어떻게 해야 할지 모르겠어요. 저를 도와주세요. 어떻게 해야 하죠?	
면담자	어디서부터 시작해야 할지 혼란스러우시군요. 먼저 우리가 시작해야 할 부분은 함께 변화에 대한 목표를 분명하게 하는 것이에요.	정보 제공
내담자	어떤 목표를 정해야 하죠?	
면담자	○○님이 어디로 가고 싶어 하는지에 대해 이야기를 나눠 봤으면 하네요. ○○님이 변화하고 싶은 것 중 하나는 취업이군요. 그에 대해 좀 더 자세히 말씀해 주세요.	열린질문

내담자	우선 아이들 양육비는 있어야 하니까 일자리는 계속 알아보고 있는 중이에요.	
면담자	취업을 하기 위해 노력을 하고 계시는군요. 또 원하는 게 있나요?	열린질문
내담자	남편하고 매일같이 다투니까 이혼을 생각하다가도 이혼해서 혼자 되는 것이 두려워요. 어릴 적부터 저는 외톨이였어요. 늘 우울했고 사람들과 어울리지를 못했어요.	
면담자	누군가 곁에 있기를 바라시는군요.	반영하기
내담자	그런 것 같아요. 사실은 사람들에게 다가서는 게 두려워요. 내가 어려서부터 자존감이 낮았거든요. 그래서 늘 우울한 것 같아요. 사람들에게 다가서고 친해질 수 있는 자신감을 되찾고 싶어요.	
면담자	○○님은 사람들과 친해지는 방법을 통해 자신감을 되찾고 싶으시군요.	반영하기
내담자	네. 그런 것 같아요. 사실은 그게 가장 힘든 것 같아요. 사람들과 적응하기가 쉽지 않아 여태 취업하는 것도 망설였거든요.	
면담자	그게 ○○님에게는 최우선 순위군요. 우선은 대인관계에 있어서 자신감을 높이는 방법들에 대해 이야기를 나눠 볼까요?	사전에 허락 구하기
내담자	네. 좋아요.	

〈표 5-2〉의 사례를 보면 내담자는 복잡한 문제를 가지고 면담실을 찾아왔다. 면담자는 어디로 목표를 정하고 대화를 해 나가야 할지 알 수가 없는 상황부터 출발한다. 하지만 면담자는 분명한 목표를 내담자에게 요구하거나 명령하지 않는다. 시간이 지나면서 큰 그림의 초점이 드러나기 시작하고, 마지막 무렵에 면담자는 변화의 방향에 대해 제안을 한다.

2. 가치관 탐색 활용하기

변화 욕구가 불분명할 때, 내담자가 진정으로 바라는 것을 탐색하기 위해 가치관 탐색을 활용하는 것이 도움이 된다. 내담자가 중요하게 생각하는 가치관에 귀를 기울이고 경청하다 보면 현재는 실행하고 있지 않지만 스스로 원하는 삶에 대한 윤곽이 나타나기 시작한다. 내담자는 가치관을 표현하면서 현재 삶에서 행동과 불일치한다는 것을 인식하게 된다. 이것이 내담자가 자신의 가치에 가까운 삶을 살아가는 방법들을 찾게 한다. 이때 몇 가지 초점이 윤곽을 나타내는데, 초점들을 명료화해 주고 점차 명확한 한 가지 초점으로 맞추어 가면 된다. 목표는 외부에서 주어지는 것이 아니며, 내담자의 내면에서 스스로 탐색할 때 행동 변화로 이어질 가능성이 커진다.

〈표 5-3〉 가치관 탐색 활용의 예

구분	대화 내용	코딩
면담자	○○님이 중요하게 생각하는 가치관은 무엇인가요?	열린질문
내담자	가족인 것 같아요.	
면담자	구체적으로 어떤 의미인가요?	열린질문
내담자	아버지는 초등학교 때 돌아가셨고 어머니는 제가 서른 살 때 돌아가셨어요. 현재 유일한 가족은 저희 언니예요. 힘들 때 늘 제 편이 되어 준 언니가 유일한 저의 삶의 이유였거든요.	
면담자	그렇군요. ○○님에게 언니는 삶의 이유가 되어 왔군요.	반영하기
내담자	네.	
면담자	어떤 점을 소중함으로 느끼고 있으신가요?	열린질문
내담자	어려서부터 너무 외로웠어요. 친구도 없었고 엄마와 언니, 저 이렇게 세 가족이 함께 살아왔는데 엄마는 일 때문에 늘 바쁘셨어요. 유일하게 제가 이야기할 수 있는 친구 같은 존재가 언니였죠.	
면담자	이해받을 수 있는 존재였군요.	반영하기
내담자	네. 언니처럼 대화할 수 있는 대인관계를 만들고 싶어요.(욕구 표현)	
면담자	대인관계를 회복하는 것이 필요하군요. 좋습니다. 우리가 함께 대인관계를 회복하는 방법을 목표로 두고 이야기해 보는 건 어떠신가요?	목표 합의
내담자	네. 좋아요.	

〈표 5-3〉의 사례를 보면 대화는 내담자가 중요하게 생각하는 가치를 물으면서 시작된다. 그리고 가치와 관련된 상황과 연결하기 위하여 조금 더 자세히 말하도록 요청한다. 구체적인 상황들이 나열되기 시작하며 대화를 해 나가며 내담자 스스로 자신이 바라는 욕구를 인식하게 된다. 면담자는 조급하게 욕구를 표현하기를 바라지 않고 반영적 경청만을 해 나간다. 내담자는 불분명한 초점을 가지고 있었지만, 가치관 탐색을 통하여 초점이 분명해졌다. 면담자는 어떠한 조언이나 제안을 하지도 않았으며 내담자 스스로 초점을 정하였다. 이제 면담자는 유발하기 과정으로 넘어가면 된다. 내담자의 강점이나 성공 경험 등을 이끌어 내어 내담자 안에 이미 있는 능력들을 스스로 말할 수 있도록 관심을 기울이게 될 것이다.

Tip 가치관 탐색에 유효한 핵심 질문들

- "○○님의 삶에서 중요하게 생각해 온 가치는 어떤 것들이 있나요?"
- "나의 삶에 가치관을 적어 보라고 한다면 어떤 것을 가장 먼저 적을 것 같나요?"
- "○○님은 무엇보다 ~이 중요한 가치관이군요."
- "○○님의 일상에서 어떻게 ~가 표현되고 있나요?"
- "~이 ○○님에게 중요한 가치인 이유가 무엇인가요?"
- "어떻게 ~를 ○○님의 삶 속에서 반영하며 살아올 수 있었나요?"
- "○○님은 ~를 지키기 위해 노력해 오셨군요. "
- "매우 훌륭한 가치관을 가지고 계신 분이군요."
- "○○님이 원하는 가치를 실현하는 삶을 살아가기 위해서 어떤 것들이 필요할까요?"
- "○○님이 원하는 가치를 반영하여 살아간다면 우리에게 어떤 목표가 도움이 될까요?"

가치관 탐색은 구조화된 도구를 사용할 수도 있다. 구조화된 접근은 비자발적이고 언어 표현이 적은 내담자를 더욱 쉽게 촉진할 수 있다. 가치관 목록 안에서 상대적으로 가장 편안한 주제를 선택하여 대화할 수 있으므로 부담감을 줄인다. 내담자가 선택을 쉽게 하지 못한다면 문제가 없던 이전에 자신의 모습을 상상하게 하여 그 당시 자신의 가치관을 찾아보도록 한다. 편안한 분위기를 조성하기 때문에 쉽게 가치관 탐색으로 이어질 수 있다.

〈표 5-4〉 가치카드

또 다른 가치가 있다면	나에게 아주 소중함	나에게 소중함	나에게 소중하지 않음
받아들일 수 있는 것 있는 그대로의 자신을 받아들이는 것 1	정확함 자신의 의견이나 신념이 정확하다는 것 2	달성 중요한 일을 이루어 내는 것 3	모험 새로운 흥분된 경험을 하는 것 4
매력 외견상 사람을 끌어당기는 것 5	권위 타인의 위에 서서 책임을 지는 것 6	자율 독립해서 자기결정을 하는 것 7	미 작품의 아름다움을 감상하는 것 8
보살핌 타인을 보살펴 주는 것 9	도전 곤란에 맞서는 것 10	변화 새로운 변화를 시도하는 것 11	마음이 편한 쾌적하고 마음이 편안한 인생을 보내는 것 12
서약 의미 있는 맹세를 하는 것 13	동정 타인의 고민을 느끼고 위로하는 것 14	공헌 오래 남는 공헌을 세상에 남기는 것 15	협력 타인과 협력해서 일하는 것 16

Tip 주요 핵심 질문

○○님이 현재 가장 중요하게 생각하고 있는 가치 3가지를 선택해 주세요.
- ○○를 현재 가장 중요한 가치로 선택하신 이유가 무엇인가요?
- ○○가 삶에서 중요한 이유는 무엇인가요?
- 어떻게 이 가치가 그렇게 중요하게 된 건가요?
- 일상생활에서 가치를 반영한 예를 들면 어떤 것이 있나요?

앞에서 펼쳐진 가치 카드에서 가장 중요한 순서대로 5개 카드를 나열해 주세요.
- 가장 중요하다고 생각하는 가치가 ○○이군요. 선택하신 이유에 대해서 말씀해 주세요.
- 이 가치가 중요하게 된 이유는 무엇인가요?
- ○○님에게 ○○는 버틸 수 있었던 힘이었군요.

3. 정보 교환하기

동기면담의 정보 교환하기는 내담자의 동기를 증진해 면담자가 제공한 정보 대안을 신중하게 고려하도록 돕는 데 매우 효과적이다. 면담자의 전문성을 토대로 면담자가 알고 있는 지식을 내담자에게 제공하는 것은 매우 중요한 전략임에도, 많은 경우 일방적인 방식의 정보 제공이 오히려 역효과를 불러일으킨다. 내담자가 면담자의 말을 들어야 한다는 식의 평가적이고 판단적인 스타일은 오히려 논쟁을 만들고 불화를 낳는다. 이러한 경우는 자살위험이 있는 내담자와의 면담에서 많이 나타난다.

1) 교정반사 스타일 정보 제공하기

〈표 5-5〉 교정반사 스타일 사례

구분	대화 내용	코딩
면담자	언제부터 우울한 기분이 생겼나요?	닫힌질문
내담자	두 달 전부터요.	
면담자	집중력은 어떠신가요?	열린질문
내담자	무언가에 집중하고 싶지도 않고 그럴 만한 에너지도 없어요.	
면담자	평소 즐기던 취미생활에 변화는 있나요?	닫힌질문
내담자	사람들 만나는 것도 싫고 요즘엔 집 안에만 있어요. 몸도 아프고 모든 것이 무기력해요.	
면담자	어디가 아프신 거죠?	닫힌질문
내담자	어깨가 아주 아프네요. 이유는 모르겠어요. 마치 누군가 누르는 것 같이 통증이 있어요.	
면담자	지금까지 말씀하신 걸 들어 보니까 분명하게 아셔야 할 것이 있네요. 이야기하신 것을 종합적으로 봤을 때, ○○님은 우울한 기분이 지속되고 흥미의 상실 등 우울증이 있는 것으로 보입니다. 지금은 무엇보다 정신과 치료가 필요하세요. 원하신다면 저희가 알고 있는 정신과에 연계해 드릴 수 있어요.	동기면담 정신 불일치
내담자	제가 정신이 이상한 건가요?	
면담자	이상한 건 아니지만 분명 우울증이 심하신 건 사실이에요. 이럴 경우 약물치료를 받는 것이 도움이 돼요.	동기면담 정신 불일치
내담자	이전에도 한 달 정도 약물치료를 받았는데 크게 달라진 것이 없었어요. 약물치료 말고 다른 방법은 없나요? 심리치료는 없나요?	
면담자	지금 같은 경우에는 우선 약물치료를 받아야 합니다.	동기면담 정신 불일치
내담자	글쎄요. 정신과 치료는 뭔가 거부감이 드네요.	
면담자	부인하고 싶으시겠지만 인정하셔야 해요. 그래야지 변화하실 수 있어요. 저는 오랜 시간 동안 이 분야에서 일해 온 전문가이기 때문에 누구보다 잘 알고 있어요. 그러니까 우선은 약물치료를 받아 보세요.	동기면담 정신 불일치

면담자는 내담자의 현재 상태에서 도움이 될 수 있는 정보를 제공하고 있다. 또한 정신 진단 기준에 근거하여 우울증 진단 여부를 판단하였고 약물치료를 받을 것을 제안하였다. 그러나 내담자는 면담자의 정보를 받아들이기보다는 거부적인 태도를 보인다. 거부적인 태도는 "이전에도 한 달 정도 약물치료를 받았는데 크게 달라진 것이 없었어요."라는 내담자의 언어 표현으로 예상해 볼 수 있다. 살펴보면 내담자는 이전에 약물치료를 받은 경험이 있으나, 크게 변화를 느끼지 못했기 때문에 약물치료의 효과성에 관하여 의구심을 품고 있다. 이처럼 교정반사와 같은 의사소통은 관계를 방해하고 거부적인 태도를 유발하게 만든다. 그렇다면 무엇이 잘못된 것일까?

(1) 평가함정

교정반사 의사소통 스타일의 가장 큰 특징은 해결책을 제시하기 위해서 정보를 수집한다는 점이다. 〈표 5-5〉의 사례에서 면담자는 우울증 진단 기준에 해당하는지를 알기 위해 닫힌질문을 이용하여 정보수집을 하고 있다. 〈표 5-6〉을 보면 닫힌질문의 비율이 매우 높음을 볼 수 있다.

〈표 5-6〉 평가함정 사례

구분	대화 내용	코딩
면담자	언제부터 우울한 기분이 생겼나요?	닫힌질문
내담자	두 달 전부터요.	
면담자	집중력은 어떠신가요?	열린질문
내담자	무언가에 집중하고 싶지도 않고 그럴 만한 에너지도 없어요.	
면담자	평소 즐기던 취미생활에 변화는 있나요?	닫힌질문
내담자	사람들 만나는 것도 싫고 요즘엔 집 안에만 있어요. 몸도 아프고 모든 것이 무기력해요.	
면담자	어디가 아프신 거죠?	닫힌질문
내담자	어깨가 아주 아프네요. 이유는 모르겠어요. 마치 누군가 누르는 것 같이 통증이 있어요.	

닫힌질문은 답변을 요구하여 내담자로 하여금 무언가 말해야 하는 부담감을 느끼게 한다. 또한 면담자가 필요한 정보를 일방적으로 물어보는 것이기 때문에 수직적인 관계에 놓인다. 수직적인 관계가 형성되면 힘의 균형 면에서 내담자가 아래로 향하게 된다.

동기면담 정보 교환하기에서는 열린질문을 사용하여 '이끌어내기'를 사용한다. '이끌어내기'는 내담자가 이미 알고 있는 정보들을 물어보는 것이다. 사례를 보면 내담자는 한 달간 약물치료를 받은 경험이 있다. 내담자에게 "약물치료에 대하여 이미 알고 있는 것이 있나요?" 혹은 "이전에 어떤 방법들을 시도해 보셨나요?" 라고 간단히 열린질문만 하여도 다양한 답변들이 나타났을 것이다. 내담자가 무엇 때문에 한 달이라는 시간 동안 약물치료를 받게 되었는지, 그 시간 동안 무엇을 알게 되었는지, 어떠한 효과가 있었는지, 약물치료를 받는 데 어떠한 방해물이 있어서 중단하게 되었는지에 대하여 알 기회가 생기는 것이다. 이러한 열린질문을 해 보면 면담자가 제공한 정보가 이미 내담자가 알고 있거나 시도한 방법이라는 것을 금세 알게 된다. 시간이 부족한 짧은 면담 상황에서도 열린질문을 사용할 수 있는지 동기면담 학습자들이 많이 묻는다. 저자들은 이렇게 답하겠다. 만약 빨리 내담자의 변화가 있기를 바란다면 동기면담 의사소통 스타일을 사용하기를 바란다.

(2) 전문가 함정

두 번째는 면담자의 수직적인 정보제공 의사소통 방식이다. 이 사례에서 면담자는 내담자가 부인하고 있다고 보며 자신이 내담자를 변화시킬 방법을 알고 있는 전문가라는 식의 태도를 보인다. 또한 닫힌질문을 이용하여 우울증 진단 여부를 파악하기 위해 정보수집을 한 후 내담자의 현재 상태와 앞으로의 방향을 '이렇게 해야 한다.'라는 식의 판단적인 말을 하고 있다.

〈표 5-7〉 전문가 함정 사례

구분	대화 내용	코딩
면담자	지금까지 말씀하신 걸 들어 보니까 분명하게 아셔야 할 것이 있네요. (가르치기) 이야기하신 것을 종합적으로 봤을 때, ○○님은 우울한 기분이 지속되고 흥미의 상실 등 우울증이 있는 것으로 보입니다. 지금은 무엇보다 정신과 치료가 필요하세요. (지시하기) 원하신다면 저희가 알고 있는 정신과에 연계해 드릴 수 있어요.	교정반사
내담자	제가 정신이 이상한 건가요?	
면담자	이상한 건 아니지만 분명 우울증이 심하신 건 사실이에요. (직면하기) 이럴 경우 약물치료를 받는 것이 도움이 돼요. (설득하기)	교정반사
내담자	이전에도 한 달 정도 약물치료를 받았는데 크게 달라진 것이 없었어요. 약물치료 말고 다른 방법은 없나요? 심리치료는 없나요?	
면담자	지금 같은 경우에는 우선 약물치료를 받아야 합니다. (강요하기)	동기면담 정신 불일치
내담자	글쎄요. 정신과 치료는 뭔가 거부감이 드네요.	
면담자	부인하고 싶으시겠지만 인정하셔야 해요. (직면하기) 그래야지 변화하실 수 있어요. (설득하기) 저는 오랜 시간 동안 이 분야에서 일해 온 전문가이기 때문에 누구보다 잘 알고 있어요. (가르치기) 그러니까 우선은 약물치료를 받아 보세요. (지시하기)	동기면담 정신 불일치

교정반사는 내담자와 면담자의 힘의 균형을 수직적으로 만들어 불쾌하고 거부적인 태도를 만든다. 그렇다면 어떻게 해야 하는가? 그렇다면 지금부터는 동기면담 스타일 정보 교환하기 방식을 보겠다.

2) 동기면담 스타일 정보 교환하기

〈표 5-8〉 동기면담 스타일 사례

구분	대화 내용	코딩
면담자	무엇이 우울한 기분으로 이어지게 된 건지 궁금하군요.	열린질문
내담자	음…… 남편하고 대화를 잘 하지 않아요. 담쌓고 지낸 지가 꽤 오래된 것 같아요. 이젠 몹시 지쳤어요. 세상에 나 혼자인 것 같고 내 인생이 왜 이렇게 됐나 싶고 너무 우울하고 힘드네요.	
면담자	남편과의 관계가 우울한 기분을 이어 오게 하였군요.	반영하기
내담자	네. 이런 기분이 된 지 2개월이 다 되어 가는 것 같아요. 이제는 잠도 제대로 못 자요.	
면담자	머릿속이 복잡하군요.	반영하기
내담자	네. 사람들을 만나기도 싫고 온종일 집에서만 있어요. 너무 답답해서 요즘은 집에서 음악만 듣는 것 같아요. 그러면 조금 편안해지더군요.	
면담자	음악을 듣는 것이 도움이 되었군요. 좋은 방법이네요.	인정하기
내담자	네. 그렇게라도 안 하면 너무 답답해서요. 제가 어떻게 해야 될까요?	
면담자	치료에 대해서 무엇을 알고 싶으신가요?	이끌어내기
내담자	그냥…… 모르겠어요. 하루하루 지내는 게 너무 버티기 힘들어요. 가슴이 너무 답답하고 이제는 어깨까지 아프기 시작했어요. 마치 누군가 짓누르듯이요. 치료를 받아야 할까요?	
면담자	다른 사람들이 이런 경우 도움이 되었던 방법이 몇 가지 있는데, 말씀드려도 괜찮을까요?	사전 허락 구하기
내담자	네.	
면담자	진단 기준에 의하면 2주간 기분 저하, 흥미의 상실, 집중력 저하 등이 이어질 경우 우울증으로 보고 있어요. (정보 제공) 들어 보신 적 있나요? (점검하기)	정보 제공하기
내담자	아니요.	
면담자	○○님이 지금 처한 상황을 고려해 보면, 남편과의 관계 개선이 중요할 수 있어요. 제가 면담한 분들 중에 비슷한 사례가 있었어요. 가족갈등을 해결하기 이전에 예민해진 기분을 나아지게 하기 위해 약물치료를 받으셨죠. 꽤 효과가 좋아서 감정이 편안해지고 나니 남편과 대화를 하는 데 많은 도움이 되었어요. (정보 제공하기) 약물치료에 대해 들어 보신 적 있나요? (점검하기)	정보 제공하기

내담자	네…… 정신과 치료를 말씀하시는 거죠? 근데 정신과 치료를 받는 게 거부감이 들어요.	
면담자	좋은 질문이네요. 약물치료는 기분 개선을 하는데, 효과적으로 알려진 방법이죠. 선택은 ○○님의 몫입니다. 가능하다면 ○○님에게 가장 효과적으로 알려진 방법을 알려 드리고 조금이라도 빨리 기분이 나아지길 바라는 마음이네요. 제가 말씀 드린 것에 대해 어떻게 생각하시나요?	인정하기, 정보 제공하기, 이끌어내기를 위한 열린질문
내담자	음…… 그러면 약물치료를 받으려면 어떻게 해야 하나요?	

이 사례에서 면담자는 충분한 반영적 경청을 제공하여 내담자를 존중하는 분위기를 조성하였다. 내담자는 더 개방적으로 우울한 기분을 표현하고 있으며 변화 방법에 대해 궁금해하는 모습을 보였다. 면담자는 바로 정보 제공을 하기보다는 어떤 것을 알고 싶은지에 대해 이끌어내기를 하였다. 사전에 허락을 구하여 내담자에게 선택권을 부여하고 자율성을 존중하였으며 내담자에게 도움이 되는 정보를 제공하였다. 내담자는 고민하였으나 정신과 치료에는 거부적인 모습이었다. 이에 면담자가 자율성을 지지하고 내담자의 의견을 존중하는 태도를 보이자 내담자는 치료에 대한 관심을 보이기 시작했다. 이 사례에서 사용한 방법이 동기면담의 정보 교환하기(이끌어내기—정보 제공하기—이끌어내기)이다. 정보 교환하기는 유발하기 과정에서 많이 사용되지만 초점이 불분명한 내담자인 경우에는 초점을 명확하게 하려고 정보를 제공하는 데 사용된다. 다른 측면에서 보면 앞의 사례는 면담자가 초점을 가지고 내담자의 동기를 유발하는 과정으로도 볼 수도 있다. 저자들의 경험에 의하면 자살위험이 있는 내담자의 경우 변화동기가 낮아 초점이 불분명한 내담자가 많다. 따라서 합의된 초점을 맞추기 위해서는 한 가지 의제에 초점을 두고 유발하기 과정이 진행될 수 있다. 합의된 초점이 설정되었다면 이제 면담자는 약물치료를 받는 방법, 변화행동을 실천하기 위한 자신감 향상이 유발하기 과정에서 진행될 수 있을 것이다. 혹은 목표가 더 구체화될 수도 있고, 또 다른 이슈가 나타날 수도 있으며, 계획하기로 이어질 수도 있다. 동기면담은 네 가지 과정이 순차적으로 진행되어야 한다고 이해하기보다 전 과정에서 하나의 과정을 더 집중적으로 사용

한다는 것으로 이해하는 것이 더 합리적이겠다. 따라서 재 초점의 과정은 언제든지 일어날 수 있다는 것을 명심해야 한다.

(1) 정보 교환하기 순서

① 이끌어내기

이끌어내기는 내담자에게 동의를 구한 후 내담자가 알고 있는 지식을 탐색하는 것을 말한다. 내담자는 이미 자신의 경험 속에서 많은 정보를 알고 있거나 시도해 봤을 가능성이 높다. 내담자가 알고 있는 정보를 미리 물어보는 것은, 내담자를 존중하고 협력적인 분위기를 조성하며 내담자가 알고 있는 정보를 면담자가 다시 이야기하지 않아도 되는 편의를 제공한다. 또한 내담자도 스스로 알고 있는 정보에 대해 다시금 관심을 끌게 된다. 내담자가 알고 있는 정보가 유용하다면 면담자가 충분히 인정하고 지지하는 것이 행동 변화로 이어질 가능성을 더 높인다.

사전에 허락 구하기
- "다른 사람에게 효과적이었던 방법이 있는데 몇 가지를 말씀 드려도 괜찮을까요?"
- "효과적으로 알려진 몇 가지 방법이 있는데 알려 드려도 될까요?"

이끌어내기
- "무엇을 알고 싶나요?"
- "이미 알고 계신 방법은 어떤 게 있나요?"
- "알고 계신 방법이 있나요?"

② 허락 구하기

내담자가 먼저 필요한 정보에 관해 물어본다면 허락 구하기는 생략될 수 있다. 내담자는 존중받는 기분을 받게 되고 유능감이 높아져서 개방적인 자세를 취하게 될 가능성이 커진다. 하지만 내담자가 불화로 이어질 수 있는 특별한 의도를 가지고 질문을 할 수 있으므로, 정보 제공을 원한다고 해서 바로 제공하는 것이 옳은지에 대해서는 면담자의 판단이 중요하다. 그러기 위해서 내담자의 경험을 탐색하는 과정이 선행되어야 한다. 내담자가 정보 제공을 요청하지 않는다면 내담자에게 허락을 구해야 한다.

~에 관해 무엇이 알고 싶으신가요?

다른 사람들이 어떻게 하는지 말씀 드려도 괜찮을까요?

몇 가지 정보를 알려 드려도 될까요?

종종 내담자가 면담자의 정보 제공에 대한 허락 구하기에 동의하지 않을 때가 있는데, 반드시 정보 제공이 필요한 상황이라면 어떻게 할 것인가? 자살위험이 있는 내담자의 경우 정신질환 유무, 음주 여부 등이 자살충동을 높이는 예측 요인이 되는 만큼, 내담자의 상황적 맥락에 정보 제공이 필요하다면 피드백을 제공해야 할 것이다. 이 경우 내담자에게 자기통제력을 강조하고 정보를 제공하는 것이 적절하다.

제 말을 어떻게 생각하실지는 모르지만……

제가 드리는 의견에 동의하지 않으셔도 돼요. 선택은 ○○님의 몫이에요.

③ 정보 제공하기

면담자가 제공하고자 하는 정보를 내담자가 이미 알고 있다면 정보를 제공해 줄 필요는 없다. 내담자에게 나타나지 않은 정보를 제공하고자 할 때는 면담자에게 익숙한 전문용어를 피하고 이해할 수 있는 쉬운 일상적인 용어로 설명해야 한다. 또한 한꺼번에 너무 많은 정보를 제공하면 내담자가 정보를 받아들이는 데 힘들어할 수 있으므로, 조금씩 정보를 제공하고 내담자가 잘 이해하고 있는지 확인하고 다시 정보를 제공하는 방식으로 진행되어야 한다.

〈표 5-9〉 정보 제공하기 사례

구분	대화 내용	코딩
면담자	우울척도 검사 결과 당신의 점수가 20점으로 나타났어요. 우울한 기분이 높은 수준에 해당하는 점수이지요. 우울증에 대해 들어 보신 적 있나요?	이끌어내기
내담자	네. 우울한 기분이 지속되면 우울증이라고 하지 않나요?	
면담자	네. 맞아요. 정신의학에 의하면 우울한 기분이 2주 이상 지속하고 흥미가 사라지고 일상생활과 사회생활을 해 나가는 데 불편감이 생기게 되면 우울증으로 보지요. 뇌과학에서는 세로토닌의 분비량에 따라 우울증에 영향을 미친다고 보고 있죠. 한편, 치료 방법으로 약물치료와 인지행동치료가 가장 효과적인 방법으로 알려져 있고요. 어떠신가요?	정보 제공하기, 이끌어내기를 위한 열린질문

④ 이끌어내기

정보 제공 후 내담자가 이해한 바를 점검하는 것으로 정보가 제공되는 순간순간 정기적으로 이끌어내기로 점검해야 한다.

제가 드린 정보가 어떠신가요?

이해가 되나요?

또 알고 싶은 게 있나요?

사례

대인관계와 생계적인 어려움으로 자살충동을 호소하여 보건복지콜센터 129로부터 지역사회 자살예방기관에 의뢰된 내담자에게 정보 교환하기를 하는 장면이다. 내담자가 호소하는 문제는 대인관계와 생계 문제이지만, 면담자는 우울증 치료가 시급하다고 보고 있다.

〈표 5-10〉 이끌어내기 사례

구분	대화 내용	코딩
면담자	어제 저희가 나눈 이야기를 정리해 보면, 생계 문제와 대인관계 문제에 대해 나눴어요. 우선 저희가 생계지원과 관련된 자원을 알아보고 찾아 뵙기로 약속을 했었죠. 저희가 알아본 정보를 말씀 드려도 될까요?	사전 허락 구하기
내담자	네.	
면담자	주민복지센터에 의뢰해서 정보를 알아봤어요. 긴급생계비 지원이 가능하다고 하더군요. 오후 중으로 담당 사회복지공무원이 방문해서 현장 확인을 하고 지원 여부가 결정될 것 같습니다. 저희가 제공해 드린 정보가 도움이 되시나요?	정보 제공하기
내담자	감사합니다. 그런데 긴급생계지원이 된다고 해도 일시적인 지원만 될 것 같고 결국 취업을 해야 하는데 사람들 만나는 것이 두렵고 일하는 것도 자신감이 없고 어떻게 해야 할지 모르겠어요. 이렇게 하루하루를 살 수 있을지 모르겠어요. 차라리 죽는 것이 나을 것 같아요.	
면담자	생계지원이 궁극적인 해결책이 아니라는 말이군요.	반영하기
내담자	네. 남들처럼 일하고 싶어요. 그래야 사람답게 살지 않겠어요.	
면담자	일자리가 필요하군요.	반영하기
내담자	네. 일해야지요. 그런데 모든 것이 자신도 없고 기운도 없어요.	
면담자	조금 더 자세히 말씀해 주시겠어요?	열린질문
내담자	음…… 요즘은 책을 읽기도 쉽지가 않아요. 잠도 전혀 자지 못하고요. 심지어 사람들을 만나는 것도 싫어요.	
면담자	언제부터 이런 기분이 드셨나요?	닫힌질문
내담자	고등학교 시절부터인 것 같아요. 어릴 적에 친구들에게 괴롭힘을 많이 당했어요. 사람들이 나를 싫어할 것 같고 욕할 것 같고 그런 생각이 저를 너무 힘들게 해요. 그러다 보니 일을 하는 것도 자신이 없고 저 자신이 한심하게 느껴지고 살고 싶지 않은 생각만 들어요. 어떻게 해야 하죠? 어떻게 해야 할지 모르겠어요.	
면담자	마음속 깊은 이야기를 꺼내 주셔서 고마워요.	인정하기
내담자	아니에요. 선생님. 이렇게 찾아와 주셔서 제가 감사하죠.	
면담자	무언가 시작을 하려고 해도 어릴 적 경험이 시도를 방해하고 있는 거군요.	반영하기
내담자	네. 맞아요. 사람들이 저를 싫어할 것 같은 생각에서 벗어나고 싶어요. 제가 정신적인 문제가 있나 싶어서 인터넷으로 한번 알아봤어요.	

면담자	무엇을 알아보셨나요?	열린질문 (이끌어내기)
내담자	한번은 홈페이지에서 우울증 검사를 해 본 적이 있는데 딱 저더군요. 우울증 상담을 받아 볼까 고민은 했는데 과연 효과가 없을 것 같고, 상담을 받는 것도 창피하네요.	
면담자	방법을 고민했군요.	인정하기
내담자	네. 늘 고민만 하는 것 같아요. 선생님, 제가 어떻게 하면 될까요?	
면담자	음…… 제가 몇 가지 떠오른 생각이 있는데요. 제안을 해 봐도 될까요?	사전 허락 구하기
내담자	네.	
면담자	어제부터 제가 들은 이야기를 요약해 보면, ○○님은 오랜 시간 동안 혼자서 외로움을 버티며 지내 오셨어요. 심지어 1년 전부터는 바깥에 나가는 것도, 책을 읽는 것도, 식사하는 것도 힘겨워하게 되었고요. 매일 지속되는 우울한 감정이 몹시 힘들게 하고 있어요. 한편으로 ○○님은 취업하고, 사람들하고 어울릴 방법들을 고민해 오셨죠. 비슷한 경험자의 말에 의하면 침체된 기분이 직장을 유지하는 데 방해물이 되었다고 하더군요. 저 역시도 이에 동의하는데, 우울한 기분을 개선하는 것을 우선 시도해 보는 것이 우리가 앞으로 취업하고 대인관계를 원활히 해 나가는 데 도움이 될 수 있을 것 같아요. 현재 우울한 기분을 개선하는 데 효과적으로 알려진 방법 중에는 약물치료와 우리 기관에서 운영하는 인지행동 프로그램이 있어요. 두 가지를 모두 함께 해 보는 것이 가장 효과적인 방법이긴 하고요. 선택은 본인의 몫입니다. 저는 ○○님에게 가장 이득이 될 방법들을 함께 상의해 보고 싶네요. 지금까지 드린 정보에 대해서 어떻게 생각하시나요?	정보 제공하기, 이끌어내기를 위한 열린질문
내담자	음…… 치료를 생각은 해 봤어요. 그런데 약물치료를 하려면 정신병원에 입원해야 하지 않나요?	
면담자	많은 사람이 정신과 치료를 받는다고 하면 두려움이 앞서지요. 충분히 이해가 됩니다. 많은 분의 경험에 의하면 입원을 하고 약물치료를 집중적으로 치료받은 것이 단시간에 증상을 파악하여 나에게 맞는 약을 빨리 조절하는 데 도움이 되었다더군요. 또 다른 방법도 있는데, 외래치료를 하는 방법입니다. 이 방법은 ○○님이 집에서 거주하면서 약물치료를 받을 수 있어 보다 자유롭다는 이점이 있습니다만, 입원치료보다 집중적인 치료를 받을 수 없다는 점이 단점이기도 합니다. 물론 선택은 본인의 몫입니다. 제가 드린 정보가 어떠신가요?	정보 제공하기, 이끌어내기를 위한 열린질문
내담자	음…… 그럼 치료를 받으려면 어떻게 해야 되나요?	

(2) 자살예방 게이트키퍼 교육에서 정보교환하기 활용

자살예방 게이트키퍼(GateKeeper)는 자살위험이 있는 이웃을 발견하고, 전문기관에 의뢰하는 사람을 말한다. 자살예방 게이트키퍼는 자살위험이 있는 내담자를 발견하는 인적 자원을 양성한다는 점에서 자살예방의 중요한 전략 중 하나이다. 국가에서도 전 국민의 5% 게이트키퍼 양성계획을 목표로 두면서, 각 시 · 군 · 구별로 생애주기별 게이트키퍼 양성사업에 힘을 쏟고 있다. 실제로 선행연구에서도 양성된 게이트키퍼가 자살 생각이 있는 사람을 만난 비율이 높고, 대다수가 자살 생각의 이유를 들어 주었다고 나타난 바 있어, 게이트키퍼 양성은 자살률 감소에 직접적인 기여를 할 것으로 보인다.

한편, 게이트키퍼로 인한 자살고위험군 의뢰건수에 대한 보고는 미흡하다. 저자의 현장에서도 자살예방사업을 실시한 이래로 게이트키퍼로 인한 자살고위험군의 의뢰는 전무한 수준이었다. 선행연구에서도 응급실에 내원한 자살시도자에게 면담자가 사후관리서비스를 제안하여도 대다수가 사후관리서비스를 거부하는 것으로 나타나, 국가적으로 연계율 향상에 대한 방안이 필요한 시점이다.

이러한 방안으로 동기면담은 매우 적합하다. 비자발적인 내담자의 낮은 동기를 증진하는 데 대한 동기면담의 효과성이 지속적으로 보고되고 있기 때문이다. 국내 연구에서 지역사회 자살예방기관에 비자발적으로 의뢰된 자살고위험군을 대상으로 동기면담 방식 의사소통을 사용하였을 때 83%가 사후관리서비스에 등록하였다. 반면에, 사후관리의 필요성을 알려 주는 방식의 정보 제공을 하였을 때는 등록률이 없었다. 이는 곧, 면담자의 의사소통 스타일이 연계율 혹은 등록률 향상에 영향을 미친다는 것을 시사한다. 따라서 게이트키퍼 양성교육 내용 중 '전문기관 연계' 부분에 대한 교육내용 구성 안에 동기면담 정보 교환하기를 포함하여 사용하면 서비스 연계율과 사후관리서비스 등록률을 사용하는 데 유용할 것이라 기대한다.

제6장

유발하기

합의된 초점을 행동으로 실행하기 위하여 변화에 대한 의지(중요성), 능력(자신감), 준비(중요성의 우선순위)를 증진하는 과정이 유발하기이다. 행동 변화를 위해서는 우선 변화하고자 하는 목표가 내담자에게 중요해야 한다. 변화하였을 때 이득이 손실보다 크다는 것을 내담자가 인식한다면 변화의지는 높아지게 된다. 변화의지가 있다고 해서 행동 변화가 된다는 것을 의미하지 않는다. 변화에 대한 능력, 즉 자신감이 있어야 한다. 금주가 중요하다고 인식은 하고 있지만, 음주를 참아 낼 자신이 없다면 행동변화는 어렵다. 이때는 내담자의 자신감 향상에 초점을 맞추어 유발하기를 진행해야 할 것이다. 마지막으로 변화 목표의 우선순위가 다른 목표들보다 높아야 한다. 금주를 결심하였지만, 다른 문제들을 해결하고 난 후에 시도하겠다고 계획한다면 행동 변화가 어렵다. 이 기간에 금주에 대한 결단을 무너뜨릴 방해물들이 너무 많다. 변화를 방해하는 방해물들을 탐색하고 대처 방법을 탐색하는 것이 필요할 것이다. 이처럼 동기면담의 유발하기 과정은 큰 맥락에서 동기의 세 가지 측면(변화에 대한 의지, 능력, 준비)을 증진하여 결단대화를 이끌어 내는 과정이다.

1. 변화대화

여행 가이드는 고객보다 너무 앞서가거나 뒤처지지 않고 고객의 걸음걸이 속도에 맞춰서 여행지를 안내하여야 한다. 마찬가지로 면담자도 여행 가이드와 같아야 한다. 내담자의 변화준비수준보다 너무 앞서가거나 뒤처지지 않고 변화준비수준에 맞게 대화를 해 나가는 것이 중요하다. 예를 들어, 가족들의 설득에 못 이겨 자살예방기관에 방문한 비자발적인 내담자에게 "무엇이 변화하고 싶어서 이곳까지 오시게 되었나요?" "면담을 통해서 무엇이 달라지길 기대하시나요?"라고 묻는다면 내담자는 어떻게 반응할까? 많은 경우 변화 욕구를 표현하기보다 이곳까지 오게 된 억울함을 호소할 것이다. 따라서 내담자의 동기수준이 어느 정도인지를 이해하고 동기수준에 발맞추어 대화를 해 나가야 한다.

변화대화는 변화와 관련한 모든 언어적 표현을 말한다(Miller & Rollnick, 2013). 이러한 정의는 간단하지만, 매우 복잡하고 광범위하다. Miller 박사는 심리학자 Paul Amrhein을 만나게 되면서 변화대화를 변화수준에 따라 세분화하는 도움을 얻게 되었다. 3판에서부터는 Paul Amrhein 박사의 연구 결과를 토대로 변화대화를 세분화하여 구성하였다. 살펴보면, 변화대화를 크게 두 가지 하위 형태로 예비적 변화대화(preparatory change talk)와 활동적 변화대화(mobilizing change talk)로 세분화하였다. 예비적 변화대화는 변화에 대해 양가감정을 가지고 있는 상태에서 표현되는 변화와 관련된 언어들을 말한다. 예비적 변화대화는 네 종류의 하위 형태인 욕구(desire), 능력(ability), 이유(reason), 필요(need)로 다시 나뉘며, 네 가지 모두 어느 것도 "하겠습니다"와 같이 확실히 결단을 표현하지 않았다는 점에서 예비적 변화대화에 해당된다. 활동적 변화대화는 변화행동을 결단하고 실행하는 과정에서 표현되는 언어들을 말한다. 이는 세 종류의 하위 형태로 나뉘는데, 결단(commitment), 활성화(activation), 행동실천(taking steps)이다.

1) 예비적 변화대화

(1) 변화에 대한 욕구

변화에 대한 욕구(desire)는 "……하고 싶어요." "……을 원해요."와 같이 무엇을 얻거나 무엇을 하기를 바라는 언어 표현을 말한다.

> 가족들과 화목해지고 싶어요.
>
> 취업하고 싶어요.
>
> 술을 끊고 싶어요.

내담자가 '취업을 하고 싶다'는 욕구를 표현한다고 해서, '취업하겠다'는 것을 의미하지는 않는다. 취업하고 싶다는 욕구와 취업을 해낼 수 있다는 자신감은 다른 개념이기 때문이다. 내담자가 욕구를 표현하면 면담자는 해결방법을 찾는 데 시간을 보낼 수 있는데, 이러한 접근방법은 내담자의 준비수준보다 너무 앞서 나가는 결과를 만들 수도 있다. 예시를 보겠다(〈표 6-1〉 참조).

〈표 6-1〉 내담자의 준비수준보다 앞서 나가는 예

구분	대화 내용	코딩
내담자	대인관계에 대한 자신감을 되찾고 싶어요. (욕구)	변화대화
면담자	어떻게 시작하면 될까요?	열린질문
내담자	글쎄요. 제가 잘 해낼 수 있을지 모르겠어요.	유지대화

내담자가 "대인관계에 대한 자신감을 되찾고 싶어요."라고 표현하자 면담자는 "어떻게 시작하면 될까요?"라고 열린질문을 하였다. 그러자 내담자는 "글쎄요. 제가 잘 해낼 수 있을지 모르겠어요."라고 표현하였다. 예시에서 내담자는 양가감정

상태이다. 변화에 대한 욕구는 있지만(변화의 측면) 실행할 자신감은 없는 상태이다(유지의 측면). '변화에 대한 방법'을 묻는 것은 변화대화에서 '능력'에 해당하는 대화를 촉진하는 전략이다. 예시에서 내담자는 변화에 대한 자신감이 부족하기 때문에, 변화능력과 관련된 대답을 못 하고 있는 것이다.

또 다른 예시를 보겠다(〈표 6-2〉 참조).

〈표 6-2〉 내담자의 변화 욕구를 반영하는 예

구분	대화 내용	코딩
내담자	대인관계에 대한 자신감을 되찾고 싶어요. (욕구)	변화대화
면담자	어떤 방법이 있을까요?	열린질문
내담자	글쎄요. 제가 잘 해낼 수 있을지 모르겠어요.	유지대화
면담자	망설여지는군요. 한편으로 자신감을 되찾는 것이 중요하고요.	반영하기
내담자	네. 언제까지 이렇게 살 수는 없으니까요. (이유)	변화대화
면담자	변화가 필요하군요.	반영하기
내담자	네. 저는 학창시절부터 따돌림을 당했어요. 그래서 사람들과 관계를 맺는 것이 너무 두려웠어요. 하지만 이제는 이것을 이겨 내야지만 될 것 같아요. 일도 하고 싶고 사람답게 살아 보고 싶어요.	

면담자가 "어떤 방법이 있을까요?"라고 질문하였지만, 내담자는 "글쎄요. 제가 잘 해낼 수 있을지 모르겠어요."라고 표현하였다. 이때 면담자는 "망설여지는군요(유지대화 반영). 한편으로 자신감을 되찾는 것이 중요하고요(변화대화 반영)."라고 양면반영을 하였다. 그러자 내담자는 변화대화(이유)를 표현하였다. 이 순간을 놓치지 않고 면담자는 "변화가 필요하군요."라고 내담자의 양가감정에서 변화에 대한 측면을 반영하였다. 그러자 내담자는 "일도 하고 싶고 사람답게 살아 보고 싶어요." 라고 변화대화를 표현하였다.

욕구는 변화준비단계의 언어이다. 예비적 변화대화만을 듣고 조급하게 동기가 높아졌다고 단정 지어서는 안 된다. 동기가 높은 내담자일 수도 있지만, 동기가 낮은 내담자일 수도 있다. 어떠한 경우라도 우선은 내담자의 욕구에 관심을 보이며,

이러한 욕구를 바라는 이유와 필요를 경청하는 것부터 출발해야 한다. 이 과정에서 자연스럽게 내담자가 시도해 왔던 방법들을 탐색할 기회가 주어질 것이다.

지나친 욕구

욕구의 표현은 변화의 첫걸음이 된다. 그러나 욕구가 너무 과도하면 현실에서 적용하기가 유연하지 못하여 좌절을 경험하기 쉽다.

> 제 친구가 저와만 친하게 지내면 좋겠어요.
>
> 남편이 제 약속을 반드시 지켰으면 좋겠어요.
>
> 남자친구가 저에게만 관심을 주었으면 좋겠어요.
>
> 완벽한 상사가 되고 싶어요.

내담자가 지나친 당위적인 욕구(반드시 ……했으면 좋겠다)를 표현할 수 있다. 그러면 면담자는 내담자의 강한 집착이 오히려 좌절로 되돌아올까 봐 걱정스러워질 수 있다. 그러나 이러한 욕구 또한 변화의 강한 의지를 표현하는 것이기 때문에 존중해야 한다. 변화에 대한 선택은 내담자의 몫이다. 하지만 내담자의 욕구가 실현 가능하도록 돕는 것은 면담자의 몫이다. 따라서 내담자가 지나친 당위적 욕구를 원한다면 현실 가능한 욕구로 재구조화해 주어야 한다. 욕구를 지니고 살아갈 때 생길 수 있는 장단점을 탐색하거나 예상되는 상황들을 탐색하면서 내담자의 욕구가 실현 가능할 수 있도록 도우면 된다.

(2) 변화에 대한 능력

능력(ability)은 목표를 달성할 수 있는 자신감을 표현하는 것이다. "……할 수 있어요." "……해낼 수 있어요." "할 수 있을 것 같아요."와 같이 능력과 관련된 표현들을 말한다. 능력과 관련된 표현들은 욕구와는 다르다. 내담자가 "단주할 수 있어요.

그런데 단주하고 싶지 않아요."라고 말한다면, 여기에서 "단주할 수 있어요."는 능력이다. 한편, "그런데 단주하고 싶지 않아요."는 욕구이다.

……할 수 있어요.

……해낼 수 있어요.

할 수 있을 것 같아요.

술을 끊을 수 있을 것 같아요.

취업을 할 자신이 있어요.

내담자가 변화할 수 있다고 인식하기 시작하면 변화에 대한 능력을 표현하기 시작한다. 여전히 변화하겠다는 결단언어를 표현하지 않았기 때문에 계획하기(활동적 변화대화)에 진입하지는 않은 상태이다. 한편, 변화에 대한 능력이 표현되었기 때문에 변화에 대한 결단이 가까워지고 있음을 예상해 볼 수 있다. 따라서 '능력'과 관련한 변화대화가 나타나면 더 말할 수 있게끔 인정해 주고 반영하여 더 견고하게 만들어 주어야 한다. 나아가 과거의 성공 경험이나 능력과 관련한 구체적인 강점들을 탐색하는 질문들로 이어지는 것이 효과적이다.

Tip 변화능력을 표현하게 하기 위한 질문들

- "이러한 욕구를 어떻게 달성하시겠어요?"
- "장애물이 생기면 어떻게 대처하시겠어요?"
- "이것을 할 수 있다고 믿게 해 주는 것은 무엇인가요?"
- "어떻게 안정을 유지할 수 있었나요?"
- "○○님을 아는 어떤 사람에게 조금이나마 ○○님이 나아지고 있다는 점이 무엇이냐고 묻는다면, 그 사람은 무엇이라고 말할까요?"

(3) 변화해야 하는 이유

변화해야 하는 구체적인 이유(reason)를 말하는 것으로, 변화에 대한 긍정적인 표현을 말한다.

변화해야 하는 이유는…….

안정된 직장을 구한다면 가족들이 기뻐할 거예요.

술을 마시지 않으면 다투는 일이 생기지는 않을 거예요.

변화해야 하는 이유가 있다고 해서 변화에 대한 욕구가 있다는 것은 아니다. 인식전단계의 내담자는 욕구를 표현하지 않거나, 면담자가 제안하는 초점이 필요 없다고 생각한다. 내담자에게서 욕구가 표현되지 않는다면 변화의 중요성을 인식하게끔 돕기 위해 '변화에 대한 이유'를 우선 표현하도록 한다. 대표적인 예가 결정저울이다. 결정저울은 현상유지를 했을 때의 장단점, 변화했을 때의 장단점을 탐색하면서 현재 문제행동을 다양한 측면을 탐색하게 하여 변화를 해야 하는 이유를 탐색하게 돕는다.

〈표 6-3〉 결정저울을 활용한 예

구분	대화내용	코딩
면담자	금주를 했을 때 장점은 무엇인가요?	열린질문
내담자	음…… 다투는 일은 생기지 않겠죠.	변화 이유
면담자	다툼이 없어질 수 있군요.	반영하기
내담자	네. 그 점이 금주하려는 이유이죠.	변화 이유
면담자	금주가 필요하군요.	반영하기
내담자	네. 지금으로서는 금주는 못 하겠고, 술을 줄이고 싶긴 해요.	욕구표현

Tip 변화 이유를 표현하게 하기 위한 질문들

- "이러한 변화를 원하는 중요한 이유는 무엇인가요?"
- "이 변화 결과로 일어날 수 있는 긍정적인 사항은 무엇인가요?"
- "이러한 변화를 할 경우, 현재 일어나고 있는 어떠한 부정적인 일이 중단될까요?"
- "이러한 변화를 하지 않을 경우, 어떠한 부정적인 일이 일어날까요?"
- "○○님의 행동에 대해 염려하는 바는 무엇인가요?"

(4) 변화해야 하는 필요

필요(need)는 변화의 중요성을 언어로 표현하는 것이다. 변화 이유는 표현되지 않고 변화가 필요하다고 보는 '중요성'만 표현된 언어를 말한다. 만약 "나는 술을 끊는 것이 매우 중요합니다."라고 표현한다면 변화대화에서 '필요'로 코딩된다. 하지만 "저는 금주가 필요해요. 이유는 건강이 최근에 많이 나빠졌기 때문이죠."와 같이 변화해야 하는 필요와 이유가 함께 표현된다면 '변화해야 하는 이유'로 코딩된다. 따라서 변화대화에서 '필요'만 표현이 된다면, "그렇게 필요로 하는 이유는 무엇인가요?"와 같이 변화 이유를 이끌어 내는 질문으로 이어질 수 있다.

변화해야 하는 필요의 강도가 비현실적이거나 과도하면 행동실천단계에서 좌절을 경험할 수 있다. 예를 들어, "나는 반드시 시험에 합격해야 합니다. 시험이 떨어지는 것은 절대 상상할 수 없어요." "나는 이제 절대 술을 마시면 안 됩니다. 술을 마시면 저는 인간도 아닙니다." 등으로 말할 수 있다. 과도한 동기는 '반드시' '꼭' '항상' '절대' '결코' 등이 포함되어 동기가 좌절될 수 있는 예외적인 상황을 고려하지 않는다. 동기면담은 동기증진이라는 일차적인 목표를 가진다. 따라서 이런 유형의 변화대화 역시 충분히 반영하여 표현되도록 도와야겠지만, 현실 가능하고 유연한 방식으로 재구조화해 주어야 한다. 다양한 예상 시나리오를 탐색해 보고, 다양한 대안을 계획하기 안에 포함하는 것이 좋다.

나는 ……이 필요합니다. (변화 필요)

나는 반드시 ……해야 합니다. 그렇지 않으면 저는 끝장입니다. (과도한 동기)

Tip 변화 필요를 표현하게 하기 위한 질문들

- "이러한 변화를 하는 것이 얼마나 중요한가요?"
- "이러한 변화를 하는 것을 정말 얼마나 필요로 하나요?"
- "음주에 대해 어떤 걱정이 있나요?"
- "만약 이대로라면 어떤 일이 일어날 것 같나요?"

2) 활동적 변화대화

활동적 변화대화(Commitment, Activation, Taking steps: CAT)는 양가감정이 있는 상태에서 나아가 양가감정을 해결하려고 하는 언어적 신호를 말한다. 활동적 변화대화가 나타나면, 행동실행을 위한 방법들을 토론하는 데 힘을 쏟아야 한다. 이러한 활동적 변화대화는 3가지 하위 영역인 '변화로의 결단' '변화로서의 활성화' '변화로서의 행동실천'으로 구분된다.

(1) 변화로의 결단

결단언어(commitment)는 변화행동에 대한 결심을 표현하는 언어이다. 이러한 결단언어는 계획하기 과정으로 진입해도 된다는 신호가 된다.

> 나는 술을 끊을 것을 약속합니다.
>
> 취업을 알아볼 것을 맹세합니다.

하지만 결단언어는 여전히 행동을 실행하였다는 것을 의미하지 않는다. 행동실천을 결단하고 면담실 밖을 나가게 되어도 집에서는 여전히 비난적인 배우자를 마주하게 될 것이며, 생계적인 어려움은 기본적인 생리적 욕구를 위협할 수 있다. 따라서 결단언어를 구체적으로 어떻게 실행할지, 행동실천을 방해하는 방해물은 없는지 탐색하고 다양한 대안들을 구체적으로 논의해야 한다. 이 과정이 동기면담의 계획하기 과정이다. 내담자의 특성에 따라 계획안에 근거 기반의 접근법과 지역사회 자원을 포함해야 한다.

> **Tip 변화결단을 표현하게 하기 위한 질문들**
>
> - "다음 단계는 무엇인가요?"
> - "무엇을 기꺼이 해 볼 건가요?"
> - "떠오른 아이디어를 들여다보면서 어느 것을 하기로 선택할 것인가요?"

(2) 변화로서의 활성화

활성화언어(activation)는 변화행동을 실행하기 위하여 준비했다는 언어 표현이다.

중독관리 통합지원센터에 단주 프로그램을 알아보았습니다.

취업준비를 위해서 고용지원센터에 상담예약을 해 놨습니다.

활성화언어가 나타나면 내담자는 이미 변화동기가 견고해졌기 때문에 행동실행으로 이어지는 것이 과업이다. 내담자의 변화에 대한 의지와 계획들을 인정해 주고, 지지하는 것이 면담자의 역할이다. 타인의 사회적 지지가 주어질 때 행동 변화는 더 가능해지므로 내담자의 주변 인적자원들을 활용하는 것도 효과적이다.

(3) 변화로서의 행동실천

행동실천 언어(taking steps)도 이미 변화를 향한 행동을 실천하고 있는 것을 알려 주는 언어이다. 이 '행동실천' 변화대화는 변화단계모델에서 행동실천단계 내담자들의 언어이다. 자살예방실천현장에서는 유지단계의 사례관리 대상자들일 것이다. 행동실천단계 내담자들에게 면담자의 역할은 사회적 지지자원이 되어 주는 것이며, 다양한 지역사회자원을 활용할 수 있도록 돕는 것이다. 다음의 예시를 보자.

일주일 동안 술을 마시지 않았어요.

취업을 하기 위해 두 군데나 면접을 봤어요.

Tip 행동실천을 표현하게 하기 위한 질문들

- "이제까지 이러한 변화를 향해서 무엇을 하였나요?"
- "지난 2주일 동안 어떠한 실천을 하였나요?"
- "그것을 어떻게 해서 할 수 있었나요?"

2. 유지대화

유지대화는 현 상태를 계속 유지하고자 하는 언어적 표현을 말한다. 내담자는 변화에 대한 양가감정을 가진다. 양가적인 상태의 내담자는 변화대화와 유지대화를 함께 표현한다. 변화대화를 표현하다가도 유지대화를 표현하기도 하며, 변화대화보다는 유지대화에 관심을 더 가지기도 한다. 이러한 내담자를 만나게 될 때 동기면담에 충실한 면담자는 내담자의 변화대화에만 반영하고자 할 것이다. 그런데 면담자의 의도와 달리, 내담자는 면담자가 자신의 상황을 이해하지 못하고 있다고 생각할 수도 있다. 변화하지 않았든 혹은 변화하지 못했든 내담자들에게는 수많은 이유가 있다. 이들이 그러한 선택을 할 수밖에 없었던 삶의 과정을 존중하고 경청하는 것부터 출발해야 한다. 그것이 바로 동기면담의 수용 정신이다. 내담자의 유지대화에도 반영적 경청을 해 나가되, 면담 중반부(1회기 면담 기준)에 접어들면 의도적으로 변화대화를 표현할 수 있도록 도와야 한다. 시간이 지나면서 유지대화보다 변화대화의 비율이 높아져 갈수록 내담자는 변화 방법에 대해서 고민하기 시작할 것이다.

유지대화의 유형

① 유지에 대한 욕구
현재 상태를 유지하고 싶다는 언어 표현이다.
- "그냥 이대로 계속 지내고 싶어요."
- "화가 나면 술을 계속 마시게 될 것 같아요."

② 유지에 대한 능력
현재 상태를 계속 유지할 수 있다는 능력을 표현하는 언어이다.
- "제가 할 수 있을지는 잘 모르겠어요."
- "제 능력으로는 일자리를 못 구할 거예요."
- "노력을 해 봤지만 술을 끊을 자신이 없어요."
- "여러 번 시도를 해 봤지만, 화를 참을 자신이 없어요."

③ 유지에 대한 이유
현재 상황을 계속 유지하려는 이유와 관련된 언어 표현이다.
- "술을 마셔야지만, 기분이 좋아져요."
- "수급신청이 끊길 수 있어서 일자리를 구할 수가 없어요."
- "화를 참으면 바보 취급당할 거예요."

④ 유지에 대한 필요
현재 행동을 유지해야 하는 필요를 말하는 언어 표현이다.
- "저는 매일 술을 끊을 필요가 없어요."
- "화를 낼 수밖에 없어요."

⑤ 유지에 대한 결단
현재 행동을 계속 유지하겠다는 결심을 나타내는 언어 표현이다.
- "계속 술을 마실 거예요."
- "저는 자살을 시도할 거예요."
- "일자리를 구하지 않을 거예요."

⑥ 유지에 대한 활성화
현재 행동을 유지할 마음임을 알리는 언어 표현이다.
- "일자리를 구할 준비가 되어 있지 않아요."

• "술을 끊을 마음이 없어요."

⑦ 행동실천

현재 행동을 계속 유지하고 있음을 알 수 있는 언어 표현이다.

• "어제 술을 마셨어요."

• "아내와 다투었어요."

3. 반영을 통한 유발하기

면담자는 자살위험이 있는 내담자에게 살고 싶은 욕구와 살고 싶지 않은 욕구가 공존하고 있다는 것을 명심해야 한다. 따라서 내담자의 언어에서 양가감정의 어느 측면을 의도적으로 반영할 것인지가 중요하다.

〈표 6-4〉 유지대화 반영하기

구분	대화 내용	코딩
내담자	살고 싶지 않아요. 구직하고 싶지만, 채용기회가 없어요. 이제는 모든 것이 지쳐 버렸어요.	유지대화
면담자	이제 기회가 없다고 생각하시는군요.	반영하기
내담자	네. 모든 것이 절망적이에요. 이제 삶의 희망이 없어요.	유지대화

〈표 6-4〉의 예시에서 보면, 내담자는 "살고 싶지 않아요. 구직하고 싶지만, 채용기회가 없어요. 이제는 모든 것이 지쳐 버렸어요."라고 호소하였다. 이 대화에서 내담자는 변화대화와 유지대화를 함께 표현하였다.

변화대화: 구직을 하고 싶기는 해요. (욕구)

유지대화: 살고 싶지 않아요(욕구). / 채용기회가 없어요(이유). / 이제는 모든 것이 지쳐 버렸어요(능력).

예시에서 면담자는 변화대화와 유지대화 중에서 유지대화를 반영하였다. "이제 기회가 없다고 생각하시는군요." 그러자 내담자는 유지대화("네. 모든 것이 절망적이에요. 이제 삶의 희망이 없어요.")를 표현하였다. 이처럼 면담자가 양가감정의 어느 측면을 반영하느냐에 따라서 내담자는 반영된 측면과 관련된 언어 표현을 하게 만든다. 내담자가 유지대화를 표현하면 내담자는 스스로 한 말에 의해서 변화하고 싶지 않은 이유를 다시 인식하게 된다. 자기지각이론에 의하면 인간은 스스로 한 말을 더 잘 이해하는 경향이 있다. 그러므로 동기면담에서는 내담자가 변화대화를 말할 수 있도록 의도적으로 변화대화를 반영해 나가는 것이다.

〈표 6-5〉 변화대화 반영하기

구분	대화 내용	코딩
내담자	경제적인 문제가 절 힘들게 해요. 정말 살고 싶지 않네요. 그래도 그동안 악착같이 버텨 보려고 노력을 많이 해 왔어요.	유지대화, 변화대화
면담자	힘든 상황에도 불구하고, 악착같이 버텨 오셨네요.	반영하기
내담자	A. 예상 가능 답변 시나리오 네. 할 방법들은 다 해 봤죠. (변화대화) 그런데 쉽지 않더군요. B. 예상 가능 답변 시나리오 그렇긴 한데, 이제 정말 지쳤어요. (유지대화)	

〈표 6-5〉의 예시에서 보면 내담자는 유지대화와 변화대화를 함께 표현하였다. 면담자는 양가감정에서 변화대화만을 반영하였다. 변화대화를 반영하면 내담자가 변화대화와 관련된 대답을 할 가능성이 커지지만, 이와는 반대로 여전히 변화의 중요성과 자신감이 낮다면 유지대화와 관련된 대화로 이어질 수도 있다. 따라서 변화대화와 유지대화가 함께 표현될 때, 가장 효과적인 반영법은 바로 양면반영이다. 양면반영을 잘 활용하면, 삶과 죽음에 대한 양가감정을 해소하는 데 매우 효과적이다.

양면반영

양면반영은 내담자가 변화대화와 유지대화를 함께 표현할 때, 유지대화를 수용하면서 변화대화를 유발할 수 있는 기술이다.

〈표 6-6〉 양면반영의 예

구분	대화내용	코딩
내담자	살고 싶지가 않아요. 경제적인 문제가 절 힘들게 하고 있는데, 그동안 노력을 해 보았지만 방법이 없네요.	
면담자	경제적인 문제가 힘들게 하고 있군요. (유지대화 반영) 한편으로 문제를 해결하기 위해 노력을 해 오셨군요. (변화대화 반영)	양면반영
내담자	네. 할 방법들은 다 해 봤죠.	변화대화
면담자	어떤 시도를 해 보셨나요?	열린질문
내담자	급여가 높은 직장으로 옮기기 위해서 고용복지센터를 통해 구직신청을 많이 했었어요. 안정된 일자리만 있다고 해도 (욕구) 어떻게든 이 고비를 이겨 낼 수는 있을 것 같아요.	욕구 표현
면담자	안정된 일자리가 필요하시군요.	반영하기
내담자	네. 맞아요.	

〈표 6-6〉의 예시와 같이 양면의 유지대화 측면을 앞부분에 반영하고 변화대화 측면을 뒷부분에 반영하게 되면 내담자가 뒷부분에서 반영된 진술을 꺼낼 가능성이 커진다. 이때 면담자는 내담자가 더 많이 변화대화를 이야기할 수 있게끔 열린질문으로 이어지면 내담자의 다양한 욕구가 표현할 수 있다.

4. 유발적 질문하기

유발적 질문은 의도적으로 변화대화를 유발하기 위한 질문들을 말한다. 변화에 대해 초점을 맞추고 내담자의 동기수준에 따라서 유발하기 질문을 적절히 활용해 나가야 한다. 내담자가 변화의지가 없다면 변화중요성을 증진하는 유발적 질문이 필요할 것이며, 내담자가 변화의지는 있지만 변화에 대한 능력이 부족하다면 자신감을 증진하는 질문들로 이어져야 할 것이다.

1) 변화중요성을 표현하게 하기 위한 질문들

인식전단계나 인식단계에서는 변화에 대한 중요성을 인식시켜야 한다. 내담자가 자연스럽게 변화중요성과 관련된 변화대화를 표현하기 시작한다면, 반영적 경청만으로도 성공적인 유발하기가 될 것이다. 그러나 극단적인 자살위험을 보이는 내담자는 높은 절망감에 휩싸여 있어 변화대화가 쉽게 표현되지 않는다. 따라서 의도적으로 변화중요성과 관련된 변화대화를 표현하도록 질문을 할 수 있다.

(1) 중요도 척도 사용하기

척도질문은 내담자의 양가감정 상태를 확인하고 변화대화를 유발하는 데 쉽게 사용할 수 있는 질문이다. 0~10의 척도가 눈앞에 놓여 있다고 가정하고 변화에 대한 중요성 혹은 삶에 대한 중요성을 점수로 매겨 보도록 한다. 내담자가 3점을 말했다고 가정해 보자. 이때 면담자는 0점이 아니라 3점이라고 선택한 이유가 무엇인지 물어봐야 한다. 이러한 질문에 내담자는 더 높은 점수를 선택한 이유에 관하여 변화대화를 말할 것이다. 만약 반대로 5점이 아니라 3점인 이유는 무엇인지 물어본다면, 내담자는 변화가 중요하지 않은 이유, 즉 유지대화를 표현할 것이다. 변화에 대한 중요성이 표현되면 충분한 인정하기와 반영적 경청을 해야 한다. 내담자는 이러한 과정을 통해서 변화대화를 더 말할 것이다. 내담자가 변화에 대한 욕구에서 나아가 변화를 실행하려는 방법까지 토론하고자 한다면 면담자는 경청을 해나가면서 요약해 주는 역할이면 된다. 그렇지 않고 변화에 대한 욕구를 표현하거나 욕구가 표현되었다면 변화를 실행하려는 방법을 구체화하기 위하여 다음 질문으로 이어질 수 있는데, 예를 들어 "점수를 더 높이려면 어떻게 하면 될까요?"라고 질문할 수 있다. 이러한 질문을 통해서 내담자는 구체적인 욕구나 대안들을 말하게 될 것이며, 이러한 과정은 유발하기 과정에서 계획하기 과정으로 이어지는 대화들이 된다.

주요 핵심 질문

- "0~10의 척도가 있다고 가정해 봅시다. 0은 '전혀 중요하지 않다'이고 10은 '매우 중요하다'고 봤을 때 ~하는 것의 중요성이 ○○님에게 얼마나 중요한가요?"
- "0을 선택하지 않고 ~을/를 선택한 이유가 있나요?"
- "현재 말씀하신 숫자에서 점수를 1점 더 높인다면 어떻게 하면 될까요?"
- "현재 말씀하신 숫자에서 점수를 조금만 더 높이려면 어떻게 하면 될까요?"
- "점수를 높이려면 어떻게 해야 할까요?"

(2) 극단적 질문하기

극단적 질문은 내담자가 변화에 대한 중요성을 전혀 인식하지 못하고 있을 때 유용한 질문이다. 극단적인 상황을 상상하는 것은 예상하지 못했던 면들을 인식하게 돕는다. 내담자들은 저마다 자신만의 삶 속에서 얻은 가치관을 따르고 있다. 극단적인 상황을 상상하는 것은 바라는 삶의 가치와 현재 행동 간의 불일치를 유발한다. 이러한 불일치를 인식하게 되면 행동 변화에 강력한 영향을 미치게 되어 변화에 대한 욕구를 표현하게 도울 수 있다.

주요 핵심 질문

- "만약, ○○님이 현재 삶을 계속 유지하며 살아간다고 가정해 봅시다. ○○님에게 일어날 수 있는 가장 극단적인 최악의 상황은 어떤 것이 있을까요?"
- "○○님이 변화했다고 가정해 본다면 가장 좋은 결과는 어떤 것이 있을까요?"
- "○○님이 원하는 변화가 이뤄졌다면 삶에 있어서 어떤 것이 달라질까요?"

(3) 과거 회상하기

과거 회상하기는 과거의 상황을 이야기함으로써 현재 상태와의 불일치감을 조성하여 변화대화를 유발하는 전략이다. 문제가 발생하기 이전의 상황을 나누면서 이전에 자신의 모습을 회상하여 현재 삶 속에서 변화가 필요함을 인식하게 돕는다. 무엇이 문제를 발생하게 하였는지, 과거에는 어떻게 대처했는지 혹은 현재는 어떻게 좋아질 수 있었는지, 좋아질 수 있었던 대처 방법은 무엇이었는지 등과 같이 과거와 현재의 비교를 통해 다양한 변화대화를 유발할 수 있다. 이러한 과정을 통하여 내담자의 변화의지를 증진할 수 있는 과거의 자신의 모습이나 성공 경험, 대처 방법을 탐색할 수 있다.

주요 핵심 질문

- "문제가 없던 이전과 비교해 본다면, 무엇이 달라졌나요?"
- "예전에 ○○님과 현재 ○○님의 달라진 점은 무엇인가요?"
- "도박하기 전에 ○○님은 어떤 사람이었나요?"
- "두 사람이 처음 만났을 때 어떤 점이 좋았나요?" "그때 두 사람은 어떤 사람이었나요?"
- "10년 전의 ○○님과 현재 ○○님 모습의 달라진 점은 무엇인가요?"
- "그때는 어떤 방법을 사용하였나요?"
- "그때는 어떤 시도를 하였나요?"
- "그때는 어떻게 극복하였나요?"

(4) 가정적인 질문하기

가정적인 질문은 가상으로 미래나 과거를 예상해 보면서 현재 변화의 중요성을 높이고자 하는 질문이다. 극단적 질문하기와 유사할 수 있으나 변화했을 때와 변화하지 않았을 때의 현실적인 부분을 상상해 본다는 점에서 극단적 질문하기와 구분된다.

주요 핵심 질문

- "만약 ○○님이 변화한다면, 5년 뒤 ○○님의 삶은 어떻게 달라질까요?"
- "만약 이런 변화를 한다면, 어떠한 최상의 결과가 있을까요?"
- "앞으로 5년 뒤에 ○○님의 어떤 상황이 달라져 있으면 좋을까요?"

- "만약 ○○님이 현재 삶을 유지하며 살아간다면, 앞으로 5년 뒤 ○○님은 어떤 삶을 살아가고 있을 것 같으신가요?"
- "만약 이런 변화를 하지 않는다면, 가장 큰 두려움은 어떤 걸까요?
- "만약 ○○님이 우울한 감정이 사라지게 된다면, 제일 먼저 무엇을 할 것 같나요?"

2) 변화자신감을 유발하기 위한 질문들

변화가 중요하다고 인식되기 시작하면 변화에 대한 방법을 모색하게 된다. 가능한 방법들이 탐색되는 과정에서 해낼 수 있을 것이라는 자신감이 높아지면 행동 변화로 이어지게 된다(Miller & Rollnick, 2002). 따라서 변화에 대한 중요성은 높지만 변화를 실행할 수 있는 자신감이 낮다면 자신감을 유발하기 위한 질문들로 이어져야 한다. 자살위험이 있는 내담자는 문제해결에 대해 낮은 자기효능감이 특징적이어서 대처 기술을 전략적으로 탐색하는 것이 효과적이다.

(1) 자신감 대화

예비적 변화대화 유형에서 '능력'과 관련된 변화대화를 의도적으로 유발하기 위한 질문이다. 내담자가 이미 알고 있거나 사용한 경험이 있는 방법들을 찾아내는 것은 다양한 문제해결 방법을 찾을 수 있도록 돕고 현실적인 대안들을 탐색하면서 변화에 대한 자신감을 높인다.

주요 핵심 질문

- "어떻게 하면 변화를 만들어 낼 수 있을까요?"
- "변화를 위한 첫걸음은 무엇이 있을까요?"
- "변화를 이루기 위해 할 방법들은 무엇이 있을까요?"
- "할 수 있다는 자신감을 주는 것은 어떤 것이 있을까요?"
- "변화하는 데 어떤 걸림돌이 있다고 생각하나요?"
- "어떻게 하면 그 걸림돌을 처리할 수 있다고 생각하나요?"

- "~을 어떻게 그렇게 잘하고 계세요?"
- "그런데도 불구하고 어떻게 견뎌 오셨나요?"
- "무엇이 ~을 할 힘을 주었나요?"
- "어떻게 그것을 할 용기가 생겼나요?"
- "그 일에 어떻게 성공했나요?"

(2) 자신감 척도 사용하기

중요성 척도와 질문 방법이 같다. 변화에 대한 자신감 수준을 척도가 있다고 가정하고 점수로 매겨 본다. 그리고 0점이 아니라 __를 선택한 이유에 관하여 물으면서 변화대화를 유발한다. 한편, 중요성 척도에서는 변화의 중요성을 인식하는 것이 목적이라면, 자신감 척도는 행동으로 이어지기 위한 구체적인 방법을 찾는 것이 목적이다. 자신감을 높이기 위한 구체적인 방법이 표현된다면, 계획하기 과정으로 이어져 행동계획 수립으로 이어지게 된다.

주요 핵심 질문

- "0~10의 척도에서 0은 '전혀 자신이 없다'이고 10은 '매우 자신이 있다'일 때, ○○님은 어디에 있나요?"
- "0(혹은 더 낮은 숫자)을 선택하지 않고 ____을/를 선택한 이유가 있나요?"
- "현재 말씀하신 숫자에서 더 높은 숫자로 가려면 어떻게 하면 될까요?"
- "자신감 척도에서 6점이라고 말했습니다. 7점에 있으려면 무엇을 해야 하나요?"
- "1점이 더 높아진다면 어떻게 될까요?"
- "1점이 높아진 것을 어떻게 알 수 있을까요?"
- "1점이 높아진다면 어떤 모습일까요? 그때는 무엇을 다르게 하고 있을까요?"
- "1점이 높아진다면 ○○님과 주변 사람들에게 어떤 변화를 줄까요?"
- "어떻게 그 점수를 유지해 오고 있나요?"
- "그 점수를 유지하려면 무엇이 필요한가요?"
- "어떻게 하면 1점을 올릴 수 있을까요?"

(3) 강점 찾아내기

내담자의 강점을 찾아 인정하는 것은 내담자의 역량을 재발견하게 하여 변화에 대한 자신감을 높인다. 자살위험이 있는 내담자는 자신을 아무것도 할 수 없는 존재라고 비하하거나 자살을 하는 것 외에는 전혀 해결 방법이 없다고 생각할 수 있다. 내담자의 강점을 탐색하는 첫 번째 효과성은 개방적인 분위기를 조성시킨다는 데 있다. 인간은 저마다 유능한 사람이 되고자 하며 인정받고자 하는 욕구가 있다. 강점은 내담자의 긍정적인 면을 부각해 주므로 이러한 욕구를 충족시켜 대화를 더 촉진하는 효과가 있다.

두 번째는 내담자의 문제해결에 대한 자신감을 향상한다. 강점을 찾아내는 것은 내담자의 경험 속에서 이미 가지고 있었던 능력을 발견하는 것이다. 내담자는 저마다 역경을 이겨 내기 위하여 사용한 방법들을 가지고 있다. 이러한 능력들은 당면한 문제를 해결하는 데 유용한 내적 자원이 되어 주며, 긍정적인 자기개념을 지니게 도와준다. 내담자가 이미 가지고 있는 내적 자원을 스스로 선택하여 사용하게 될 때, 행동 변화에 가장 강력하게 영향을 미치게 하며 행동이 오랫동안 유지된다.

마지막으로, 인간은 자신의 강점들을 활용하며 살아갈 때, 즐거움을 느끼며 살아갈 수 있고, 궁극적으로 행복을 실현할 수 있다. 따라서 내담자의 강점 중에 대표가 되는 강점을 발견하고 활용하는 삶을 살아갈 수 있도록 돕는 것이 중요하다.

〈표 6-7〉 강점 목록

예쁘다	매력적이다	아름답다	귀엽다	잘생겼다
호감을 준다	멋지다	다정하다	현명하다	솔직하다
좋은 사람이다	신앙심이 깊다	지도력이 있다	강하다	착하다
도덕적이다	원칙적이다	따스하다	부드럽다	다정다감하다
우호적이다	명랑하다	친절하다	예의 바르다	긍정적이다
똑똑하다	이타적이다	정열적이다	희생적이다	인간미가 있다
생각이 깊다	전통적이다	창의력이 있다	이해심이 많다	우아하다

생동감이 있다	이성적이다	센스가 있다	능력이 있다	전문가답다
지식이 많다	겸손하다	참되다	평화적이다	즐거움이 많다
깔끔하다	멋쟁이다	믿을 만하다	주의력이 있다	사려 깊다
지적이다	신사답다	단정하다	솜씨가 좋다	생산적이다
적응력이 높다	훌륭하다	재빠르다	영감을 준다	건전하다

주요 핵심 질문

- "나열된 강점 목록에서 '강하다'를 선택해 주신 이유가 궁금합니다."
- "어떻게 그렇게 할 수가 있었나요?"
- "과거 잘 해냈던 일에는 어떤 것이 있나요?"
- "원하는 강점을 가지신다면 어떤 게 달라질까요?"
- "주변에서는 ○○님의 강점을 무엇이라고 얘기한 것이 있나요?"
- "원하는 강점을 갖기 위해 어떤 방법이 있을까요?" (알고 있는 방법 이끌어내기)
- "정말 중요한 생각이시네요." (인정하기)
- "○○님의 강점을 변화 목표에 활용한다면 어떤 점이 달라질까요?"
- "○○님의 강점을 어떻게 변화 목표에 활용할 수 있을까요?"

(4) 과거의 성공담

내담자가 스스로 할 수 있다는 표현을 하도록 돕기 위한 질문이다. 과거의 성공 경험담은 내담자가 이미 사용한 경험이 있는 문제해결능력을 탐색하기 때문에 현실에서 실현 가능성이 높다. 성공 경험을 탐색하는 첫 질문은 과거에 성공했던 경험에 대해 열린질문을 하는 것으로 시작할 수 있다. 성공한 경험이 없다고 표현할 경우는 조금 더 강도를 약하게 해서 포기하고 싶었지만 해냈던 경험에 대해 다시 물어볼 수 있다. 내담자가 성공담을 표현하면 그렇게 할 수 있었던 구체적인 강점을 유발하는 것으로 이어질 수 있다. 조금 더 자세히 말할 수 있도록 촉진하고 구체적으로 어떤 기술이나 강점을 사용했는지에 대해 이끌어 내어 현재 상황에서 사용할 수 있도록 연결해 나간다.

주요 핵심 질문

- "과거에 성공했던 경험에는 어떤 것이 있나요?"
- "처음에는 포기하고 싶었지만 끝까지 해냈던 경험에는 어떤 것이 있나요?"
- "어떻게 그렇게 할 수 있었나요?"
- "그렇게 하기 위해서 어떤 방법을 하셨나요?"
- "구체적으로 어떤 것을 준비하셨나요?"
- "어떻게 해서 그런 변화가 가능했나요?"
- "조금 더 자세히 말씀해 주세요."

(5) 관점 재구조화

변화에 방해가 되는 부정성이 높은 사고를 긍정적인 사고의 관점으로 전환하도록 돕는다. 우울증이 있는 내담자를 위한 인지행동치료에서 '흑백논리' '자기비하' '과잉일반화' 등 인지적인 오류를 수정하는 전략을 사용한다. 이러한 인지적 접근은 자살 예방 전략에서 매우 중요한데, 우울증이 자살의 중요한 예측 요인이며 우울증의 주요 원인이 인지적인 왜곡에서 출발한다고 보기 때문이다. 동기면담에서도 인지적인 전환을 위한 기술이 있는데, 바로 관점 재구조화이다. 관점 재구조화는 자신의 능력 부족이라고 생각했던 것을 노력이나 운과 같은 외적인 요인의 결과로 관점을 재구조화함으로써 자기비하로 이어지지 않고 자신감을 불러일으키게 해 준다.

〈표 6-8〉 관점 재구조화의 예

구분	대화 내용
내담자	저는 5번이나 실패했어요.
면담자	5번이나 시도를 해 보셨군요.
내담자	지금 저는 위기예요.
면담자	또 다른 기회가 될 수도 있겠군요.
내담자	저는 사람들에게 너무 친절한 것이 문제예요.
면담자	○○님은 힘든 상황에서도 기꺼이 타인에게 친절을 베풀었군요.

내담자	저는 못할 것 같아요. 그런데 변하고는 싶어요.
면담자	힘든 상황임에도 불구하고 변화를 고민하는군요.
내담자	기껏 해 본 것이 자격증을 딴 것밖에 없어요.
면담자	달성한 목표를 이루어 보셨군요.

사례

과다 약물 복용으로 응급입원을 하게 되었으며 응급실을 통해 자살예방기관에 의뢰되어 면담하게 된 사례이다. 죽음에 대한 이유가 분명하고 변화에 대한 동기가 매우 낮은 내담자이다. 삶의 의지를 증진하기 위해 유발하기를 하는 장면이며, 마지막 장면에서는 내담자의 변화에 대한 욕구가 표현되었다.

〈표 6-9〉 동기 유발하기의 사례

구분	대화 내용	코딩
면담자	○○님이 중요하게 생각하는 가치관은 무엇인가요?	열린질문
내담자	음…… 행복한 가족이요.	
면담자	행복한 가족이란 어떤 건가요?	열린질문
내담자	결혼을 해서 자식을 낳고 행복하게 살고 싶은 바람이 어려서부터 있었어요. 그래서 늘 머릿속에 행복한 가족을 그려 보곤 했었죠.	
면담자	행복한 가족의 모습을 그려 봤군요.	반영하기
내담자	네. 다른 사람들이 가족들과 같이 밥 먹고, 산책하는 모습들을 보면 너무 부러웠어요.	
면담자	화목한 가족의 모습을 상상해 오셨군요.	반영하기
내담자	네. 저는 어린 시절부터 시련이 많았었거든요.	
면담자	조금 더 자세히 말씀해 주세요.	열린질문
내담자	어릴 적 부모님이 일찍 돌아가시고 할머니가 저를 키우셨어요. 그래서 가족에 대해서 그리움이 많았어요. 그래서 그런지 늘 저는 평범한 가정에서 부모님과 함께 살아가는 친구들이 부러웠어요.	
면담자	얼마나 외롭고 힘드셨을지 생각해 보니 마음이 안타깝습니다.	인정하기

내담자	그렇게 말씀해 주시니 감사합니다.	
면담자	○○님은 누구보다 행복한 가족을 꿈꾸고 있군요.	확대반영
내담자	네. 맞아요. 그게 저의 꿈이에요.	
면담자	어떻게 하면 ○○님의 꿈이 실현될 수 있을까요?	열린질문
내담자	음…… 지금은 모르겠어요. 아무것도 모르겠어요. 그냥 백지상태예요. 죽지 못해 사는 백지요.	
면담자	그렇군요. 만약 1점 정도만 마음이 편해질 방법이 있다면, 어떤 것이 달라지면 될까요?	열린질문
내담자	없는 것 같아요. 지금 상태로는 그냥 죽고 싶은 마음밖에 없네요. 마음이 갈팡질팡해요.	
면담자	양가감정이 있으시군요.	반영하기
내담자	네.	
면담자	구체적으로 어떤 건가요?	열린질문
내담자	그냥 포기해 버릴까? 인생을 새로 시작해 볼까? 절반이에요. 마음이 수시로 바뀌네요.	
면담자	포기해 버리고 싶은 마음이 드는군요. 한편으로 새로운 시작이 필요하고요.	반영하기
내담자	네. 그렇죠. 아무래도 그래도 아직 젊으니까요. 죽기 직전까지는 부딪쳐 봐야 하지 않을까 하는 생각에 용기를 내고 이곳저곳 면접을 몇 번 보기도 했었어요. 그런데 막상 면접에서 다 떨어져 버리고 나니까 역시나 하는 마음이 들더군요.	
면담자	포기하고 싶은 마음이 들 수 있었겠어요. 그런데도 취업을 하기 위해 여러 번 시도를 해 보셨군요.	반영하기
내담자	네. 하지만 결과적으로는 취직이 안 됐으니까요.	
면담자	어떤 것이 방해물이 되었을까요?	열린질문
내담자	글쎄요…… 자신감이 많이 없었던 것 같아요.	
면담자	자신이 나지 않았네요.	반영하기
내담자	'또 떨어지겠지…….' 하는 생각이 마음속에 자리 잡고 있었던 것 같아요. 그러다 보니 자연스럽게 많이 위축되었던 것도 같고요.	
면담자	고민이 되셨겠어요. 그럼에도 불구하고 시도해 오셨고요.	반영하기, 인정하기
내담자	네. 노력은 했는데 늘 제가 가지고 있는 불안이 저를 힘들게 하는 것 같아요.	

면담자	무엇이 불안하게 만들었나요?	열린질문
내담자	모르겠어요. 어느 날부터 혼자 있는 것이 무서워지기 시작했어요. 사실 저는 대인관계에 자신이 없어요. 그래서 취업해도 적응을 한다는 것이 불안해요. 사실 취업을 하고는 싶지만, 취업을 한다는 것이 불안해요.	
면담자	대인관계가 고민이었네요.	반영하기
내담자	네. 너무 불안해서 한번은 정신과 치료를 받으러 간 적이 있었어요. 그런데 병원에 가도 면담보다는 약 처방만 하고 끝나는 느낌이었어요.	
면담자	정신과 치료를 받으러 가기까지 고민이 많으셨을 텐데 용기를 내셨네요. 무엇보다 면담의 필요를 느꼈던 거고요.	인정하기, 반영하기
내담자	네. 이제 외로움에서 벗어나고 싶어요.	변화대화 욕구표현

제7장

계획하기

계획하기는 변화에 대한 결단을 어떻게 실행할 것인지에 대하여 행동계획을 구체화하는 단계이다. 내담자의 양가감정이 해소되면 변화를 실행할 방법에 대하여 고민하기 시작한다. 내담자가 변화에 대하여 고민을 시작하게 되면서, 실행 방법과 관련한 변화대화의 양이 증가하고, 면담자에게 변화 방법에 대하여 질문을 하거나, 실행 이후의 상황을 상상하기도 한다. 그리고 마침내 결단대화("변화할 거예요." "결단했어요.")를 표현하게 되는데, 결단대화가 나타나면 계획하기 과정으로 진입해도 된다는 신호가 된다.

그러나 완벽한 자살을 계획하고 있는 내담자라면, 면담자를 안심시키기 위하여 결단대화를 의도적으로 표현할 수도 있다. 내담자에게 면담자는 자살시도를 하는 데 방해물이 될 수밖에 없으므로 삶의 동기가 높다는 것을 의도적으로 보여 주고자 할 것이다. 완벽하게 자살을 예상할 방법은 없지만, 몇 가지 신호를 통해서 내담자가 진실한 표현을 하고 있는지를 예상해 볼 수는 있다. 예컨대, 대화하는 동안 면담자에게 방어적이거나, 논쟁을 하려 하고, 면담자의 말을 무시하거나, 면담자의 말을 가로채거나, 전혀 다른 대화 주제를 꺼낸다면 내담자와의 관계에 잡음이 생기고 있다는 것을 알 수 있다. 따라서 내담자의 결단대화가 표현되는 것에서 나아가 충분한 관계 형성과 변화에 대한 분명한 초점 맞추기, 유지대화의 양이 감소하고 변화대화의 양이 증가하는 일련의 과정들을 포함하여 계획하기로 이동할지 여부를 정하도록 한다.

1. 계획하기 단계로 가기 위한 신호

1) 변화대화의 증가

변화에 대한 중요성과 능력이 증진되면, 내담자의 언어에서 욕구, 능력, 이유, 필요와 같은 예비적 변화대화의 양이 증가하게 된다. 이러한 예비적 변화대화의 증가는 변화를 실행할 준비가 되어 가는 것을 알 수 있는 신호가 되며 결단대화가 나올 가능성을 높인다. 결단대화는 "이제 변화를 할 거예요."와 같이 즉각적으로 행동을 실천하겠다고 하는 내담자의 언어를 말한다. 결단대화가 나오게 되었다면 계획하기 과정으로 들어가게 되는 신호가 되지만, 결단대화가 나타났다고 해서 내담자의 준비수준보다 앞서가서 변화계획을 강요한다면 내담자는 다시 변화를 주저할 가능성이 발생할 수 있음을 유의해야 한다.

예비적 변화대화
- Desire(욕구): 하고 싶다, 원한다, 좋아한다
- Ability(능력): 할 수 있다, 예전에 해 본 적이 있다
- Reason(이유): 만약~한다면, ~이 좋다
- Need(필요): 안 하면 ~이 좋지 않다

결단대화
- Commitment(결단): ~할 것이다

2) 행동실천 시작

행동실천을 알려 주는 언어적 표현 및 행동을 말한다. 예를 들어, 일주일간 술을 마시지 않았다거나, 운동을 시작하였다는 언어적 표현을 통해서 알 수 있다.

3) 유지대화의 감소와 양가감정의 해결

양가적인 상태에서 변화대화와 유지대화의 비율을 5:5로 본다면, 점차 변화대화의 비율이 늘어나는 것은 양가감정이 해소되고 있다는 것을 알 수 있게 한다. 변화대화의 비율이 높아지면서 행동실천을 결단하기 위해 침묵하며 고민하는 모습을 보이거나, 변화하였을 때의 모습을 상상하기도 한다.

4) 변화에 대한 질문들

내담자가 변화의 방법과 관련된 질문을 하는 것은 실행할 가능성이 증가하고 있다는 것을 말한다.

- "어떻게 하면 부부관계가 좋아질 수 있죠?"
- "약물치료를 받으면 정말 좋아질까요?"
- "이 문제를 해결할 방법들은 무엇이 있죠?"
- "살고 싶어요. 어떻게 해야 되죠?"

예시와 같은 질문들을 받게 되면 조언으로 이어지기 쉽다. 하지만 섣부른 조언은 내담자의 변화를 후퇴시킬 수 있다. 비록 면담자가 전문적인 지식을 알고 있더라도 내담자가 이미 알고 있는 방법을 이끌어 내서 표현된 방법들을 지지해 주는 것이 변화의 가능성을 더욱 높인다.

5) 변화계획에 관하여 질문하기

계획하기 과정으로 나아가도 되는지 면담자의 확신이 분명치 않을 때가 있을 수 있는데, 이때는 내담자에게 직접 물어보는 것이 좋다.

- "변화를 계획하는 방법에 관해 이야기를 나눠 보는 것은 어떤가요?"

또 다른 방법은 요약한 다음 어떻게 할 것인지에 관하여 물어보면서 결단대화를 이끄는 방법이 있다. 요약하기는 내담자가 표현한 변화대화들을 잘 정리하여 꽃다발로 만들어 되돌려 주는 것이다. 내담자는 자신이 언어적으로 표현한 변화의 중요성들을 면담자에게 다시 듣고 정리하는 기회를 가짐으로써 결단의지를 갖게 된다.

- "○○님이 한 말들을 요약하면 ~라는 말이군요. 무엇을 어떻게 할 것인가는 전적으로 본인에게 달려 있습니다. 어떻게 생각하시나요?"
- "마음속에 어떤 결단을 내리셨는지 궁금하군요."

이와 같은 질문을 통하여 면담자가 내담자의 결단대화를 유발할 수 있을 것이다. 내담자에게서 행동하겠다는 결단대화가 나타난다면 구체적으로 언제, 어떻게 행동을 시작할지에 대한 계획하기 단계로 나아갈 수 있다.

2. 유형에 따른 계획하기

내담자가 스스로 무엇을 해야 할지 잘 알고 있다면 가장 좋은 시나리오겠지만, 우리는 명확한 대안이 없거나 몇 가지 대안을 선택해야 하는 상황에 놓일 수 있다.

1) 유형 1. 계획이 명확할 때

내담자가 변화계획이 명확하다면 가장 좋은 시나리오가 된다. 여기서 면담자의 역할은 내담자의 변화계획을 지지하고 지속해서 행동실천으로 이어질 수 있도록 구체적이고, 측정 가능하고, 달성 가능하며, 현실적이고, 시간 제한적으로 'SMART' 하게 계획을 함께 만들어 보는 것이다. 행동계획을 구체화하는 것은 실현 가능성을 높인다.

대안 행동을 계획하는 기준(SMART)
• S: 구체적(specific) • M: 측정 가능한(measurable) • A: 달성 가능한(attainable) • R: 현실적인(realistic) • T: 시간 제한적(time-bound)

출처: 신수경, 조성희(2016). 알기 쉬운 동기면담. 서울: 학지사.

주요 핵심 질문

- "~하겠다는 말씀이군요. 맞나요?" (요약하기)
- "이 계획을 실행하기 위해서 어떤 방법이 있을까요?" (이끌어내기)
- "언제 실행할 생각이신가요?" (시간)
- "구체적으로 어떻게 하실 건가요?"
- "예상되는 장애물들은 무엇이 있을까요?"

2) 유형 2. 서너 가지 대안이 있을 때

몇 가지 대안이 있어서 이 중에서 선택해야 하는 상황에 놓이게 될 수 있는데, 이러한 경우 그중에서 가장 시급하거나 실천 가능한 대안부터 우선순위를 매겨 보는 것이 좋다. 계획하기에서는 면담자가 내담자의 변화를 돕기 위한 근거 기반의 방법들을 제안할 수 있다. 이렇게 모인 대안들의 장단점을 결정저울을 통해서 비교해 보면서 내담자에게 가장 이득이 되는 대안을 선택할 수 있도록 도우면 된다. 대안 중에서 우선순위가 매겨지면 가장 우선순위가 빠른 대안을 명확하게 잡아서 유형 1로 이어지면 된다.

핵심 질문

- "A, B, C의 변화 대안이 있군요. 맞나요?" (요약하기)
- "A 계획을 실행했을 때 장점은 무엇이 있나요?"
- "A 계획을 실행했을 때 단점은 무엇이 있나요?"
- "A 계획을 실행했을 때 예상되는 방해물은 무엇이 있나요?"
- "대안 중에서 가장 우선해야 할 대안은 무엇인가요?"

3) 계획이 불분명할 때

변화하고자 하는 계획이 불분명할 수 있다. 이러한 경우 우선으로 합의한 초점에 관하여 면담자가 잘 이해하고 있는지를 내담자에게 확인하는 것이 필요하다. 근거 기반에 의하여 내담자에게 도움이 되는 정보가 있다면 '정보 교환하기'로 이어지면 되고, 면담자도 제안할 대안이 없다면 브레인스토밍을 통하여 다양한 방법들을 함께 고민해 볼 수 있을 것이다. 이러한 과정을 통해서 몇 가지 대안이 나타나면 유형 2로 이어지면 된다.

주요 핵심 질문

- "~하겠다는 말씀이군요. 맞나요?" (요약하기)
- "이러한 상황에서 과거에 어떤 방법들을 시도해 보셨나요?" (이미 알고 있는 방법 이끌어내기)
- "○○님의 현재 문제를 해결하기 위해 알고 있는 방법은 무엇이 있나요?"
- "효과적으로 알려진 몇 가지 방법을 제안해도 괜찮을까요?"

3. 계획 세우기

앞서 제시한 SMART를 기준으로 계획을 분명하게 세우면 행동실행 가능성이 커진다. 따라서 계획은 구체적이고, 측정할 수 있고, 달성할 수 있고, 현실적이고, 시간 제한적으로 세우는 것이 좋다. 계획은 내담자가 정한 초점을 우선하여 구체화하면 되지만, 면담자가 필요하다고 생각하는 자살예방에 효과적인 근거 기반의 방법들을 포함하는 것이 좋다. 계획하기 안에 포함할 수 있는 근거 기반의 방법들은 약물치료, 인지행동치료, 변증법적 행동치료, 금주 모임, 지지관계 늘리기, 긍정정서 키우기, 마음챙김, 호흡법, 지역사회자원 활용하기 등이 있다.

1) 대처계획 만들기

대처능력은 자살시도를 예측하는 심리적 변인이다. 자살위험이 있는 내담자가 스트레스 상황에 노출되면서 더는 해결 방법이 없다고 생각하고 높은 절망감으로 이어지게 되며, 결국 자살시도로 이어진다. 즉, 대처능력에 대한 낮은 자기효능감이 자살 생각으로 이어지게 되는 것이다. 생활환경 안에서 자살사고나 스트레스를 촉발하는 상황과 다시 마주하게 되는 건 시간문제이기 때문에, 내담자가 스스로 해 볼 수 있는 대처전략들을 다양하게 개발하고 사용할 수 있도록 돕는 것이 계획하기 안에 포함되어야 한다.

자살예방에서 일차적인 대처계획은 자살충동을 대처할 방법들을 찾는 것이다. 자살위험이 있는 내담자들은 그동안 자살충동을 통제해 본 경험이 있다. 이러한 경험 속에서 무엇이 자살충동을 통제하게 하였는지를 구체화하면 내담자가 사용해 본 대처기제가 탐색된다. 현장의 예를 들면, 새벽에 혼자 있는 시간이면 자살충동이 생기는 내담자가 있었다. 이 예로만 본다면, 혼자 있는 것이 자살위험을 촉발한다고 볼 수 있을 것이다. 그러나 혼자 생활을 하면서도 자살충동이 생기지 않은 날도 많았는데, 이런 날에는 친구들을 만나거나 가족들과 통화를 했었다. 즉, 정서적인 지지가 있었던 날에는 자살충동이 없었다. 이러한 인과과정을 발견한 이후에 대처계획 안에 '가족과 통화하기' '낮 동안 사회적인 모임 참석하기' '자살충동이 생길 때 면담자와 통화하기' 등의 행동계획을 포함하였으며, 자살 생각이 들 때 대처 방법을 구성해서 사용할 수 있도록 도왔다. 이 과정에서 매일 방문을 하거나 전화하여 실행 여부를 점검하고 충분한 사회적 지지를 제공하였다. 이 결과, 이 사례에서 내담자는 이러한 개입 이후 6개월 동안 단 한 번도 자해하지 않았으며, 자살충동이 생겨도 스스로 통제하고자 노력을 시도하게 되었다.

〈표 7-1〉 대처 기술 만들기

문제 파악하기	• 무엇이 문제인지를 파악한다. • 가능한 한 구체적으로 문제를 확인한다.
대안 목록 만들기	• 파악한 문제를 해결하는 데 효과가 있을 것이라 생각되는 대안 목록을 만든다. • 문제를 다루기 위해 활용될 수 있는 가능한 한 모든 활동의 목록을 만든다. • 목록을 더 많이 만들수록 문제를 해결할 수 있는 가능성이 커진다. • 적극적이고 협력적으로 다양한 대안을 만들어 낸다.
대안 목록 평가하기	• 대안 목록을 시도할 때 발생할 수 있는 상황을 예측한다. • 각 대안에 따라 상황이 좋아질지 나빠질지에 대해 생각한다. • 각 대안별 긍정적 · 부정적 측면 혹은 장 · 단점을 평가한다. • 면담자는 내담자에게 평가에 대해 물어 생각을 파악한다. • 대안이 부정적이거나 단점이 많은 것으로 평가된 경우 대상자는 계획을 효과적으로 실행할 수 없다.
대안 선택하기	• 대안 목록 평가 후 내담자가 활용하기에 최선의 대안을 선택한다. • 선택되는 대안은 실현 가능한 것이 좋다.
대안 활용 후 평가하기	• 선택한 대안을 시도한 후 평가한다. • 적절한 대안이었을 경우 문제가 해결되었을 것이고, 적절치 않은 대안이었을 경우 문제해결이 어려웠을 것이다. • 적절치 않은 대안이었을 경우 다시 대안 목록으로 돌아가 비교 · 검토하고 다음으로 최선의 대안을 선택한다. 문제가 해결될 때까지 이 과정을 반복한다.

출처: 중앙자살예방센터(2015). 자살상담매뉴얼.

2) 가족과 사회적 지지자원 확보하기

사회적 지지는 자살보호 요인이다. 일차적인 지지자원은 가족이며, 이차적으로는 친구나 직장 동료가 될 수 있다. 한편, 가족은 자살보호 요인이면서 위험 요인이기도 하다. 국내 자살 사망자 연구에서 가족불화가 자살 원인으로 보고된 바 있다. 따라서 가족이 진실한 지지관계인지를 파악하는 것이 필요하다.

사람은 관계를 통해서 행복감을 높인다. 저마다 행복했던 시간을 떠올려 보라고 말한다면, 대부분 누군가와 함께했던 순간일 것이다. 사회적 지지자원을 다양하게 많이 늘려 갈 수 있도록 돕는 것이 좋다. 당장 활용할 수 있는 지지자원은 면담자일 것이다. 면담자는 충분한 지지와 격려를 제공하고, 정기적인 만남을 이루어 가야 한다. 무엇보다 양적인 만남 횟수보다 진정으로 내담자를 돕고자 하는 자세가 중요하겠다.

3) 안전계획 세우기

자살시도자는 재시도의 위험이 높으므로 안전계획을 세우는 것은 필수이다. Know 등(2012)의 연구에서는 자살위험이 있는 재향군인들에게 짧은 안전계획에 참여하도록 하였는데, 일반 외래 환자와 비교하여 재방문율이 높게 나타났다. 이 연구에서 안전계획의 세부 내용은 ① 수단 제한, ② 대처 기술 교육, ③ 지지자원 등 비상 연락망, ④ 치료를 위한 동기 증진이 포함되었다. 여기에서 기존의 안전계획과 구별되는 점은 치료를 위한 동기 증진이 포함되어 있다는 점이다. 자살수단을 제거하고 주변 환경을 안전하게 구축하는 것처럼 외적인 안전계획과는 별개로 치료에 대한 동기를 증진하는 것은 내적인 안전장치를 강화하는 것이다. 동기면담에서 안전계획은 내적인 동기를 높일 수 있는 계획을 세우면서 내적인 안전장치를 강화한다.

두 번째는, 자살사고가 생길 때 대처방법을 세우는 것이 좋다. 자살사고가 생기는 상황을 예방할 수도 있으며, 스스로 주변 사람이나 112, 129, 정신건강복지센터, 자살예방센터와 같은 공공기관의 도움을 요청할 수 있도록 돕는 것이 필요하다.

〈표 7-2〉 안전계획 세우기 예시

안전계획	
1단계: 위험신호	
2단계: 내부 대응 전략 : 다른 사람에게 연락하기 전에 스스로 해 볼 수 있는 일들	
3단계: 도움을 요청할 수 있는 사람 파악	
1) 이름:	연락처:
2) 이름:	연락처:
3) 이름:	연락처:
4) 이름:	연락처:
4단계: 도움을 요청할 만한 전문가 및 기관 파악	
1) 정신건강복지센터	연락처:
2) 치료 중인 병원	연락처:
3) 사회복지서비스 기관 담당자	연락처:
4) 기타(　　　　)	연락처:
5) 상담전화	
보건복지콜센터 상담전화 129	정신건강위기상담전화 1577-0199
한국 생명의 전화 1588-9191	경찰서 112

마지막은 자기관리를 할 수 있도록 계획을 세우는 것이다. 스트레스가 되는 부정정서는 줄이고, 기분을 좋게 하는 긍정정서는 늘려 가는 것이 중요하다. 정서관리에 도움이 되는 방법은 산책하기, 기도하기, 음악 감상하기, 여가활동하기, 목욕하기, 운동하기 등이 있다. 또한 자살충동을 완화하고 정서적인 평형을 유지하는 데 도움이 되는 방법으로는 심호흡, 산책, 명상이 좋다. 호흡법, 산책 등이 유용한 이유는 즉시 할 수 있기 때문이다. 호흡법은 심장 박동 수를 줄이고 불안과 공포를 완화해 이성적인 생각을 하도록 돕는 데 도움이 되며, 산책은 세로토닌을 촉진해 주어 우울한 기분을 줄이는 데 효과적이다.

〈표 7-3〉 감정 조절 역량 키우기

신체적 자기위안

- 활발한 활동이 자살사고를 줄인다고 하는데, 기분을 상승시키는 신경전달물질은 체온 상승, 근육 이완, 주의 분산, 성취감을 가져와 정서적 고통 감소에 대한 신체활동의 효과에 기여한다고 한다.
- 내담자에게 점진적 근육 이완법 및 조절된 호흡훈련을 적용하여 고통스러운 정서와 관련된 생리적 각성 수준을 낮출 수 있도록 도울 수 있다. 우리 모두는 생리적으로 흥분될 때, 건설적으로 생각하고 체계적인 방식으로 문제를 해결하는 것이 어렵다.

인지적 자기위안

- 내담자는 여러 중립적이거나 긍정적인 생각에 주의를 기울여 자신의 불안전한 정서 및 어떤 상황에서 도피하고자 하는 욕구를 중화하는 주의 분산 기법을 배울 수 있다.
- 긍정적인 기억을 상기시키거나 유쾌한 장면을 떠올리게 노력할 수 있고, 내담자가 다른 활동에 참여할 때에도 주의 분산이 일어날 수 있다.

감각적 자기위안

- 내담자는 냄새, 소리, 촉각 같은 감각을 사용해 고통을 처리하는 것을 배울 수 있다. 예를 들어, 내담자는 더운물로 목욕하거나 샤워하고 편안한 음악을 듣거나 스스로 진정시킬 수 있는 아로마 치료를 이용할 수 있다. 개개인 특유의 자기위안 전략을 고안해 내는 것이 도움이 되고, 간혹 특이하면서도 유용하게 쓰일 수 있다.
- 정서조절은 주의 고착의 발생을 예방하거나 내담자의 주의 초점을 이동시켜서 그 강도를 감소시키는 잠재력을 지닌다. 게다가 내담자가 이 전략의 성공적인 사용을 통해 고통의 시간을 견딜 수 있음을 깨달아 참을 수 없음에 대한 신념을 다루도록 한다.

출처: 중앙자살예방센터(2015). 자살상담매뉴얼.

〈표 7-4〉 변화계획서 작성하기

1단계 안전계획
위험 신호 1. ______ 2. ______ 3. ______
내부 대응 전략: 다른 사람에게 연락하기 전에 스스로 해 볼 수 있는 일들 1. ______ 2. ______ 3. ______
안전한 환경 만들기(자살위험도구 제거, 비상연락망 소지하기) 1. ______ 2. ______
2단계 변화계획
변화계획을 적어 보세요. 1. ______ 2. ______ 3. ______
계획에 방해가 되는 것은 무엇인가요? 1. ______ 2. ______ 3. ______
방해물에 대한 대응전략은 무엇인가요? 1. ______ 2. ______ 3. ______

3단계 웰빙계획
나를 행복하게 하는 행복 목록 작성하기 1. ____________________ 2. ____________________ 3. ____________________
위의 계획에 대해 준수할 것을 동의합니다. 참가자 ____________ (서명)

4. 행동계획을 유지하는 방법

자살 생각을 촉발하는 사건이 재경험되면 자살재시도로 이어질 수 있다. 따라서 행동실행을 유지할 수 있도록 지지하는 것은 장기적인 자살위험을 낮출 수 있는 중요한 요인이 된다. 자살시도자를 시도 이후 최소 일 년간 집중적으로 사후관리를 했을 경우 전체 자살의 20% 정도가 예방된다고 보고 있어(한국자살예방협회, 2012), 지역사회 자살예방기관의 사후관리서비스는 매우 중요하다. 다음에서는 사후관리서비스의 목적으로 진행되는 유지전략들을 살펴보겠다.

1) 행동실천 계약서 작성

계약서를 작성하는 것은 변화계획을 시작하고 유지하는 데 도움을 준다. 계약서는 내담자가 직접 작성하고 서명하는 것이 좋으며, 내담자와 면담자가 계약서를 각각 1장씩 보관할 수 있도록 한다. 가능하다면 내담자가 작성한 계약서를 직접 읽어보게 하여 스스로 작성한 계획에 대해 이행 의지를 더욱 높일 수 있다.

행동실천 계약서

본인 ○○○은 행동 변화를 실천하는 데 있어서 다음 사항에 적극적인 관심을 갖고 임할 것을 선서합니다.

1. 프로그램에 적극적으로 참여하겠습니다.
2. 나의 느낌과 생각을 진솔하게 표현하고 상대방의 이야기를 경청하겠습니다.
3. 프로그램에서 나눈 내용은 일체 비밀로 하겠습니다.
4. 이 목표를 달성한 경우, ~(보상)으로 저의 목표 달성을 축하하겠습니다.

년 월 일

서약자: (서명)

확인자: (서명)

사례관리 동의서

서비스 내용: 가정방문, 전화상담, 내소상담, 집중상담, 문자서비스 등
제공기간: 1년

○○자살예방센터에서 제공하는 사례관리서비스에 대해 충분히 설명을 듣고 이해하였으며, 이에 동의합니다.

년 월 일

본인 (서명)
보호자 (서명)

엽서 보내기

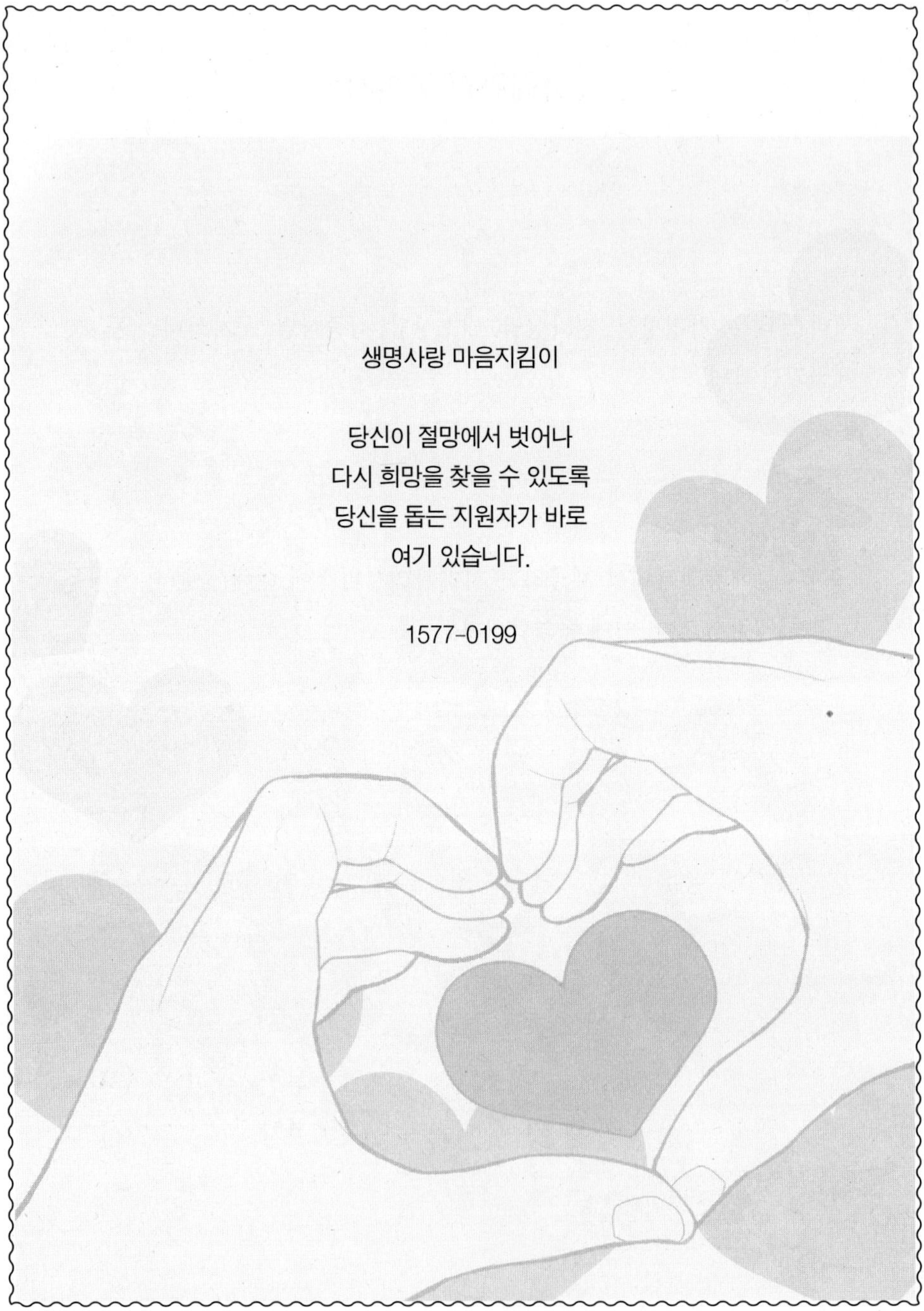
생명사랑 마음지킴이
당신이 절망에서 벗어나
다시 희망을 찾을 수 있도록
당신을 돕는 지원자가 바로
여기 있습니다.
1577-0199

2) 행동유지를 위한 사후관리 프로그램

자살예방기관에서는 자살시도를 예방하기 위하여 전화상담, 방문상담, 내소상담과 같은 형태로 사후관리서비스를 수행한다. 그러나 이러한 접근은 구체적인 실천기술을 설명하지는 않는다. 따라서 다음은 사례관리서비스에서 활용할 수 있는 구조화된 자기관리(self-care) 프로그램을 소개하겠다. 이 프로그램은 자살위험이 감소하고 유지단계 내담자들의 정서관리를 위하여 개발되었다. 행복노트는 준비회기(계획하기)와 본 회기(90일 작성)로 구성되어 있으며, 세부 내용으로는 대표 강점 탐색하기, 운동 계획하기, 감사일기, 친절 베풀기이다. 매일 편한 시간대를 정하여 작성하며, 총 3개월간 작성하도록 한다.

〈표 7-5〉 행복노트 준비회기

1. 대표 강점 탐색하기

긍정심리학의 창시자 Seligman의 연구에 의하면 사람들은 저마다 몇 개의 대표 강점을 지니고 있다고 본다. 대표 강점은 현재 당신의 모습이자 정체성으로 대표 강점을 사용하면 큰 기쁨을 느끼며 기운이 나며 관련된 일에 몰입하게 되고 그 강점에 따라 행동하기를 열망하게 된다. 궁극적으로 자신의 모습을 부정적으로 바라보던 시선에서 강점을 바라보는 시선으로 재구조화하게 되는 것이다. 대표 강점 한두 가지를 일상생활 속에서 활용하게 하여 즐거움을 느낄 수 있는 삶을 살아가도록 돕는 것이 주요 전략이다.

• 대표 강점 목록

호기심	학구열	판단력	창의성	예견력
용감성	끈기	정직	열정	사랑
친절	사회성지능	팀워크	고정성	리더십
용서	겸손	신중함	자기통제력	감상력
감사	희망	유머	영성	

"당신이 앞으로 매일 일상생활에서 사용하고 싶은 대표 강점 두 가지는 무엇인가요?"

2. 운동 계획하기

운동은 도파민을 증가시켜 자신감을 높이고 세로토닌을 분비시켜 불안과 우울감을 줄인다.

- 매일 꾸준히 할 수 있는 운동은 무엇인가요?
- 매일 꾸준히 할 수 있는 운동 시간은 얼마인가요?
- 언제 어떻게 운동을 실시할 계획인가요?

3. 감사일기

긍정심리학의 창시자 Seligman은 평균 우울증 점수 34점의 극단적 우울증 환자 50명을 대상으로 우울증 검사와 행복도 검사를 받게 한 다음, 감사일기에 일주일 동안 매일 그날의 감사한 일 세 가지와 왜 감사한지 이유를 적게 하였다. 그들의 평균 우울증 점수는 34점에서 17점으로, 즉 극단적 우울증에서 경미한 우울증으로 크게 내려갔고, 행복 백분위 점수는 15점에서 50점으로 올라갔다. 이 활동을 연구하면서 Seligman은 감사한 기억을 세는 활동이 향후 6개월까지 행복감을 증진시키고 좌절감의 징후를 감소시킨다는 것을 발견하였다. 감사를 세는 활동을 3주(21일) 동안 반복하다 보면 습관이 형성되고, 최대 100일 정도를 하면 몸에 자연스럽게 익게 된다.

- 감사일기

(	다행입니다. 왜냐하면	)
(	감사합니다. 왜냐하면	)
(	감사합니다. 왜냐하면	)

〈표 7-6〉 행복노트 본 회기(90일 작성)

• 오늘 나의 기분은?

매우 안 좋다 0점 ———————————————— 매우 좋다 10점

• 오늘 나의 음주량은?

• 오늘 내가 한 운동은? 운동 시간은? 운동 후의 생각이나 느낌은?

• 오늘 대표 강점을 사용한 것은?

• 오늘 내가 베푼 친절은?

• 감사일기

(다행입니다. 왜냐하면)

(감사합니다. 왜냐하면)

(감사합니다. 왜냐하면)

✓ 마음을 편안하게 하는 대처방법

① 5초간 숨을 천천히 들이마시고 내뱉는다.

② 호흡으로 인해 신체에서 느껴지는 감각에 30초간 천천히 집중한다.

③ 고마운 경험이나 기분 좋았던 일을 떠올리며 생각을 전환한다.

④ 감정이 쉽게 회복되지 않으면 주변의 좋아하는 산책로를 걸으며 ③에 집중한다.

제8장

수단 제한을 위한 면담

자살도구를 제한하는 것은 효과적이라고 증명된 자살예방 전략이지만, 자살도구를 제한하기 위하여 어떻게 의사소통을 해야 하는지에는 관심이 없었던 것이 사실이다. 저자는 현장에서 면담자가 내담자의 자살도구를 뺏기 위해 논쟁하게 되는 장면을 많이 목격하였다. 이러한 의사소통은 내담자와의 관계를 쉽게 망가뜨려 버리며, 심지어는 내담자가 면담자를 만나려 하지 않기도 한다.

자살시도자는 삶과 죽음에 대한 양가감정을 가지고 있는데, 이는 자살도구를 지니고 있고자 하는 욕구로 나타난다. 양가감정 중에서 하나의 부분만 취하게 되면 반대 측면의 양가감정이 활성화되므로, 자살도구를 제한해야 한다고 말하는 것은 오히려 그들의 접근에 대한 권리를 방어하도록 만들 수 있다.

먼저, 내담자의 삶과 죽음에 대한 양가감정을 다루어야 한다. 살고자 하는 욕구를 증진해 양가감정을 해소하게 되면, 이성을 가지고 스스로 치명적인 자살도구를 제한할 수 있기 때문이다. 강제적으로 자살도구를 제한한다고 해도 내담자가 언제든지 자살도구를 다시 살 수 있으므로, 결국 자살도구를 제한하는 데에는 면담자의 통제가 아니라 내담자의 자율적인 의사가 필요하다. 이러한 자율적인 의사가 가능하기 위해서 우리는 초기면담에서 삶의 동기 증진, 즉 삶의 이유를 탐색하여 양가감정을 해소하도록 도와야 한다. 삶의 이유가 존재할 때, 더 이상 자살도구는 내담자에게 큰 의미가 없어지게 될 것이다.

한편, 자살시도를 하고 응급실에 내원하였거나, 사례관리를 하면서 자살계획을 알게 된 내담자라면, 내담자의 안전을 보장하기 위하여 자살도구 제한에 초점을 맞추고 면담을 해야 하는 상황이 생길 수 있다. 물론, 이러한 개입도 삶과 죽음에 대한 양가감정을 해소하는 데 우선하여야겠지만, 면담시간이 충분히 확보되지 않은 제약된 환경이라면 자살도구를 제한하는 데 초점을 맞추는 것이 합리적일 것이다. 이에 이 장에서는 Britton 등(2014)의 논문에서 소개한 수단 제한에 초점을 맞춘 면담방법을 살펴보겠다.

1. 관계 형성하기

관계 형성하기는 내담자의 이슈를 경청해 나가는 과정이다. 내담자가 염려하는 주제, 말하고 싶어 하는 주제부터 대화를 해 나가면 된다. 대화 속에서 내담자의 이야기를 공감하고 인정하는 것이 중요하다.

〈표 8-1〉 관계 형성하기 사례

구분	대화 내용	코딩
면담자	스미스 씨. 만나서 반갑습니다. 입원하셨을 때 얘기 들었습니다. 어려움이 있으셨던 것 같은데, 지금 기분은 어떻습니까?	열린질문
참전용사	해마다 10월이면 그렇듯이, 베트남에 대해 최근에 생각하게 되었지요. 너무 안 좋았죠. 자살을 생각하다가 아내한테 그 얘기를 했더니, 911에 전화를 했어요. 1주일 동안 입원실에 있으면서, 약봉지와 많은 치료 모임이 있었죠. 당신도 알겠지만, 나한테 이게 행복하진 않죠.	
면담자	힘드셨겠어요. 그렇지만 이제 당신은 집에 오셨네요.	인정하기, 반영하기

참전용사	자살하고 싶지 않다고 얘기하니까, 날 풀어 줬어요. 아내한테 화가 났지만, 무서워한다는 것을 압니다. 난 아내, 아이들, 손자들이 있어요. 난 할아버지가 결국 자살했다고 그 애들이 생각하길 원치 않아요. 난 애들이 자라는 것을 보고 싶습니다.	
면담자	당신은 그들에게 상처를 주길 원치 않으시는군요.	반영하기
참전용사	네. 난 원치 않아요. 오랫동안 그렇게 살아오긴 했지만, 어렵네요.	
면담자	어렵지만, 당신은 진심으로 살고 싶어 하시네요.	반영하기
참전용사	예. 때로 통증이 너무 강해서 가족들을 생각하기 어려울 때도 있지만, 그들 때문에 난 아직 살고 있죠.	
면담자	당신은 당신의 가족이 정말로 중요하고, 가족들과 함께하기를 원하시네요. 이 문제에 대해 당신과 얘기하고 싶은 것이 있는데, 지금 괜찮을까요?	반영하기, 사전 허락 구하기
참전용사	물론이죠. 뭔가요?	

2. 초점 맞추기

동기면담은 하나의 타깃을 요구한다. 내담자에게 수단 제한에 대하여 대화하도록 요구하여 합의를 이루는 것이 중요하다. 관계 형성하기 과정에서 내담자의 중요한 이슈를 다룬다면, 내담자는 기꺼이 수단 제한에 대하여 대화하기를 허락할 것이다. 만약, 초점에 대한 합의가 이루어지지 않는다면, 수단 제한의 필요성에 대하여 안내를 할 수 있다.

〈표 8-2〉 초점 맞추기 사례

구분	대화 내용	코딩
면담자	우린 당신의 자살사고에 관해 얘기를 해 보고 있었어요. 당신이 사냥을 좋아해서 집에 총을 가지고 있다는 것을 알고 있고요. 우리가 아는 것은 화기에 접근할 수 있는 사람이 그렇지 않은 사람보다 더 자살할 위험이 커진다는 겁니다. 총을 사용하는 것에 대해 생각을 해 오던 사람들은 특히 더…… 당신은 살고 싶다고 말씀하셔서 안	정보 제공, 열린질문

	전 예방책을 취하는 것에 어떻게 생각하는지 궁금합니다.	
참전용사	난 그것에 대해 생각이 없고요. 또 말하고 싶지 않아요. 사람들은 그 문제를 들고 와서 내 기분을 잡치네요.	
면담자	화가 많이 나셨네요.	반영하기
참전용사	입원실에 있을 때, 나한테 그걸 얘기하면서 내 총을 다른 사람이 소지하도록 해야 한다고 했지만, 난 안 된다고 했지요. 그러니까 내 아내한테 그렇게 하라고 말했어요. 난 화가 나서 내 아내한테 누구도 내 총을 나한테서 뺏어 갈 권리는 없다고 말했어요. 사람들은 나를 병원에 넣을 수는 있지만, 내 총을 빼앗아 갈 수는 없어요.	
면담자	부인이 총을 가져가도록 사람들이 당신을 속였다는 기분이 들었겠네요.	반영하기
참전용사	난 성인이에요. 내가 안 된다고 얘기했는데, 내 아내한테 가서 요청한 거죠. 이게 바르다고 생각해요?	
면담자	그렇군요. 존중받고 있지 않아서, 별로 그 문제로 대화하고 싶지 않아졌겠네요. 그건 당신의 선택이고, 누구도 당신에게 그렇게 하라고 말할 수는 없는 거죠.	인정하기
참전용사	당신 또한 내가 총을 제거하길 원한다는 것을 알아요.	
면담자	제가 진짜 원하는 거는요. 캐비닛이나 방아쇠에 자물쇠를 채우는 것 등과 같은 안전 예방책을 취하는 것을 어떻게 생각하는지 고민하는 것을 도와드리는 겁니다. 그것에 대해 어떻게 생각하시나요?	정보 제공, 열린질문

3. 유발하기

내담자가 수단 제한에 대해 토론하는 것에 동의한 뒤, 면담자는 수단 제한을 해야 하는 이유를 내담자에게서 이끌어 내야 한다. 이를 위해서는 내담자의 변화대화를 잘 경청하고 반영해야 한다. 관련된 변화대화는 욕구("나는 안전하기를 원해요."), 능력("나는 내 권총을 안전하게 보관하고 싶어요."), 이유("나는 살기를 원하기 때문에 총기를 안전하게 보관하고 싶어요."), 그리고 변화의 필요성("나는 총기를 제거하고 싶어요.")을 표현하는 예비적 변화대화를 포함한다. 그러한 활동적 변화대화는 결단("나는 내 총기를 잠긴 권총 캐비닛 안에 넣을 거예요."), 활성화("나는 내 총을 안전하게 보관할 준비가 됐어요."), 행동실천("나는 이미 내 처남과 내 총을 캐비닛에 넣어 두는 것에 관해 이야기했어요.") 대화를 이끈다고 여겨진다.

하지만 유지대화 혹은 수단 제한에 반대하는 대화를 인정하는 것 또한 중요하다. 내담자들은 수단 제한이 바람직한 결과라고 결정하기 전에 수단 제한에 반대하는 이유를 알기 원할지 모른다. 유지대화를 들을 때, 면담자는 정중하게 그것을 반영하고 더욱 큰 문맥으로 대화를 통합해야 한다. 몇몇 내담자는 그들이 수단 제한에 대한 조치를 취할 준비가 되어 있지 않다고 생각할 수 있다. 이런 경우, 변화는 하나의 과정이고 변화의 대부분은 치료적 환경 바깥에서 발생한다는 것을 명심하는 것이 중요하다. 때때로 면담자의 목표는 면담 후 내담자들이 스스로 결정하도록 하면서 수단 제한에 대해 생각하기 시작하도록 유도하는 것이 된다.

〈표 8-3〉 유발하기 사례

구분	대화내용	코딩
참전용사	글쎄요. 난 이미 총 케이스를 가지고 있고, 손자들이 총에 손대지 않도록 하고 있어요.	
면담자	이미 자신과 손자들을 보호하기 위한 조치를 취했군요. 무엇 때문에 그렇게 했나요?	반영하기, 열린질문
참전용사	걔들이 내 손자이니깐요. 뭔 일이 생긴다면, 난 그 애들을 안전하게 할 수 있고, 할 거예요. 얘들이 돌아다니는 데에 총이 있는 것은 안전하지 않지요.	
면담자	당신은 손자들을 보호할 필요를 느끼시네요.	반영하기
참전용사	내가 걔들을 위험하게 한다면, 무슨 할아버지인가요? 난로가 켜져 있으면, 난 떨어지라고 말합니다. 그렇지 않으면화상 입을 수도 있으니깐요. 그러니, 내가 총을 어떻게 안 치우겠습니까?	
면담자	당신은 사랑하는 이들을 보호하는 사람이네요.	반영하기
참전용사	그게 내가 군대에 간 이유죠. 나의 할아버지도 복무를 했었고, 나의 아버지도 복무를 해서, 난 내 삶을 보호하도록 배웠지요.	
면담자	자신을 보호하는 것에 대해 어떻게 생각하세요?	열린질문

참전용사	글쎄요…… 당신이 말하려는 것을 알아요. 내가 자살한다면, 난 내 생명도, 아이들도, 손자들도 보호할 수 없지요.	
면담자	당신이 그들을 보호하기 위해 자신을 보호해야 하네요.	반영하기
참전용사	내 총을 포기하지도 않을 거지만, 내 가족을 보호하고 싶어요.	
면담자	당신 자신과 가족을 보호하려는 조치를 하는 것은 가치가 있네요.	반영하기
참전용사	또, 의사들이 총을 치우도록 내 아내를 이용하는 것이 옳다고 느끼고 싶진 않아요.	
면담자	자살하려고 총을 이용하는 것은 당신이 원치 않았어도, 당신에게 필요로 했던 것을 의사들이 정말로 알았다는 것을 보여 주는 꼴이 되겠네요.	반영하기
참전용사	어떤 사람도 내 총을 그들 자신이나 다른 이를 해치는 데 사용하지 않는다는 것을 확신시키고 싶어요. 그렇지만 난 치우지는 않을 거예요.	
면담자	그래서 당신 총을 치우지 않을 거군요. 당신에게 어떤 다른 선택이 있다고 생각하세요?	반영하기, 열린질문
참전용사	글쎄요. 잘 모르겠네요. 당신은 어떻게 생각하세요?	
면담자	당신은 정말로 살고 싶고, 계속해서 당신 가족을 보호하고 싶고, 손자들이 커 나가는 것을 보고 싶으신 것 같아요. 당신이 자신에게 총을 쏜다면, 그들과 함께할 수도, 그들을 보호할 수도 없지요. 당신 총을 뺏었어야 했었다는…… 것이 옳았다는 것이 되니까, 당신을 쏘고 싶지는 않고요. 비록 당신이 총을 양보하지 않더라도, 다른 선택을 의논해 보자고 하시네요. 총은 갖고 있지만, 안전 예방책을 갖는 것은 어떻게 생각하세요?	요약하기, 열린질문

4. 계획하기

계획하기는 결단대화를 어떻게 실천할지에 대하여 구체화하는 과정이다. 사례는 총기를 어떻게 보관할지에 관하여 방법들을 토론하고 행동계획을 세워 가는 과정이다.

〈표 8-4〉 계획하기 사례

구분	대화 내용	코딩
참전용사	잘 모르겠어요. 난 내 가족을 보호할 수 있게 되길 원해요.	
면담자	당신은 가족을 보호하기를 바라는군요. 그러나 당신이 가지고 있는 총은 접근하기가 너무 쉬워서 당신이 자살을 생각하자마자 바로 당신을 쏠 수도 있겠네요.	반영하기
참전용사	글쎄요. 침실에 장전된 총을 가지고 있는 것은 좋은 생각은 아니지요. 난 우울할 때 보통 침대에 가서 좀 눕는데, 거기 장전된 총이 있다는 것은 좋지 않겠네요.	
면담자	맞습니다. 침실이 아닌 다른 곳에 총을 두고, 총알을 안 채운 채 가지고 있는 것이 하나의 방법이 되겠네요. 어디에다 두고 싶어요?	인정하기, 열린질문
참전용사	글쎄요. 난 내 총을 대개 총케이스에 가지고 있습니다. 권총은 아니고요. 그래서 총은 총케이스에 둘 수 있고, 사슴 스탠드랑 다른 사냥 장비가 있는 지하실에 둘 수 있어요. 권총은 높은 선반 위에도 둘 수 있어요.	
면담자	좋은 생각이네요. 다른 사냥 장비랑 같이 보관해서 사냥 갈 때 사용하게 되겠네요. 탄약은 어떨까요?	인정하기, 열린질문
참전용사	글쎄요. 차고 뒤에다 둘 수 있어요. 거기에 보관함이 있는데, 꽤 약하지만 열쇠가 한 개만 있어요. 다른 것은 잊어버렸어요.	
면담자	총기 안전에 대해서 제가 알고 있는 것을 같이 나누어도 괜찮을까요?	사전 허락 구하기
참전용사	기꺼이요. 어서 하세요.	
면담자	기본적으로 장벽이 많을수록 당신은 더 안전합니다. 자살 생각과 욕구는 매우 강렬할 수 있고, 종종 짧은 시간 동안 강렬해져요. 당신은 장벽이 많으면 많을수록, 당신의 가족, 손자들에 대해 더 많이 생각하고, 총을 치우려고 했던 사람들이 틀렸다는 것을 증명할 수 있게 되지요. 그래서 장벽을 두는 것은 의미가 큽니다. 이것에 대해 어떻게 생각하세요?	정보 제공, 열린질문
참전용사	난 그렇게 할 수 있다고 생각해요. 어떤 것을 제안하나요?	
면담자	총기 자물쇠나 총기 보관함은 어떻게 생각하세요?	열린질문
참전용사	글쎄요. 사용하고 싶기도 한데, 지금은 돈이 정말 없어요. 총기 보관함이 비싸다고 알고 있는데……	

면담자	재향군인사무실에 총기 자물쇠는 있어요. 제가 당신이 구할 수 있는지 알아볼 수 있어요. 어떨까요?	정보 제공, 열린질문
참전용사	좋네요. 제가 이용할게요.	
면담자	몇 개나 필요할까요? 열쇠는 어디에다가 보관하시겠어요?	닫힌질문
참전용사	총이 세 개 있으니, 세 개의 자물쇠가 필요하겠네요. 열쇠는 침실 스탠드에 둘게요. 그래야 내가 안심이 돼요. 때때로 악몽을 꿀 때, 날 안심시키는 것이 가까이 있는 것이 좋아요.	
면담자	진짜 좋은 생각입니다. 괜찮다면, 계획을 요약해서 써서 기억할 수 있도록 복사를 하고 싶네요. 어떨까요?	인정하기, 사전 허락 구하기
참전용사	좋습니다.	
면담자	제가 기억하는 것이 맞다면, 두 개의 총은 총에서 탄약을 빼고 케이스에 담아 사냥도구와 함께 지하실에 둘 예정이고, 권총 한 개는 선반에 둘 예정이네요. 각 총은 자물쇠로 잠글 거고요, 탄피는 차고에 있는 보관함에 두고 잠글 거예요. 당신은 안심할 수 있도록 침실 스탠드에 열쇠를 둘 거고요.	요약하기
참전용사	잘될 거라 생각해요.	
면담자	당신이 안전하다고 느끼는 방식대로 가족들을 안전하게 할 수 있네요. 다음 회기 동안 계획이 어떻게 되어 가는지 제가 물어보는 것이 괜찮을까요?	인정하기, 다음 경과를 준비하는 닫힌질문
참전용사	물론이죠.	
면담자	좋습니다. 저는 이 계획을 복사해서 원본을 당신에게 드리고, 우리는 복사물을 갖게 됩니다. 다른 사람, 부인이나 가족들이 당신을 돕는 것에 대해 어떻게 생각하세요?	정보 제공, 열린질문
참전용사	그렇지 않았으면 좋겠어요. 난 스스로 이걸 처리할 수 있어요.	
면담자	꽤 자신감이 있으시네요. 좋습니다. 다음 주에 뵐게요.	인정하기

제9장

동기증진 프로그램

1. 프로그램 소개

최근 국내 연구에서, 퇴원 이후 한 달 이내가 자살재시도의 비율이 가장 높게 나타났다. 이러한 결과는 자살시도 이후 한 달 이내의 집중적인 사후관리서비스의 중요성과 함께, 단기개입 프로그램의 필요성을 시사한다.

자살시도자는 삶과 죽음에 대한 양가감정이 특징적인데, 이는 변화에 대한 낮은 의지로 표현될 수 있다. 그렇다 보니 근거 기반의 치료를 제안하여도 쉽게 받아들여지지 않을뿐더러, 치료에 참여하여도 중도탈락률이 높다. 이러한 한계를 고려하여 개발된 것이 동기증진 프로그램이다.

동기증진 프로그램은 낮은 동기를 증진해 사후관리서비스와 근거 기반의 치료로 이어지도록 돕고, 한 달간의 집중적인 심리지원을 통하여 자살사고를 감소시키는 목표를 가진다. 프로그램 구성을 살펴보면, 사전회기와 본 회기로 구성되어 있다. 사전회기는 첫 대면에서 사후관리서비스 연계율을 높이기 위하여 의사소통 스타일을 단계별로 체계화하여 구성한 면담법이다. 본 회기는 자기효능감을 증진해 자살사고를 감소하는 전략을 취하며, 세부적으로 변화목표 세우기, 강점 발견하기, 과거의 성공 경험담 찾기, 변화계획서 작성하기로 회기가 구성되어 있다.

동기증진 프로그램은 내담자의 욕구에 초점을 맞추면서도 도움이 되는 정보가 있다면 안내를 하여 합의된 초점을 맞춘 후에 본 회기를 진행한다. 이러한 접근은 매우 중요하다. 왜냐하면 내담자들은 다양한 문제를 호소하며 기관에 찾아오는데, 그러한 문제의 우선순위를 두는 것은 면담의 효과성과 연결되기 때문이다. 또한 내담자는 취업과 같은 환경적인 문제를 호소하는 반면에, 면담자는 자기비하적 사고와 같은 심리내적인 문제에 초점을 두고자 하면서 의도치 않게 논쟁으로 이어질 수도 있기 때문이다. 따라서 동기증진 프로그램에서는 내담자의 호소 욕구와 면담자의 전문성을 토대로 필요하다고 판단되는 문제를 함께 상의하면서 면담의 방향성을 합의하는 과정이 필수이다. 그렇게 세워진 목표를 실행할 수 있는 자기효능감을 증진하는 원리를 가지므로 초기면담에서 관계 형성이 견고해지며, 자기효능감이 향상되어 자살사고에 영향을 미친다.

사전회기

사전회기는 사후관리서비스로 연결하기 위한 내담자와의 첫 만남에서 이루어지는 의사소통 과정을 단계화한 것이다. 주요 목표는 협력적인 수평적 관계를 중심으로 자살위험성을 평가하고 삶과 죽음에 대한 양가감정을 해소하여 변화중요성을 높이는 것이다. 변화에 대한 중요성이 높아지면, 변화 방법에 대하여 고민하게 된다. 이때, 사후관리서비스로 이어질 수 있도록 정보를 제공하는 것이 주요 방향이다.

사전회기의 세부적인 전략은 삶과 죽음에 대한 양가감정의 탐색이다. 자살시도자는 삶과 죽음에 대한 양가감정이 특징적이어서, 삶의 이유를 탐색하는 것은 양가감정의 상태에서 삶의 측면으로 이동하게 만드는 효력을 가진다. 이러한 과정을 세부적으로 4단계로 구분하였다.

1단계는 자살동기를 탐색하는 단계이다. 2단계는 삶의 동기를 유발하는 단계이다. 표현된 삶의 이유를 반영하거나 척도질문을 활용하여 삶의 이유를 말할 수 있도록 하는 단계이다.

3단계는 삶에 대한 결단 구축하기로, 변화를 실행할 수 있는 방법들을 이끌어 내고 필요한 정보를 제공하는 단계이다. 마지막으로 4단계는 안전계획 세우기로 자살위험도구를 제거하고 비상연락망을 구축하여 자살충동 시 대처할 수 있는 안전계획을 조치하는 단계이다.

목표

삶과 죽음에 대한 양가감정을 해소하고 변화중요성을 높여 자살충동을 낮추고 사후관리 서비스 연계율을 높인다.

- 참여대상: 자살위험이 있는 내담자
- 회　　기: 초기 대면상담
- 회기시간: 1시간(내담자에 따라 탄력적 운영)

1) 1단계: 자살동기 탐색하기(위험성 평가)

1단계의 목적은 수용적인 분위기를 조성하여 내담자가 자살을 생각하게 된 이유를 말할 수 있도록 하고 자살위험성을 평가하는 단계이다. 자살생각의 이유를 경청하면서 자연스럽게 자살위험 요인을 파악하고, 질문을 통하여 내담자의 자살위험 정도를 판단하는 것이 중요하다. 현재 내담자가 경험하는 어려움을 충분히 들어 주되, 만약 내담자의 언어에서 변화와 관련된 언어가 발견되면 변화대화를 반영하여 변화와 관련된 더 많은 내용을 말할 수 있도록 한다. 2단계로 넘어가기 위해 요약하기를 하고 1단계를 마무리한다.

주요 핵심 질문

- "○○님과 있었던 일들에 대해서 이야기를 나누어도 될까요? (사전 허락 구하기)
- "○○님께 무슨 일들이 있었나요?" (열린질문)
- "저와 어떤 이야기를 나누고 싶으신가요?" (열린질문)
- "구체적인 자살방법에 대해서도 생각해 보신 적이 있나요?" (위험 요인 평가)
- "몇 가지 필요한 정보가 있는데 여쭤봐도 괜찮을까요?" (사전 허락 구하기)
- 위험성 평가 질문(면담을 통해 나타나지 않은 위험성 평가 정보를 수집한다)

위험 요인 평가

- 자살사고: "현재 자살에 대한 생각이 계속되나요?"
- 자살계획: "자살의 구체적인 방법에 대해 생각해 보신 적이 있나요?"
- 자살계획의 구체성: "어떤 방법으로 자살할지 생각해 본 적이 있나요?"
  "언제 자살할지도 생각했나요?"
- 이전 자살시도 여부: "이전에 자살을 시도한 적이 있나요?"
- 정신과 질환 유무: "정신과 질환을 앓은 적이 있나요?"
- 알코올 사용 유무: "술로 인한 문제가 있으시거나 현재 술을 드신 상태인가요?"
- 자살 방법의 준비 여부와 치명성: "자살을 준비하셨나요?"
- 인적 네트워크 및 지지자원: "힘들 때 누구와 이야기를 하시나요?"

※ 위험성 평가 질문 시 유의사항: 가장 좋은 방법은 내담자의 살고 싶지 않은 이유를 경청하는 과정에서 자연스럽게 위험성 평가 질문을 해 나가는 것이다. 만약에 제한된 시간 내에서 위험성 평가를 해야 한다면 사전 허락을 구한 후 정보를 수집하면 된다. 이때 유의할 점은 허락을 구하였다고 해서 한꺼번에 너무 많은 질문을 하거나 조사하는 느낌을 주지 않아야 한다는 것이다. 또한 돕고자 하는 태도로 정중히 물어보는 것이 내담자의 낮아진 자기효능감을 보존해 주면서 필요한 정보를 수집할 방법이 된다. 만약 정보수집에만 초점을 두게 된다면 면담자는 질문하고 내담자는 대답만 하게 되어 상호 간에 수직적인 관계에 놓이게 된다. 결과적으로 내담자가 자신의 동기를 탐색하고 변화대화를 제공할 기회를 빼앗고, 내담자로 하여금 평가받는 기분을 느끼게 하여 관계 형성을 저해할 것이다.

- "○○님은 겪고 있는 고통을 오롯이 혼자서 견뎌야만 하셨군요." (반영하기)

→ 1단계의 목적은 자살동기에 대한 안타까움을 표현하면서 위험성을 평가하는 것이므로 충분한 반영적 경청이 가장 중요하다.

- "요약해 보면 ~이 ○○님을 힘들게 해 왔지만, 한편으로 ~한 노력을 해 오셨군요. 제가 잘 들었나요?" (요약하기)

〈표 9-1〉 1단계 예

구분	대화 내용	코딩
면담자	무엇이 ○○님을 자살에 대해 생각하게 했는지 이야기를 나누고 싶네요. 어떻게 생각하세요?	사전 허락 구하기
내담자	네. 괜찮습니다.	
면담자	어떻게 해서 자살을 생각하시게 되었는지 궁금하네요?	열린질문
내담자	취업도 되지 않고 당장 생계를 유지하는 게 너무 힘들었어요. 사는 게 너무 힘들어 매일 술을 마시며 지내 왔죠. 갑자기 삶에 대한 허무한 생각이 들어서 동네 슈퍼에서 번개탄을 구매했어요. 번개탄을 피웠는데 여관 주인이 발견하고 신고를 해서 여기까지 오게 되었네요.	
면담자	생계유지와 취업 고민이 자살로 이어지게 된 거군요.	반영하기
내담자	네. 이런 답답함을 이야기할 사람이 없었어요. 방세는 밀려 있고, 일은 하고 싶지만 취업은 잘 안 되고…… 가족들이 알면 걱정하니까 말을 하지도 못했어요.	
면담자	생계적인 고민이 많으셨네요. 가족들이 걱정할까 봐 도움을 요청하기도 힘드셨겠어요.	반영하기
내담자	네. 가족들에게 미안한 마음이 크죠. 돈을 번다고 무작정 타지에 올라왔지만, 뜻대로 잘 풀리지 않았어요. 우울증이 심해지는 것 같아서 정신과 병원에서 치료를 받아 왔는데 약을 먹어도 달라지는 게 없었어요. 거의 매일 술을 마시며 지내 왔죠. 친구들하고도 연락도 안 하게 되고 이야기할 사람이 아무도 없었어요.	
면담자	매일 혼자 술로 버텨 오셨군요. 한편으로 변화를 위해 치료를 받는 노력도 기꺼이 시도해 보셨고요.	반영하기
내담자	네. 나름대로 노력을 많이 했어요. 제가 원래 술을 많이 마시는 사람은 아니거든요. 취업을 하려고 해도 노동일 말고는 일을 할 곳이 없더군요. 제가 어떻게 해야 할지 잘 모르겠어요. 늘 걱정	

	하시는 어머니를 생각하면 너무나 마음이 아프고 힘을 내 봐야지 하다가도 한 번씩 무너져 버리네요.	
면담자	○○님에게 어머니는 당신을 지탱하는 중요한 분이시군요.	반영하기
내담자	네. 어머니는 저의 삶의 이유죠. 아버지가 일찍 돌아가시고 어릴 적부터 힘들게 저를 키워 오시면서 고생을 많이 해 오셨거든요. 어머니를 생각하면 늘 마음이 아파요. 잘해 드리고 싶은데……	삶의 이유 탐색
면담자	○○님은 일자리를 구하기 위해 이곳까지 오게 되었으나 막상 뜻대로 일이 풀리지 않으셨어요. 답답하고 우울한 심정을 매일같이 술을 마시며 지내 오셨죠. 한편으로 어머니를 생각할 때면 이겨 내야 한다는 생각에 노력하였죠. 우울증 치료를 받으셨고 구직 준비도 여러 번 시도하셨죠. 제가 잘 들었나요?	요약하기
내담자	네. 맞아요. 어머니를 생각해서라도 힘을 내야 하는데…… 일자리만 해결이 되면 좋겠어요.	
면담자	마음속 이야기를 꺼내시기 힘드셨을 텐데 감사드립니다. 몇 가지 궁금한 정보가 있는데 여쭤봐도 괜찮을까요?	인정하기, 사전 허락 구하기

2) 2단계: 삶의 동기 유발하기

2단계는 삶의 동기(보호 요인)를 이끌어 내어 삶에 대한 방향으로 양가감정을 해결해 주는 것이 목표이다. 1단계에 이어 내담자의 이야기에 표현하지 않은 깊은 마음마저 반영해 주되 유지대화 안에 변화에 대한 욕구 또한 읽어 주도록 한다. 내담자의 언어에서 살고자 하는 이유나 바람이 나타나면 반영과 인정하기를 통해 내담자가 삶의 이유를 더 말할 수 있도록 촉진한다. 이때 내담자가 추구하는 가치와 현재 행동의 불일치를 인식할 수 있도록 도우면 좋다. 하지만 삶의 이유를 얘기하지 않는다고 해서 설득하거나 앞서서 끌어가려고 하지 않아야 한다. 다만, 인정하기(예: "그 힘든 시간을 견디신 걸 보니 ○○님은 정말 의지가 강하시네요.")와 유발적 질문하기(예: "어떨 때는 그래도 살고 싶다는 생각이 드세요?" "○○님에게 산다는 것은 얼마나 중요한가요?")로 삶의 이유를 내담자가 스스로 언어로 표현할 수 있게끔 한다.

〈표 9-2〉 예시: 척도를 활용한 유발적 질문

A단계: 내담자에게 다음 지시사항을 안내한다.

"0점에서 10점 사이에서 '전혀 중요하지 않다'는 0, '매우 중요하다'는 10이라고 할 때 ○○님에게 지금 산다는 것은 얼마나 중요한가요?"

0	1	2	3	4	5	6	7	8	9	10
전혀 중요하지 않다										매우 중요하다

B단계: 내담자의 반응 후에 내담자에게 묻는다.

"0이 아니라 그 숫자를 고른 이유는 무엇입니까?"

주의: 면담자가 내담자에게 왜 낮은 점수를 선택하지 않고 높은 점수를 주었는지 질문하는 것은 결정적이다. 내담자는 낮은 점수에 비해 높은 점수를 준 이유를 평가해 보라고 요구받았을 때 삶에 대한 이유를 말하기 시작하고, 그것이 이 과정에서의 목표이다. 만약 내담자에게 높은 점수에 비해 낮은 점수를 준 이유를 말해 보라고 한다면 자살에 대한 생각의 이유를 말하기 시작할 것이고, 그것은 이 과정에서 반대편에 서게 되는 것이다.

선택사항

C단계: 만일 내담자가 0점을 준다면 묻는다.

"더욱 높은 점수를 선택하려면 ○○님에게 무엇이 변해야만 할까요?"

주의: 0점을 준 내담자는 살고자 하는 이유를 명확히 하는 것이 어렵다. 내담자가 더욱 높은 점수를 주려면 무엇이 변해야 하는지 질문받을 때 내담자가 필요로 하는 부분에 대해 말하기 시작할 것이다. 이것은 죽음과 삶의 측면을 탐색하면서 얻어진 양가감정의 해소를 의미한다.

〈표 9-3〉 2단계 예

구분	대화내용	코딩
면담자	○○님에게 질문이 있어요. 0점에서 10점 중에서 0점은 '전혀 중요하지 않다', 10점은 '매우 중요하다'고 할 때 지금 ○○님에게 사는 것은 얼마나 중요한가요?	척도 질문
내담자	6점이요.	
면담자	5점이 아니라 6점을 고른 이유는 무엇인가요?	유발적 질문
내담자	음…… 그래도 제가 이곳에 오기 전까지는 잘 지냈었거든요. 이곳에 와서 취업이 안 되고 이야기할 사람이 없으니까 외로움이 커진 것 같아요.	변화대화 표현
면담자	대화를 나눌 사람이 필요하셨군요. 취업도 절실하셨고요.	반영하기

내담자	네. 고향에 있을 때는 이야기할 친구들도 있었고, 보수가 많지는 않았지만 직장도 다니고 있었거든요. 그런데 지금은 이렇게 돈을 벌겠다는 생각만 가지고 이곳에 와서 직장도 구하지 못하고 인생이 엉망이 되어 버렸으니, 모든 게 무너지는 심정이에요.	
면담자	동시에 ○○님은 문제가 해결될 수 있다면 삶이 좋아질 거라고 생각하시는군요.	반영하기
내담자	네, 안 그렇겠어요? 누가 자기 목숨을 끊고 싶겠어요. 상황만 좋아진다면 저도 행복하게 살고 싶죠.	

3) 3단계: 삶에 대한 결단 구축하기

3단계에서의 중요한 목표는 내담자가 생각하는 변화 욕구를 구체화해 삶에 대한 결단을 이끌어 내는 것이다. 이 단계에서 면담자는 내담자야말로 자신의 삶을 가치 있게 할 방법과 지식을 가진 중요한 전문가라는 것을 인정하는 것이 중요하다. 내담자의 변화대화와 유지대화에 지속해서 적극적 경청과 반영을 해 주며 인정하기와 유발적 질문을 통해 점차 살아야 할 이유 쪽으로 나아갈 수 있도록 한다. 또한 내담자의 허락을 구한 후 효과적이라고 알려진 변화에 도움이 되는 정보 목록을 전달・선택하게 하여(예: 약물치료, 인지행동치료, 기타 서비스 정보) 필요한 도움을 받을 기회를 제공하고 삶에 대한 효능감을 높일 수 있도록 한다. 자기결정이론에 의하면 인간은 자율적으로 선택하고 스스로에 대한 유능감을 느끼고 타인과 연결되어 있다고 느낄 때 변화동기가 높아진다. 즉, 내담자에게 치료 대안 메뉴를 제공하여 스스로 선택하도록 선택권을 부여하는 것은 내담자의 자율성과 유능성을 충족시켜 행동 변화로 이어질 가능성이 커지게 한다. 동기면담의 이끌어내기-교환하기-이끌어내기 방식을 활용하는 것이 전략적 기술이 될 수 있다. 또한 내담자가 스스로 변화 방법에 대해 언어적 표현을 하면 면담자는 내담자가 시도하려고 하는 방법이나 전략에 대해 지지하도록 한다. 왜냐하면 만일 내담자가 면담자가 상담이나 치료에 있어 강압적이고 통제하려고 시도한다고 느끼면 내담자의 자율성은 약화하고 활력을 잃기 때문이다. 이렇게 내담자가 주도적으로 변화의 이유와 방법에 대한 이야기를 충분히 해 나가도록 한 후 적절한 시점이 되면 면담자는 "이제 어떻게 하실 건가요?"와 같은 결단대화를 촉진하는 질문을 하여 내담자가 삶을 결단하는 언어적 표현을 할 수 있도록 한다. 3단계는 내담자가 어느 지점에 와 있고 그가 삶을 더 가치 있게 만들기 위해 할 필요가 있는 것들이 무엇인지에 대해 면담자가 이해한 것을 전달하는 요약하기로 끝맺는다.

〈표 9-4〉 3단계 예

구분	대화내용	코딩
내담자	만일 제가 제 삶이 나아질 방법을 알았더라면 저는 자살에 대해 생각하지 않고 더 좋은 것을 했을 거예요. 하지만 그동안 아주 많은 것들을 시도했지만 어떤 것도 소용없었어요. 전 무엇을 해야 할지 모르겠어요.	
면담자	혼자서는 할 수 없군요.	반영하기
내담자	제가 무엇을 해야 한다고 생각하세요?	
면담자	전 ○○님이 변화해야 할 필요가 있다고 느끼는 것에 달려 있다고 생각해요. 어떤 것이 ○○님의 삶을 더 가치 있게 만들어 줄 것으로 생각하시나요?	열린질문
내담자	전 더는 고통받으며 살고 싶지 않고 고통을 없앨 방법을 찾아야만 해요.	변화대화
면담자	좋습니다. 어떤 방법들이 있을까요?	이끌어내기
내담자	일자리를 구해야겠죠. 이거 말고 제가 할 수 있는 일이 뭐가 있을까요?	변화대화 (욕구표현)
면담자	좋은 의견이십니다. 자살에 대해 생각하는 것 외에 다른 방법으로 어떻게 대처할지에 대해 누군가와 이야기 나눠 보는 것은 어떤가요?	인정하기, 열린질문
내담자	모르겠어요. 그게 효과가 있다면 모르겠지만 이대로는 살 수 없어요.	변화대화
면담자	○○님은 자살에 대해 생각하는 것 외에 다른 방법으로 ○○님의 문제를 어떻게 다룰 수 있을지에 대해 기꺼이 면담자와 대화해 보려 하는군요. 그 밖에 ○○님이 필요로 하는 게 어떤 것인가요?	반영하기, 이끌어내기
내담자	어떠한 것이든 도움이 돼요. 전 혼자서 오랜 시간을 보냈고, 전 그게 저한테 좋지 않다는 것을 알아요.	변화대화

면담자	동굴 속에서 지내 온 거군요.	반영하기
내담자	네. 저는 대화할 사람이 필요해요. 워낙 자신감이 낮아지고 우울증이 심해져 구직할 에너지가 없어요.	변화대화 (욕구표현)
면담자	우울증을 이겨 내고 다시 일을 하기 위해 자신감을 되찾는 것이 필요하시군요. 무엇보다 대화할 수 있는 사람이 있는 것이 방법이 될 수 있고요.	반영하기
내담자	네. 맞아요. 이렇게 상담을 할 수 있는 사람이 필요해요. 그래서 작은 모임에 한번 가 볼까 생각은 해 봤어요.	변화대화 (욕구표현)
면담자	좋은 생각인 것 같습니다. 사람들을 만나는 것이 ○○님의 자신감을 되찾는 데 좋은 방법이 될 수 있을 것 같군요. 그 밖에 다른 것은요?	인정하기, 열린질문
내담자	다른 건 잘 모르겠어요.	
면담자	말씀하신 것을 정리해 보면, 계속되는 취업난이 마음을 외롭게 만들었죠. 그로 인해 ○○님은 자살을 생각하게 되셨죠. 동시에 ○○님이 삶을 유지하는 몇 가지 것들이 있는데 ○○님은 정말로 살고 싶어 하죠. ○○님을 사랑하는 어머니를 많이 걱정하고 계시고, 이로 인해 다시 노력해 보려고 하시고요. 무엇보다 주변에 마음을 터놓을 수 있는 사람들을 만들어 자신감을 회복하고 싶은 욕구도 있으시죠. 그리고 ○○님을 도울 수 있는 면담자를 만나는 것에 대해서도 생각하기 시작했어요. 제가 잘 들었나요?	요약하기
내담자	네. 맞아요.	
면담자	제가 몇 가지 도움이 될 만한 정보를 제공해 드려도 될까요?	사전 허락 구하기
내담자	네.	
면담자	A, B, C의 정보가 있어요. (정보 제공하기) 이 부분에서 사후관리서비스, 근거 기반의 치료에 관하여 정보를 제공하는 것이 효과적이다. 정보는 몇 가지 대안을 제안하는 것이 내담자의 자율성을 보장하여 선택할 가능성이 커지게 만든다. 안내해 드린 정보에 대해 어떻게 생각하시나요? (이끌어내기)	정보 제공, 열린질문

4) 4단계: 안전계획 세우기

안전계획 세우기는 자살위기 상황에 도움을 줄 수 있는 자원을 제공하고 내담자가 생각하고 있는 자살 방법을 차단하여 안전한 환경을 만드는 것을 말한다. 연락망을 구축하여 내담자가 편안하게 연락할 수 있고, 자살사고에 대해서도 함께 이야기를 나눌 수 있는 사람의 이름과 연락처를 면담자와 내담자가 함께 작성한다. 예를 들면, 내담자에게 무슨 일이 발생할 경우 가까운 병원이나 정신건강복지센터(자살예방센터)에 연락하는 방법을 알려 준다. 안전계획에는 내담자가 연락하고 싶어 하는 목록이나 내담자의 위기상황에 접근 가능한 전문가 및 전문기관을 포함한다.

가족 중에 자살 생각이 들 때 연락을 할 수 있는 사람이 누구일까요?

○○님이 스트레스를 받을 때 이야기할 수 있는 지지적인 사람이 누구인가요?

○○님이 도움을 받을 수 있는 기관은 어떤 곳이 있나요?

〈표 9-5〉 4단계 예

안전계획	
1단계: 위험신호	
2단계: 내부 대응 전략: 다른 사람에게 연락하기 전에 스스로 해 볼 수 있는 일들	
3단계: 도움을 요청할 수 있는 사람 파악	
1) 이름:	연락처:
2) 이름:	연락처:
3) 이름:	연락처:
4) 이름:	연락처:
4단계: 도움을 요청할 만한 전문가 및 기관 파악	
1) 정신건강복지센터	연락처:
2) 치료 중인 병원	연락처:
3) 사회복지서비스 기관 담당자	연락처:
4) 기타(　　　　)	연락처:
5) 상담전화	
보건복지콜센터 상담전화 129	정신건강위기상담전화 1577-0199
한국 생명의 전화 1588-9191	경찰서 112

2. 동기증진 프로그램 회기별 진행

◆ 프로그램 목표

문제해결능력에 대한 낮은 자기효능감을 증진해 자살사고를 감소시키는 것이 목표이다. 자기효능감을 증진하는 방법에서는 내담자가 이미 가진 강점과 문제해결 경험을 발견하여 현재 상황에서 다시 활용할 수 있도록 하는 것이 주요 전략이다. 그리고 4회기 변화계획서 작성하기 안에 근거 기반의 방법들을 포함하여 다양한 변화와 관련된 방법들을 시도해 볼 수 있도록 구체화한다. 만약, 1회기 변화목표 세우기 과정 안에서 이미 변화의지가 높은 내담자라면 4회기의 계획하기 과정으로 이어지면 된다. 이 경우 내담자의 특성에 따라 인지행동치료, 약물치료, 가족치료, 자원연계 등으로 이어지면 된다.

◆ 참여대상

- 자살 생각이 있는 만 19세 이상 60세 미만 성인
- 프로그램 참여에 동의한 자
- 인지 기능 및 의사소통 기능에 심각한 장애가 없으며, 설문지 내용을 읽고 이해하여 응답이 가능한 자
- 응급입원이 필요할 정도로 자살위험 수위가 높지 않은 자

◆ 회기

총 4회기(주 2회를 원칙으로 하나 내담자의 특성에 맞게 탄력적 회기 운영)

◆ 회기시간

1시간

1) 1회기: 변화 목표 세우기

(1) 목표

- 참가자는 이 회기를 통해서 면담자와의 협동 관계를 구축한다.
- 참가자는 자신의 변화에 대한 욕구가 무엇인지 알아차린다.
- 참가자는 자신의 삶을 변화시키는 데 도움이 되는 목표를 설정할 수 있다.

(2) 진행과정

① 회기 전체에 대한 오리엔테이션

힘든 상황에서도 이 프로그램에 관심을 두고 만남에 응해 주신 점에 대하여 먼저 감사드립니다. 이 프로그램은 현재 문제를 해결하는 데 필요한 역량들을 발견하도록 돕기 위해 개발된 프로그램입니다. 저희는 앞으로 4회기 동안 일주일에 두 번씩 만나게 될 것이며, 이런 만남을 통하여 나의 동기를 발견하고 해결 방법들을 함께 고민해 볼 것입니다. 이 시간은 무엇보다 ○○님의 참여가 중요하며, 저는 ○○님을 돕는 과정의 협력자가 될 것입니다. 프로그램 중에 나누게 될 모든 이야기는 비밀이 보장됨을 알려 드립니다. 프로그램을 진행하는 것도 중요하지만, 최우선은 ○○님의 안전이기 때문에 ○○님을 위험하게 할 수 있는 절박한 상황에서는 비밀보장이 되지 않을 수도 있음을 먼저 알려 드립니다. 효과적인 변화를 돕기 위하여 회기마다 연습과 과제물을 줍니다. 혹시 궁금하신 사항이 있으신가요?

이 프로그램을 통해서 원하는 것이 무엇인지 궁금하네요. (욕구나 목표)

제가 도울 수 있는 것에 대해 어떻게 생각하시는지 궁금하네요. (기대)

② 내담자의 안전점검 목록(자살위험 요인과 보호 요인)을 평가한다

안전점검 목록을 모니터링하는 것은 자살위험 요인을 예측하여 자살을 예방할 수 있고 자살 생각이나 기분에 영향을 미치는 요인을 발견하기 위해서이다. 이러한 요인이 발견될 때 대처 전략의 구성이 가능해진다. 기분의 변화가 있었을 경우 사건을 탐색하거나 당시 사용된 대처 방법에 대해 짧게 토론한다. 단기적으로는 모니터링이며, 장기적으로는 스스로 관리하며 살아갈 수 있는 삶을 구성하도록 돕는 것이 목표이다. 안전점검 목록의 기분 변화를 그래프로 나타내어 내담자와 변화과정에 대해 토론하면 다양한 심리기제를 발견하는 데 유용하다.

안전점검 목록

- "일주일간 어떻게 지내셨는지 몇 가지 질문을 드려도 될까요?" (사전 허락 구하기)
- "안전점검 목록을 작성해 주세요."

✓ (기분평가) "최근 1주일 동안 기분은 어떠셨나요? 가장 좋지 않은 기분을 0점으로, 가장 좋은 기분을 100점으로 했을 때 몇 점 정도로 표현할 수 있나요?"
✓ (자살충동횟수 확인) "최근 1주일 동안 자살충동이 몇 번 있었나요?"
✓ (음주하는 사람일 경우) "최근 1주일 동안 술은 얼마나 드셨나요?"
✓ "최근 1주일 나에게 힘이 되어 주는 것은 무엇인가요?"
✓ "말씀하신 것을 변화 그래프를 통해 점검해 보시기 바랍니다."

③ 가치관 탐색하기를 통해 변화에 대한 욕구를 이끌어 낸다.

〈표 9-6〉 가치관 탐색하기

당신이 중요하게 생각하는 가치관 3장을 고르세요.			
너그러움	정확함	달성	모험
매력	권위	자율	미
보살핌	도전	변화	마음이 편한
서약	동정	공헌	협력
예의	창조성	신뢰할 만한 것	임무
생태학	흥분	정절	명성
가족	피트니스	유연성	관대함
우정	즐거움	선심	성실함

시나리오 1. 가치관 탐색 이후 목표 세우기로 이어질 경우 핵심 질문의 예

- "중요하게 생각하는 가치가 '보호'이군요. 어떻게 이 가치가 그렇게 중요하게 된 거죠?"
- "○○님에게 있어서 대단히 중요한 일 중 하나군요. 가족을 보호한다고 했을 때 어떤 예를 들 수 있을까요?"
- "○○님은 그 일을 하면서 상당히 즐겁겠군요."
- "○○님은 정말 강한 가족애를 지니고 계시군요. 무엇 때문에 가족이 그렇게 소중한가요?"
- "○○님이 '인내'를 바라는 가치관으로 선택하신 이유가 무엇인가요?"
- "○○님에게 '인내'는 매우 필요한 가치이군요."

시나리오 2. 목표 세우기 이후 가치관 탐색으로 이어질 경우 핵심 질문의 예

만약 분명한 목표가 있는 내담자라면 목표 세우기 이후에 목표를 실행할 자신감을 높여주는 목적으로 가치관 탐색을 진행한다.

- "○○님이 중요하게 생각하는 가치는 무엇인가요?"
- "○○님에게 이 가치는 매우 중요하군요."
- "무엇보다 ○○님은 이 가치를 지키기 위해 노력해 오셨군요."
- "이 가치를 반영한 예는 무엇이 있나요?"
- "어떻게 그렇게 할 수 있었나요?"

④ 연결형 요약하기

○○님이 중요하게 생각하는 가치는 ○○라고 하셨습니다. 어떻게 일상생활에서 이 가치를 반영하여 살 수 있을까요?

○○님의 ○○가치를 목표와 어떻게 연결해 볼까요?

⑤ 목표박스 작성하기 (브레인스토밍)

변화 목표는 변화동기수준을 나타낸다. 동기면담에서는 동기수준을 알아보는 지표로 변화대화를 사용한다. 변화대화는 다시 예비적 변화대화와 활동적 변화대화로 나뉜다. 예비적 변화대화의 대표적인 예로 "하고 싶어요."가 있다. 1회기에서 목표설정을 하는 기준은 "하고 싶어요.", 즉 예비적 변화대화에 해당하는 변화에 대한 욕구를 적는 것이다.

활동적 변화대화는 내담자가 양가감정 상태가 아닌 변화의 준비단계로 돌입했다는 신호이다. 표현되는 예로 보면 "내일부터 금주할 거예요." "운동을 시작하려고 조깅화를 샀어요." "구직신청을 알아보고 있어요." 등이 있다. 이러한 표현이 나타나면 변화동기가 높다는 지표가 된다. 활동적 변화대화가 나타난다면 "어떤 방법이 있을까요?"와 같이 실제 행동으로 이어지기 위한 변화계획을 요구하는 질문으로 이어지는 것이 바람직하다. 이 경우가 동기면담의 네 가지 과정모델에서 계획하기로 이어지는 것이다. 동기수준에 적합한 목표를 설정하기 위해서는 내담자의 동기수준을 잘 이해하는 것이 중요하다.

해당 프로그램에서는 자살위험이 있는 내담자의 동기수준이 낮다는 가정에 따라 불분명한 목표가 주어지는 상황(예: "어떻게 해야 할지 잘 모르겠어요.")이나 몇 가지 목표를 제시하는 상황(예: "A, B, C가 고민이에요.")에 중점을 두어 구성하였다. 따라서 분명한 목표를 표현하는 내담자(예: "술을 끊고 싶어요." "취업을 구하고 싶어요.")라면 더 구체적인 행동계획을 포함한 목표(동기면담 계획하기 단계)를 설정하고 추후 회기에서는 계획된 목표를 실행하거나 유지하도록 자기효능감을 높여 주는 것이 회기 목표가 된다. 나아가 자살예방에 효과적으로 알려진 근거 기반의 치료법으로 이어지도록 돕는다.

목표박스의 작성은 근거 기반의 치료를 제안하는 데 매우 효과적이다. 자살을 예측하는 입증된 변인은 절망감, 문제해결능력, 충동성, 우울증, 정신질환 등이 있다. 저자의 현장 경험에 미루어 보면, 이러한 변인들이 중복된 내담자들이 대부분이다. 예를 들면, 조현병이 있으면서 절망감과 문제해결능력의 부족을 함께 호소하는 내담자가 그러한 경우이다. 정신질환의 문제에 있어서 근거 기반의 접근법은 약물치료이다. 이와 동시에 절망감과 문제해결능력 부족, 즉 심리적 변인과 관련되어서는 지역사회 중심세팅에서 접근할 수 있을 것이다. 따라서 내담자의 특성에 따라 면담자가 필요하다고 보는 접근법을 '면담자의 희망 목표' 안에 포함해 제안하는 것이 필요하다. 방법적으로는 내담자의 목표박스 안에 면담자의 희망목표를 한 가지 더 추가시키는 것이다. 이렇게 되면 내담자의 변화 목표가 손상되지 않으면서 면담자의 제안이 받아들여질 가능성이 커진다. 대표적인 예가 내담자는 취업문제를 호소하지만, 면담자는 정신과 치료가 필요하다고 판단될 때이다. 면담자는 취업문제와 관련한 문제해결능력에 대한 낮은 자기효능감을 증진하는 것을 면담의 초점으로 두되, 정신과 치료도 함께 받을 수 있도록 도우면 된다.

〈표 9-7〉 목표박스

내담자의 목표	면담자의 희망 목표
1) 2) 3)	1) 2) 3)
공통된 합의 목표 1) 2) 3)	

주요 핵심 질문

- "○○님이 바라시는 목표와 제가 떠오른 목표들을 함께 몇 가지 작성해 보도록 하겠습니다."
- "작성된 대안 중에서 제일 먼저 초점을 두어야 하는 순서를 매겨 보도록 하겠습니다."

면담자가 필요하다고 생각하는 정보 제공하기

- "작성하신 목표를 달성하기 위해 알고 계신 방법들이 있으신가요?" (이끌어내기)
- "제가 떠오른 몇 가지 방법들을 제안 드려도 될까요?" (사전 허락 구하기)
- "A, B, C의 대안들이 좋은 방법이 될 수 있다는 정보가 있습니다." (정보 제공하기)
- "제가 말씀 드린 정보에 대해 어떻게 생각하시나요?" (이끌어내기)

결정저울 사용하기(목표설정에 대한 양가감정이 있는 경우 사용)

목표를 설정하는 것에 대한 양가감정이 있을 경우, 결정저울을 사용하여 목표를 정하는 것에 대한 양가감정을 탐색하도록 해 목표를 세우는 데 도움을 준다.

〈표 9-8〉 결정저울

현상유지		변화	
이득	손해	이득	손해

⑥ 변화에 대한 장애물 탐색 및 정보 교환하기

목표를 실행하는 데 걸림돌이 되는 건 무엇이 있나요? (열린질문)

걸림돌을 제거하는 방법은 무엇이 있나요? (열린질문)

변화를 하는 데 도움이 될 수 있는 자원은 무엇이 있나요? (이끌어내기)

몇 가지 알고 있는 정보를 제공해 드려도 될까요? (사전 허락 구하기)

A, B, C의 방법이 효과적이라는 연구 결과가 있습니다. (정보 제공)

안내해 드린 정보에 대해 어떻게 생각하시나요? (이끌어내기)

⑦ 과제 부여 및 다음 회기 안내

강점 30가지를 작성하도록 한다. 강점 목록 작성은 긍정적 정서를 활성화하여 자신을 그동안 부정적으로 바라보던 모습에서 강점을 바라보는 관점으로 변화시켜 주는 역할을 한다. 내담자가 강점 30가지를 작성하는 것에 대한 부담감을 느낄 수 있다. 부담이 되지 않도록 일상에서 발견할 수 있는 강점(예: 청소를 잘한다, 잠을 잘 잔다)까지 모두 포함해 볼 것을 제안하면 저자의 현장에서는 대부분 과제물을 완수하였다. 만약 과제물을 부담스러워한다면 강요할 필요는 없다. 전적으로 과제물은 내담자의 동기수준에 따라서 탄력적으로 진행할 것을 제안한다. 단, 부드럽고 제안하는 의사소통 스타일로 강점을 작성해 보면서 스스로에 대해 재발견하는 기회가 주어진다는 것을 안내하면 '혹시 모르니 도움이 된다면 과제물을 해 볼까?' 하는 양가감정의 다른 측면이 활성화될 수 있다.

마지막으로 다음 회기에 대한 약속을 한다. 다음 회기에 대해 약속은 최소한의 안전보장에 대한 장치가 된다. 또한 지속적인 면담자와의 협동관계는 '사회적 지지'의 방법이다.

다음 회기까지 강점 30가지를 작성하는 과제를 드리고자 하는데 어떠신가요?

다음 회기는 ○○일 ○○시에 뵙도록 하겠습니다.

〈표 9-9〉 가치관 탐색하기 예시: 변화 목표가 불분명한 내담자

구분	대화 내용	코딩
면담자	가치관 목록에서 '너그러움' '예의' '가족' '정확함' '마음이 편한'을 중요한 가치로 고르셨네요. 이 중에서 '너그러움'을 선택하신 이유는 무엇인가요?	열린질문
내담자	다른 사람들이나 가족들에게도 항상 너그러워야 한다고 생각했어요. 남한테 항상 양보하고 너그러움을 보여 주면 다른 사람들이 항상 편안하게 다가올 수 있으니까. 가족이나 아들한테도 마찬가지이고요.	
면담자	편안한 사람이 되고 싶군요.	반영하기
내담자	네. 저는 그래요.	
면담자	무엇 때문에 중요한가요?	열린질문
내담자	모르겠어요. 나는 그래야지만 내 마음이 편한 것 같아요. 조금 잘못하고 그러면 나 자신이 용납이 안 돼요.	

면담자	나 자신을 위하여 스스로 편안한 사람이 되고자 하는군요.	반영하기
내담자	네. 누군가에게 피해를 주면 나에게도 스트레스로 다가오니까요. 저는 무엇보다 예의가 없는 사람이 싫어요.	
면담자	예의가 중요하시군요. 여기에서도 중요하게 생각하는 가치로 '예의'를 선택하셨어요. '편안한 사람'과 관련이 있군요. 예의라는 것은 ○○님에게 어떤 의미인가요?	반영하기, 열린질문
내담자	그냥. 어릴 적부터 부모님께서는 늘 남한테 어른들에게 인사를 잘하라고 말씀하셨어요. 그래서 그런지 제 딸에게도 인사성이 밝아야 한다고 교육해 왔지요. 늘 저나 제 딸은 사람들에게 예의가 바르다는 말을 많이 들어 왔어요. 저는 예의가 사람 관계에 있어서 기본인 것 같아요.	
면담자	정말 훌륭한 생각이군요! 따님 역시 ○○님의 영향으로 예의가 바르군요.	인정하기
내담자	네. 맞아요. 제 딸이 어른들에게 인사를 잘하니까, 이웃들이 저와 제 딸에게 더 호의적이에요. 늘 저는 그런 것을 느껴요.	
면담자	'예의'가 많은 변화를 가져왔군요.	인정하기
내담자	네. 다른 아이들은 욕도 잘하던데 제 딸은 욕도 전혀 안 해요. 그런 걸 보면 제가 살면서 좋은 어머니가 되려고 많이 노력해 왔다는 생각이 드네요. 근데 지금 제 모습을 보니 창피하네요. 무언가 변화가 필요할 것 같네요.	

2) 2회기: 강점 발견하기

이 회기에서는 1회기에서 합의한 목표를 실행하거나 유지하기 위한, 자기효능감을 증진하는 것이 목표이다. 동기의 세 가지 요소에서 능력(자신감)을 증진하는 것이다. 변화의 중요성이 높아져도 변화에 대한 능력, 즉 자신감이 낮다면 변화로 이어지기 어렵다. 자살위험이 있는 내담자는 문제해결방법에 대한 낮은 자기효능감이 특징적이다. 따라서 강점 탐색을 통하여 내담자가 이미 가지고 있는 과거의 문제해결능력을 사용할 수 있도록 돕는 것이 첫 번째 주요 방향이다.

두 번째 주요 방향은 강점을 탐색하는 것으로, 이는 내담자의 긍정적인 면을 부각시킨다. 이에 따른 효과는 내담자가 개방적이게 된다는 것이다. 인간은 다른 사람으로부터 인정받았을 때 개방적으로 변화하며 인정해 주는 사람에게 더 마음을 연다. 따라서 초기면담에서 내담자와의 관계를 견고히 하고 적극적인 프로그램의 참여를 가능하게 만든다. 적극적인 프로그램 참여로 이어질 때 동기의 세 요소에서 변화준비도가 높아지게 된다.

세 번째 주요 방향은 긍정적인 인지를 활성화하는 것이다. 정서는 인지에 영향을 준다. 따라서 긍정적인 인지를 증진하기 위해서는 긍정정서를 증진하는 작업이 필요하다. 이에 강점 탐색하기는 내담자의 긍정적인 면을 부각한다는 점에서 긍정정서를 활성화하며, 나아가 긍정적 인지전환에도 영향을 주게 된다. 내담자의 강점이 발견되면 구체적인 예를 물어보거나 인정하는 것이 주요 기술이다.

마지막으로 내담자가 가진 강점을 발견하고 삶에서 적용할 수 있도록 도와야 한다. 사람들은 저마다 몇 개의 대표 강점을 지니고 있다. 대표 강점은 현재 그 사람의 모습이자 정체성으로 대표 강점을 사용하면 큰 기쁨을 느끼고, 기운이 나며, 관련된 일에 몰입하게 되고, 그 강점에 따라 행동하기를 열망하게 된다. 대표 강점 한두 가지를 일상생활 속에서 활용하게 하여 즐거움을 느낄 수 있는 삶을 살아갈 수 있도록 돕는다. 이러한 삶이 가능해질 때, 자신의 긍정적인 자기개념을 가지고 살아가게 되는 것이며, 자살예방에서 나아가 행복한 삶을 영위하는 방법의 일환이 될 것이다.

(1) 목표

변화 목표를 실행·유지할 자신감을 증진해 문제해결능력을 향상한다.

- 참가자는 이 회기를 통해서 자신의 강점(들)이 무엇인지를 알아차린다.
- 참가자는 자신의 강점들이 이제까지의 삶에 어떠한 영향을 주었는지 말할 수 있다.
- 참가자는 자신의 강점을 일상생활에서 활용할 수 있다.

(2) 진행과정

① 관계 형성 및 과제점검

첫 만남에 대해 환영하는 모습을 보이고 긍정적인 코멘트를 찾아 이야기해 준다. 지난 회기 과제에 대해 나누기를 하고, 합의한 목표에 대해 알려 주고, 안전점검 목록에 관하여 모니터링한다.

Tip

지난 회기 과제를 완수하였다면 작성된 강점 목록을 토대로 프로그램을 진행하는 것이 효율적이다. 한편, 동기가 낮은 내담자의 경우 과제물을 하지 않았거나 강점을 작성하는 것을 어려워할 수 있는데, 이 경우 본 프로그램의 구조화된 강점 목록을 활용하여 회기 중에 강점을 찾아보도록 진행한다.

② 내담자의 자살위험 요인과 보호 요인을 평가한다.

안전점검 목록

"일주일간 어떻게 지내셨는지 몇 가지 질문을 드려도 될까요?" (사전 허락 구하기)
"안전점검 목록을 작성해 주세요."

✓ (기분평가) "최근 1주일 동안 기분은 어떠셨나요? 가장 좋지 않은 기분을 0점으로, 가장 좋은 기분을 100점으로 했을 때 몇 점 정도로 표현할 수 있나요?"
✓ (자살충동횟수 확인) "최근 1주일 동안 자살충동이 몇 번 있었나요?"
✓ (음주하는 사람일 경우) "최근 1주일 동안 술은 얼마나 드셨나요?"
✓ "최근 1주일 나에게 힘이 되어 주는 것은 무엇인가요?"
✓ "말씀하신 것을 변화 그래프를 통해 점검해 보시기 바랍니다."

③ 나의 강점 찾기

내담자의 강점을 탐색하고 강점을 인정하여 자기효능감을 증진하고, 강점을 활용할 수 있도록 돕는다.

〈표 9-10〉 강점 목록

호기심	학구열	판단력	창의성	예견력
용감성	끈기	정직	열정	사랑
친절	사회성지능	팀워크	고정성	리더십
용서	겸손	신중함	자기통제력	감상력
감사	희망	유머	영성	

주요 질문
- "나열된 강점 목록에서 갖고 싶은 것을 '강하다'를 선택해 주신 이유가 궁금합니다."
- "어떻게 그렇게 할 수가 있었나요?"
- "과거 잘 해냈던 일에는 어떤 것이 있나요?"
- "원하는 강점을 가지신다면 어떤 게 달라질까요?"
- "주변에서는 ○○님의 강점을 무엇이라고 얘기한 것이 있나요?"
- "원하는 강점을 갖기 위해 어떤 방법이 있을까요?" (알고 있는 방법 이끌어내기)
- "정말 중요한 생각이시네요." (인정하기)

핵심 질문
- "○○님의 강점을 변화 목표에 활용한다면 어떤 점이 달라질까요?"
- "○○님의 강점을 어떻게 변화 목표에 활용할 수 있을까요?"

④ 연결형 요약하기

ㅇㅇ님의 강점은 '도덕적인 사람이다.'라고 하셨습니다. 그동안 삶 속에서 주변 사람들에게 배려심 있고 예의 바른 사람이라는 평가를 받아 오셨죠. 한편으로 '냉철함'을 갖고 싶다고 말씀하셨어요. 무엇보다 거절을 단호하게 할 수 있는 분명한 사람이 되고 싶은 욕구가 있으시죠. 제가 잘 들었나요?

⑤ 프로그램 참여에 대한 소감 나누기

오늘 프로그램에 참여하신 소감이 궁금하네요.

⑥ 과제 부여 및 다음 회기 안내

다음 회기 과제로 감사편지를 작성하도록 한다. 감사를 세는 활동은 우울감소와 긍정정서를 높이는 데 효과적이다. 자살위험이 있는 내담자는 절망감과 같은 부정적 인지가 특징적이다. 따라서 스스로 긍정적 정서 · 사고를 증진할 수 있는 과제활동을 시도해 보는 것이다. 이러한 활동을 통해 점차 스스로 긍정적 정서 · 사고를 자동화하는 습관을 형성하도록 돕게 된다.

과제로 감사편지 작성을 제안 드립니다. 과제물을 하시는 것은 본인의 몫입니다. 우리는 이러한 활동을 통해서 ○○님이 행복한 삶을 다시 찾는 데 효과적인 방법들을 시도해 보는 것입니다. 제가 드린 제안이 어떠신가요?

하루를 되돌아보며, 혹은 일생을 되돌아보며 나에게 감사한 일, 감사한 사람 등을 되돌아보시고 스스로 보내는 편지를 작성해 보시면 됩니다. 혹은 감사한 사람에게 작성하셔도 됩니다.

다음 회기는 ○○일 ○○시에 뵙도록 하겠습니다.

〈표 9-11〉 2회기 예: 강점 찾기

구분	대화 내용	코딩
면담자	강점 30가지를 모두 작성하셨네요. 가장 먼저 자녀 인성교육을 잘했다고 적으셨어요.	인정하기
내담자	네. 그건 주위에서 잘했다고 말해요. 그래서 자부심을 가져요.	
면담자	비결이 뭔가요?	열린질문
내담자	성격인 것 같아요. 내 아들이라도 누구와 싸우면, 일단 아이를 야단치기보다는 집에 와서 대화로 해결하려고 해요.	

면담자	구체적인 상황을 예로 든다면요?	열린질문
내담자	한번은 아이가 다른 집 아이랑 싸운 적이 있었는데 야단을 치기보다는, 우선 아이가 왜 다투었는지 대화를 했어요. 그리고 잘못된 점에 대해서 제가 말해 줬죠. 저는 아이가 잘못이 있어도 화부터 내지 않아요. 그래서인지 우리 아이가 밝다는 이야기를 주변 사람들에게 자주 들었어요.	
면담자	그렇군요. 매우 훌륭한 강점이군요.	인정하기
내담자	별말씀을요. 감사합니다.	

3) 3회기: 과거의 성공 경험담 찾기

3회기 진행 안내서

이 과정을 통해 변화에 대한 자신감과 더불어 실패와 역경의 긍정적인 재구조화가 목표이다. 자기효능감 이론에 의하면 성공적 성취경험을 통해 자기효능감이 증진한다고 본다. 자살시도자는 이전에 실패의 경험이 문제해결능력을 제한시키기(Berman, Jobes, & Silverman, 2006) 때문에, 내담자의 과거의 성공적이었던 문제해결능력을 탐색하고 인정해 주어, 자기효능감을 증진하는 것이 주요 전략이다.

(1) 목표

삶 속에서 성공적이었던 성취 경험을 발견하여 변화 목표를 실행하는 데 사용할 수 있는 문제해결능력을 향상시킨다.

(2) 진행과정

① 관계 형성 및 과제점검

첫 만남에 대해 환영하는 모습을 보이고 긍정적인 코멘트를 찾아 이야기해 준다. 지난 회기 과제에 대해 나누기를 하고 합의한 목표 내용에 대해 알려 준다.

② 내담자의 자살위험 요인과 보호 요인을 평가한다.

안전점검 목록

- "일주일간 어떻게 지내셨는지 몇 가지 질문을 드려도 될까요?" (사전 허락 구하기)
- "안전점검 목록을 작성해 주세요."

✓ (기분평가) "최근 1주일 동안 기분은 어떠셨나요? 가장 좋지 않은 기분을 0점으로, 가장 좋은 기분을 100점으로 했을 때 몇 점 정도로 표현할 수 있나요?"
✓ (자살충동횟수 확인) "최근 1주일 동안 자살충동이 몇 번 있었나요?"
✓ (음주하는 사람일 경우) "최근 1주일 동안 술은 얼마나 드셨나요?"
✓ "최근 1주일 나에게 힘이 되어 주는 것은 무엇인가요?"
✓ "말씀하신 것을 변화 그래프를 통해 점검해 보시기 바랍니다."

③ 과거 성공담 찾아내기(문제해결능력 탐색)

사진 속의 굴곡진 길을 바라보며, 역경을 이겨 낸 경험을 말하도록 촉진한다. 현재 상황에서 활용할 수 있는 내담자의 특정 기술이나 강점을 찾아내는 것이 중요하다.

이 사진 속의 길은 ◯◯님의 인생을 설명하고 있습니다. 잠시 ◯◯님의 살아온 순간들을 생각해 보시기 바랍니다.

인생의 길목에서 반짝이는 순간들은 어떤 게 있었나요? (열린질문)

인생의 길목에서 일어난 일들은 무엇이 있었나요? (열린질문)

과거 변화에 성공했던 경험에는 어떤 것이 있나요? (이끌어내기)

어떤 변화가 일어났었나요? (열린질문)

어떻게 해서 그런 변화가 가능했나요? (이끌어내기)

어떤 장애물이 있었으며, 어떻게 극복해 냈나요? (이끌어내기)

④ 인정하기와 관점 재구조화

우선 대단하시다는 말씀을 드리고 싶네요. 그 모든 일을 견뎌 내면서 지금까지 살아온 것도 그렇고, 지금 여기에 앉아서 저에게 자신이 원하는 미래의 삶에 관하여 이야기하고 있는 것을 보면 ○○님은 정말 강인하네요. ○○님은 실패하였다고 말씀하셨지만, 제가 봤을 때는 '그동안 많은 시도를 해 오셨구나!'라는 생각이 들었습니다. 어떻게 그렇게 할 수 있었나요?

⑤ 요약하기

지금까지 말씀하신 내용을 정리해 보겠습니다. ○○님은 힘든 역경이 있었지만 ~ 극복을 해 오셨습니다. 제가 잘 들었나요?

⑥ 프로그램 참여에 대한 소감 나누기

오늘 프로그램에 참여하신 소감이 궁금하네요.

⑦ 과제 부여하기 및 다음 회기 약속

* 과제 부여: 행복노트

다음 회기는 ㅇㅇ일 ㅇㅇ시에 뵙도록 하겠습니다.

4) 4회기: 변화계획서 작성하기

4회기 진행 안내서

'변화계획서 작성하기' 회기는 활동적 변화대화를 견고히 하여 변화준비도를 증진하는 것이 목표이다. 구체적으로 결단대화(예: "취업을 할 거예요." "구직신청을 할 거예요.")를 언급했다면, 어떻게 행동실천을 시작할지, 방해물은 없는지 탐색하고 구체화한다. 만약 변화수행에 장애물이 있다면 행동실천으로 이어지거나 이를 유지하는 데 방해가 된다. 따라서 장애물 제거하기를 통해 방해물을 탐색하고 관리할 수 있도록 돕는다. 이러한 변화동기를 견고히 하면 삶에 대한 욕구가 희망적이고 실현 가능해지며 자살보호 요인(예: 삶의 이유)이 강화된다.

내담자의 변화동기수준에 따라 계획하기의 강도가 다르다. 변화동기가 높은 내담자는 1회기의 목표 설정(욕구 설정)을 하면서 자연스럽게 계획하기(행동계획 설정)로 이어질 수도 있다. 내담자에 따라 탄력적으로 운영하되, 4회기에서는 계획하기를 더 견고히 하는 데 중점을 두고 진행한다. 만약 1회기에 설정한 변화 목표를 실제 행동으로 실행하고 있는 내담자라면 행동을 지속해서 유지할 수 있는 데 도움이 되는 방향으로 계획하기를 진행하면 된다. 만약, 변화동기가 낮아 변화계획서를 쉽게 작성하지 못하는 내담자라면 안전계획을 보다 집중적으로 작성하면 된다. 안전계획을 스스로 세워 보는 것만으로도 최소한의 안전장치가 될 수 있다.

(1) 목표

변화목표를 실행 · 유지할 자신감을 증진하고 변화준비도를 높인다.

- 참가자는 이 회기를 통해서 변화에 방해가 되는 방해물을 알게 된다.
- 참가자는 이 회기를 통해서 행동실행 방법이 구체화된다.
- 참가자는 이 회기를 통해서 구체화된 행동실행 방법을 단계적으로 시도해 볼 수 있다.

(2) 진행과정

① 관계 형성 및 과제점검

- 첫 만남에 대해 환영하는 모습을 보이고 긍정적인 코멘트를 찾아 이야기해 준다.
- 지난 회기 과제에 대해 나누기를 한다.
- 안전점검 목록에 관하여 모니터링한다.

② 내담자의 자살위험도와 보호 요인을 평가한다.

안전점검 목록

- “일주일간 어떻게 지내셨는지 몇 가지 질문을 드려도 될까요?” (사전 허락 구하기)
- “안전점검 목록을 작성해 주세요.”

✓ (기분평가) “최근 1주일 동안 기분은 어떠셨나요? 가장 좋지 않은 기분을 0점으로, 가장 좋은 기분을 100점으로 했을 때 몇 점 정도로 표현할 수 있나요?”
✓ (자살충동횟수 확인) “최근 1주일 동안 자살충동이 몇 번 있었나요?”
✓ (음주하는 사람일 경우) “최근 1주일 동안 술은 얼마나 드셨나요?”
✓ “최근 1주일 나에게 힘이 되어 주는 것은 무엇인가요?”
✓ “말씀하신 것을 변화 그래프를 통해 점검해 보시기 바랍니다.”

③ 변화계획서 작성하기

변화계획서는 최소한의 안전보장 조치를 하고 변화계획을 구체화하여 실현 가능하게 촉진해 줄 수 있도록 돕는 과정이다. 참가자용 워크북의 변화계획서를 2부 작성하여 1부는 내담자가, 1부는 면담자가 갖고 있도록 한다.

〈표 9-12〉 변화계획서 작성하기

1단계 안전계획
위험 신호 1. ______ 2. ______ 3. ______ 내부 대응 전략: 다른 사람에게 연락하기 전에 스스로 해 볼 수 있는 일들 1. ______ 2. ______ 3. ______ 안전한 환경 만들기(자살위험도구 제거, 비상연락망 소지하기) 1. ______ 2. ______
2단계 변화계획
변화계획을 적어 보세요. 1. ______ 2. ______ 3. ______ 말씀하신 계획을 성공하기 위해 어떻게 첫 출발을 할까요? 1. ______ 2. ______ 3. ______ 계획에 있어서 방해물은 무엇인가요? 1. ______ 2. ______ 3. ______

방해물에 대한 대응 전략은 무엇인가요?

1. ______________________________
2. ______________________________
3. ______________________________

3단계 웰빙계획

나를 행복하게 하는 행복 목록 작성하기

1. ______________________________
2. ______________________________
3. ______________________________

위의 계획에 대해 준수할 것을 동의합니다. 참가자 ______________(서명)

〈표 9-13〉 행동 전략-유쾌한 활동 늘리기

웰빙 정서의 유형에 따른 웰빙 행동 목록의 예

■ 화, 분노, 괘씸함, 배신감, 짜증, 신경질, 불쾌, 미움

- 목사님/스님/신부님의 설교/설법/강론을 유튜브로 시청한다.
- '받아들임'을 읽는다.
- 라디오에서 소개된 독자 사연 모음집을 읽는다.
- 땀에 흠뻑 젖도록 운동을 한다.
- 집 안 대청소를 한다.
- 요가를 한다.
- 등산을 한다.
- 도서관에 가서 책을 본다.
- 영화(액션물)를 본다.
- 음악을 듣는다.
- 가족 사진을 본다.
- 목욕을 한다.
- 즐거운 상상을 한다.
- 쇼핑을 한다.

■ 억울함

- 목사님/스님/신부님의 설교/설법/강론을 유튜브로 시청한다.
- 성경을 읽는다.
- 친구에게 억울한 감정을 토로한다.
- 영화를 본다.

■ 우울, 무기력, 낙담, 좌절, 안타까움

- 음악을 듣는다.
- 동물원에 간다.
- 서점에 간다.
- 맛있는 음식을 먹는다.
- 즐거운 상상을 한다.
- 새벽시장에 나가 본다.

■ 슬픔, 고독, 울적함, 소외감, 허무, 절망, 귀찮음

- 목사님/스님/신부님의 설교/설법/강론을 유튜브로 시청한다.
- 라디오에서 소개된 독자 사연 모음집을 읽는다.
- 맛있는 음식을 먹는다.
- 친구와 노래방에 간다.

■ 권태, 심심함, 무료함

- 피아노를 친다.
- 영화를 본다.
- 친구를 만난다.
- 운동을 한다.
- 즐거운 상상을 한다.
- 책을 읽는다.

■ 죄책감, 수치심, 후회, 자책

- 목사님/스님/신부님의 설교/설법/강론을 유튜브로 시청한다.
- 일기나 편지를 읽는다.
- 전화 상담을 한다.

■ 위축감, 비참감, 열등감

- 목사님/스님/신부님의 설교/설법/강론을 유튜브로 시청한다.
- 땀에 흠뻑 젖도록 운동을 한다.
- 라디오에서 소개된 독자 사연 모음집을 읽는다.
- 친구와 노래방에 간다.
- 여행을 간다.

■ 선망, 시기, 질투

- 목사님/스님/신부님의 설교/설법/강론을 유튜브로 시청한다.
- (노자, 장자, 법정스님의) 책을 읽는다.
- 쇼핑을 한다.

■ 불안, 긴장, 걱정, 초조, 두려움

- 자연의 소리를 담은 음원을 듣는다.
- 명상을 한다.
- 스트레칭, 요가, 태극권을 한다.
- 근육이완법을 실시한다.

■ 답답함, 암담함, 압박감, 중압감, 부담감, 쫓기는 느낌

- 목사님/스님/신부님의 설교/설법/강론을 유튜브로 시청한다.
- 일의 계획을 다시 세운다.
- (노자, 장자, 법정스님의) 책을 읽는다.
- 생활 지침을 읽는다.
- 땀에 흠뻑 젖도록 운동을 한다.

■ 갈등, 혼란

- 영화를 본다.
- 미용실에 간다.
- 목욕을 한다.
- 사이버 상담을 한다.

■ 당황, 어색함

- 호흡 명상을 한다.
- 근육이완법을 실시한다.

출처: 김정호(2015). 생각바꾸기. 서울: 불광출판사.

제10장

자살위험이 있는 내담자를 위한 동기증진 인지행동 프로그램

1. 프로그램 소개

선행연구에 의하면 자살시도력이 있는 사람이 자살로 사망할 확률이 40배나 더 높다고 보고 있다. 이는 자살 행위를 유발하는 사건을 재경험하면 다시 재시도로 이어지기 때문이다. 따라서 중 · 장기적 측면에서 자살 행위의 가능성을 줄이기 위해서는 자살 행위와 관련된 심리적인 문제에 대한 개입이 필요하다.

자살예방에서 동기면담의 개입은 삶의 동기를 증진하는 것이다. 이러한 접근은 잠재적인 효력이 있을 것으로 보이나, 아직 효과성 연구가 충분치 않다. 한편, 내담자의 삶의 동기가 증진되면서 치료에 대한 필요성을 인식하지 못하게 만들지도 모른다. 삶의 이유가 생겼기 때문에 더는 자살을 시도하지 않을 것이며, 치료는 필요하지 않다고 생각하기 때문이다. 따라서 장기적으로 자살재시도를 예방하기 위해서는 근거 기반의 치료로 이어질 수 있도록 돕는 것이 중요하다.

자살예방에 가장 효과적으로 알려진 심리치료는 인지행동치료이다. 최근에는 부정적 사고를 비판단적으로 자각할 수 있도록 돕는 마음챙김, 수용전념치료가 주목받고 있다. 그러나 자살과 관련하여 적용대상이 한정적이어서, 자살시도자에게 보편적으로 사용하기에는 한계가 따른다. 오히려 동기면담이 비판단적인 자세와 기술을 인지행동치료와 통합하는 데 유용한 접근방법으로 주목받고 있다. 이는 동기면담이 인간 중심의 철학에 기초하여, 동기면담 정신의 수용과 동기유발 정신을 토대로 내담자가 스스로가 문제를 발견하고 수용하여 내적인 변화에 주목하게 만들기 때문이다.

인지행동치료는 효과성이 입증된 치료법이지만, 내담자의 상황적인 맥락보다 인지 요인에만 한정하여 접근하므로, 복합적인 문제를 가진 내담자에게 적용하는 데 한계가 따른다. 또한 지역사회 자살예방기관에 비자발적으로 의뢰되는 내담자가 많고, 이러한 내담자들은 삶과 죽음에 대한 양가적인 상태이므로 인지행동치료로 이어지기가 어렵다. 따라서 초기면담에서 내담자의 이슈에 초점을 맞추면서 변화에 대한 양가감정을 해소한 후, 인지행동치료로 연결될 수 있도록 돕는 전략이 필요하다. 이러한 이유 때문에 동기면담이 인지행동치료의 사전회기로서 유용하다. 이렇게 통합된 치료를 동기증진 인지행동치료라고 한다. 여기에서는 지역사회 자살예방기관에서 활용하기 위하여 개발되었으므로, 의료 중심에 입각한 치료라는 용어보다 프로그램이라는 용어를 사용하여 '자살위험이 있는 내담자를 위한 동기증진 인지행동 프로그램'이라고 정의한다.

동기증진 인지행동 프로그램은 두 가지 형태가 있다. 하나는 인지행동치료의 사전회기로서만 기능하는 것이며, 다른 하나는 인지행동치료 전 과정에 동기면담을 통합하는 것이다. 자살위험이 있는 내담자를 위한 동기증진 인지행동 프로그램은 사전회기(동기면담)와 본 회기(인지행동치료)로 구성되어 있다. 사전회기는 Britton, Patrick, Williams(2011)가 개발한 인지행동치료 사전회기를 수정 · 보완하여 새롭게 구성하였다. 본 회기는 Wenzel, Brown, Beck(2009)의 자살환자를 위한 인지행동치료를 지역사회 자살예방기관에서 활용하기 용이하도록 구성한 후, 진행과정에 필요한 질문들을 동기면담 의사소통 스타일로 재구성하고, 비판단적인 인지 탐색을 위한 기법을 추가하였다.

Wenzel, Brown, Beck(2009)의 자살 행위의 인지모형에 의하면 자살시도를 예측하는 위험 요인 중에서 심리적인 변인을 절망감, 문제해결능력, 충동성, 자살 관련 인지, 정보처리편향, 완벽주의, 역기능적 태도로 정의하였다. 이러한 변인은 기질적 취약 요인, 부정적 도식, 생활 스트레스 등과 상호작용하여 자살도식을 활성화시킨다. 자살도식이 활성화되면, 자살 관련 인지(절망감, 자살사고)를 처리하는 과정에서 주의가 고착되어 자살을 유일한 해결 방법으로 생각하고 자살 행위로 이어지는 것이다. 따라서 자살위험이 있는 내담자를 위한 인지행동치료의 목표는 자살도식을 발견하고 인지적 · 정서적 · 행동적 대처 기술을 개발하여 자살 행위의 가능성을 줄일 수 있도록 돕는 것이다. 자살도식 안에서도 부정적 인지를 탐색하는 데 방향성을 두기 때문에 구조화되어 있고 시간도 제한적이다.

1) 치료 초기단계

인지행동치료는 치료 초기단계, 인지적 사례개념화 및 치료계획, 치료 중기단계, 그리고 치료 후기단계로 나뉜다. 여기에서 동기면담과 결합하여 사용하는 데 유용한 단계는 치료 초기단계다. 치료 초기단계의 주요 목표에는 최근 자살위기상황을 표현하게 하고, 치료에 참여시키고, 자살위험성을 평가하고, 안전계획을 세우고, 희망감을 전달하는 것이 포함된다.

〈표 10-1〉 인지행동치료 치료 초기단계 구성내용

치료 초기단계 구성내용	주요개입
치료 동의서 작성을 포함하여 치료 내용 및 과정에 대한 정보 제공하기	• 개인 정보 및 비밀보장 제한에 관한 설명 • 치료의 목표(자살예방)와 구조화 과정 설명 • 대안이 되는 근거 기반 치료법의 장단점 논의 • 동의서 작성
치료참여 촉진하기	• 협력관계 형성 • 치료방해 요인 극복 방안 찾아내기
자살위험 평가 실시하기	• 자살위험 및 보호 요인 탐색하기

안전계획 세우기	• 자살위험신호 인식하기 • 사용할 수 있는 대처전략 확인하기 • 친구, 가족과 접촉하기 • 정신건강 전문가, 기관과 접촉하기
희망감 전달하기	• 희망감 주입하기

출처: Wenzel, A., Brown, G. K., & Beck, A. T. (2009). *Cognitive therapy for suicidal patients: Scientific and clinical applications.* 김학렬, 김정호 공역(2012). 자살환자의 인지치료. 서울: 학지사.

〈표 10-1〉을 보면, 인지행동치료 초기단계의 첫 번째 목표는 자살예방에 초점을 맞추고 치료 참여에 대한 동의서를 작성하는 것부터 출발한다. 동의서를 작성한다는 것은 변화에 대하여 결단이 있을 때 가능하다. 자살예방실천현장에서 만나는 내담자는 보호자나 지인, 유관기관으로부터 비자발적으로 의뢰되는 사례가 많다. 더구나 자살위험이 있는 내담자는 삶과 죽음에 대한 양가감정을 가지므로, 첫 만남에서 동의서를 작성하는 것이 쉽지 않다. 동의를 한다고 하여도 인지행동치료의 구조적인 치료방향성이 중도탈락률을 높일 수 있다.

〈표 10-2〉 인지행동치료 의제 설정 시나리오

인지행동치료 의제 설정
"현주 씨, 오늘 와 주셔서 감사합니다. 먼저 오늘 어떤 이야기를 할 것인지에 관하여 정하면 어떨까요? 우리는 이것을 '의제 설정'이라고 부릅니다. 중요한 내용을 빠뜨리지 않고 다루기 위해서는 매 치료 시간을 시작할 때마다 이와 같이 의제를 설정하는 것이 필요합니다. 제가 먼저 이번 시간에 이야기하고 싶은 몇 가지 항목을 말하고 다음에 추가할 것이 있는지 묻겠습니다. 괜찮습니까?"

출처: Beck, J. S. (2011). *Cognitive behavior therapy: Basics and beyond* (2th edition). 최영희, 최상유, 이정흠, 김지원 공역(2017). 인지행동치료: 이론과 실제(제2판). 서울: 하나의학사.

〈표 10-2〉를 보면, 인지행동치료는 초반 의제 설정을 면담자가 분명한 방향성을 가지고 시작한다. 치료참여의 동기가 분명한 내담자라면 문제가 없겠지만, 여전히 참여에 대하여 양가감정이 있는 내담자라면 면담자의 구조화된 방향성을 두고 논쟁할 가능성이 높다. 즉, 인지행동치료 초기단계에서 내담자가 대화하고 싶어 하는

주제와 면담자가 방향성을 두고자 하는 주제가 다르면, 관계 형성에 어려움을 겪을 수 있다. 이에 반해, 동기면담은 관계 형성 과정 이후에 초점 맞추기 과정을 별도로 두고 있다. 내담자의 최근 이슈를 경청하면서 합의된 의제를 설정하는 과정을 하나의 치료 과정으로 간주하기 때문이다.

자살위험이 있는 내담자를 위한 동기증진 인지행동 프로그램에서는 내담자의 이슈부터 출발하면서(사전회기, 1회기), 인지행동치료의 구조적인 접근에 능동적으로 참여하도록 합의된 목표를 도출하는 과정이 1회기 안에 포함된다.

〈표 10-3〉 MI 사전회기 구성 내용

MI 사전회기 구성 내용 (Britton, Patrick, & Williams, 2011)		관련 인지행동치료 구성 내용 (Wenzel, Brown, & Beck, 2009)
자살동기 탐색하기	• 자살동기 경청하기 • 위험성 평가하기	• 자살위험 평가 실시하기
삶의 동기 유발하기	• 삶의 동기를 유발하는 질문하기 • 표현되는 삶의 동기 반영하기	• 희망감 전달하기
삶에 대한 결단 구축하기	• 삶에 대한 결단대화 유발하기 • 행동실행을 위한 정보 교환하기	• 희망감 전달하기 • 치료 동의서 작성을 포함하여 치료 내용 및 과정에 대한 정보 제공하기
안전계획 세우기	• 자살위험 신호 인식하기 • 내부 대응 전략 구축하기 • 도움을 요청할 수 있는 인적자원 파악하기 • 도움을 요청할 수 있는 기관 파악하기	• 자살위험 신호 인식하기 • 사용할 수 있는 대처 전략 확인하기 • 친구, 가족과 접촉하기 • 정신건강 전문가, 기관과 접촉하기

〈표 10-3〉을 보면 자살위험이 있는 내담자를 위한 동기증진 인지행동 프로그램에서 동기면담 사전회기는 인지행동치료의 초기단계 구성 내용을 포함하고 있어 매우 적절하다. 나아가 추가적으로 동기를 유발하는 전략도 가지므로, 인지행동치료 초기단계와 통합하여 사용하는 것 이상의 효과가 나타날 것으로 보인다.

치료 초기단계에서 인지행동치료는 인지모형에 기초하여 자살로 이르는 인지적 과정을 이해하는 과정까지 포함한다. 이를 인지적 사례개념화라고 한다. 면담자는 그동안 내담자에게서 발견된 정보, 심리평가 결과, 인지적 사례개념화를 토대로 하여 치료계획을 수립하게 되며, 이를 통해 내담자는 어떤 원리로 치료에 참여하게 되는지를 명확하게 이해하고 행동계획을 수립하게 된다. 여기까지가 인지행동치료에서 치료 초기단계에 포함이 되는데, 동기면담 과정모델과 비교해 보면 계획하기 과정과 잘 부합된다. 동기면담 계획하기 과정은 내담자의 변화 목표를 실행 가능하도록 하기 위해 행동계획을 수립하는 단계이다. 따라서 동기면담의 계획하기 과정 안에 인지적·정서적·행동적 행동계획을 세우고, 이와 관련하여 인지적 사례개념화를 구체화하는 것을 포함하여 회기를 진행할 수 있다. 이 과정이 1회기 변화계획 세우기에 해당된다.

2) 치료 중기단계

인지행동치료에서 치료 중기단계는 인지적·정서적·행동적 대처 기술을 개발하여 자살 행위의 가능성을 줄이는 것이 목표이다. 자살위기상황에서의 상황, 사고, 정서를 기록하며, 대처 전략을 개발할 수 있도록 돕게 된다.

중기단계는 인지행동치료의 핵심과정으로 구조화된 형식으로 진행된다. 구조와 형식은 ① 기분 확인, ② 지난 회기와의 연결, ③ 의제 설정, ④ 과제 점검, ⑤ 의제 관련 주제논의, ⑥ 주기적인 요약, ⑦ 과제 설정, ⑧ 최종 요약과 피드백의 순서로 회기가 구성된다.

〈표 10-4〉 자살위험이 있는 내담자를 위한 동기증진 인지행동 프로그램과 인지행동치료 회기구조 비교

동기증진 인지행동 프로그램		인지행동치료 (Wenzel, Brown, & Beck, 2009)
관계 형성	관계 형성(과제 점검)	지난 회기와의 연결, 과제 점검
	자살위험 평가(기분검토 포함)	자살위험 평가(기분검토 포함)

초점 맞추기	의제 설정		의제 설정	
유발하기	의제 관련 주제 논의	인지개념화	의제 관련 주제 논의	인지개념화
		결정저울 작성하기		믿음의 장점과 단점 평가하기
		정보 교환하기		교육하기
계획하기	방해물 제거하기		-	
	과제물 제시		과제 설정	
	최종 요약과 피드백		최종 요약과 피드백	
	다음 회기 약속			

〈표 10-4〉를 보면, 자살위험이 있는 내담자를 위한 동기증진 인지행동 프로그램 회기구조에는 인지행동치료의 회기구조가 포함되어 있다. 반면에, 세부적으로 들어가면 몇 가지 차이점이 있다. 자살위험이 있는 내담자를 위한 동기증진 인지행동 프로그램은 전반적으로 회기 진행에서 OARS를 주요 기술로 사용하고, 닫힌질문보다는 열린질문의 비율을 많이 포함해야 하며, 질문 이후에 최소 두 번 반영해 나가는 것을 권장한다.

프로그램 내용에는 '결정저울' '정보 교환하기' '방해물 제거하기' '다음 회기 약속'이 포함되어 있다. 첫째, '결정저울'은 동기면담의 핵심 기법으로 내담자의 변화에 대한 다양한 측면을 탐색하고 스스로 결정을 할 수 있도록 내적 동기를 끌어내는 데 유용한 도구이다. 결정저울은 내담자 스스로 대처 전략을 자각할 수 있도록 돕는 데 유용하다. 인지행동치료에서도 믿음의 장점과 단점 평가하기를 기법으로 활용하고 있으나 구체적인 진행의사소통 스타일에서 차이가 있다.

둘째, '정보 교환하기'는 인지행동치료에서의 교육하기와 부합된다. 교육하기는 인지행동치료에서 필수적인 과정으로 전 과정에서 이루어진다. 반면, 동기면담의 정보 교환하기는 인지행동치료의 교육하기와 차이점이 있다. 동기면담은 면담자가 교육을 하여 정보를 제공하는 방식보다, 내담자가 이미 알고 있는 정보를 끌어내는 것에 우선한다.

셋째, '방해물 제거하기'는 동기면담에서 계획하기 과정에서 사용되는 주요 기법으로, 내담자가 구체화한 기술을 실생활에서 적용 가능하도록 만든다. 방해물 제거하기는 인지행동 초반 과정에서 '치료방해 요인 극복방안'과 부합된다. 여기에서는 프로그램 초반 이후에도 내담자가 지속해서 양가감정을 보일 수 있으므로, 지속적인 참여율과 행동실행 가능성을 높이기 위해 전 회기에서 방해물 제거하기를 구성하였다.

마지막으로 '다음 회기 약속'은 상호 간에 동맹 관계를 확인하고 최소한의 자살시도에 대한 안전장치로서 회기 안에 포함하였다. 동기증진 인지행동 프로그램의 회기 구성은 〈표 10-5〉와 같다.

〈표 10-5〉 동기증진 인지행동 프로그램의 회기 구성

회기	주제	세부 내용
사전회기	삶의 동기 증진하기	• 1단계: 자살동기 탐색하기 • 2단계: 삶의 동기 유발하기 • 3단계: 삶에 대한 결단 구축하기 • 4단계: 안전계획 세우기
1회기	변화계획 세우기	**프로그램 초기** • 관계 형성 • 자살위험 평가 • 회기 전체 오리엔테이션 **프로그램 중기** • 목표박스 작성하기 • 변화계획서 작성하기 **프로그램 종결** • 과제물 제시 • 최종 요약과 피드백 • 다음 회기 약속
2회기	인지적 대처 기술 키우기	**프로그램 초기** • 관계 형성(과제 점검) • 자살위험 평가 • 의제 설정 **프로그램 중기** • 의제 관련 주제논의

		- 결정저울 작성하기 - 도움이 되는 생각 발견하기 - 정보 교환하기 • 방해물 제거하기 **프로그램 종결** • 과제물 제시 • 최종 요약과 피드백 • 다음 회기 약속
3회기	인지적 대처 기술 키우기	**프로그램 초기** • 관계 형성(과제 점검) • 자살위험 평가 • 의제 설정 **프로그램 중기** • 의제 관련 주제논의 - 결정저울 작성하기 - 도움이 되는 생각 발견하기 - 정보 교환하기 • 방해물 제거하기 **프로그램 종결** • 과제물 제시 • 최종 요약과 피드백 • 다음 회기 약속
4회기	정서적 대처 기술 키우기	**프로그램 초기** • 관계 형성(과제 점검) • 자살위험 평가 • 의제 설정 **프로그램 중기** • 의제 관련 주제논의 - 결정저울 작성하기 - 정서적 대처 기술 탐색하기 - 정보 교환하기(정서조절 기술 정보 제공) - 정서적 대처 기술 평가하기 • 방해물 제거하기 **프로그램 종결** • 과제물 제시 • 최종 요약과 피드백 • 다음 회기 약속

5회기	행동적 대처 기술 키우기	**프로그램 초기** • 관계 형성(과제 점검) • 자살위험 평가 • 의제 설정 **프로그램 중기** • 정보 교환하기 • 행동계획서 작성(유쾌한 활동 등) **프로그램 종결** • 최종 요약과 피드백 • 회기 마무리(사후자기관리 프로그램 제안)

2. 자살위험이 있는 내담자를 위한 동기증진 인지행동 프로그램 진행자용 매뉴얼

◆ 프로그램 목표

자살 행위를 유발하는 인지, 정서, 행동을 탐색하여 도움이 되는 대처 기술을 사용하도록 돕는다.

◆ 참여대상

- 자살 생각이 있는 만 19세 이상 60세 미만 성인
- 자살 생각이 있는 자
- 프로그램 참여에 동의한 자
- 인지기능 및 의사소통 기능에 심각한 장애가 없으며, 설문지 내용을 읽고 이해하여 응답이 가능한 자
- 응급입원이 필요할 정도로 자살위험이 높지 않은 자

◆ 회기

사전회기 포함 6회기(주 1회를 원칙으로 하나 내담자의 특성에 맞게 탄력적 회기 운영)

◆ 회기시간

60분

1) 사전회기

진행 안내서

사전회기는 사후관리서비스로 연결하기 위한 내담자와의 첫 만남에서 이루어지는 의사소통 과정을 단계화한 것이다. 주요 목표는 협력적인 수평적 관계를 중심으로 자살위험성을 평가하고 삶과 죽음에 대한 양가감정을 해소하여 변화의지를 높이는 것이다. 변화의지가 높아지면, 변화방법에 대하여 고민하게 된다. 이때 본 회기로 이어질 수 있도록 정보를 제공하는 것이 주요 방향이다. 자세한 내용은 동기증진 프로그램 사전회기를 참고하기 바란다.

(1) 목표

삶과 죽음에 대한 양가감정을 해소하고 변화의지를 높여 동기증진 인지행동 프로그램으로 연결되도록 돕는다.

(2) 참여대상

자살위험이 있는 내담자를 대상으로 한다.

(3) 회기

초기 대면상담으로 진행한다.

(4) 회기시간

1시간(내담자에 따라 탄력적 운영)을 기본으로 한다.

2) 1회기: 변화계획 세우기

진행 안내서

1회기(변화계획 세우기)의 목표는 내담자가 자살예방에 목표를 두고 프로그램에 적극적인 참여를 할 수 있도록 행동계획을 구체화하여 변화준비도를 높이는 것이다.
변화계획은 자살예방을 위한 인지적·정서적·행동적 대처 방법을 포함한다. 이 과정에서 면담자는 도움이 되는 정보(예: 마음챙김, 호흡법, 지역사회 자원정보 등)를 제공하여 변화 계획안에 포함시킬 수 있도록 제안한다. 특히 프로그램 참여 과정 중에 발생될 수 있는 자살충동을 대처할 수 있는 몇 가지 대처방법에 관하여 정보를 제공하여(정서조절기술) 계획하기 안에 포함할 수 있도록 돕는다.

(1) 세부 목표

- 참가자는 이 회기를 통해서 면담자와 협동관계를 구축한다.
- 참가자는 자신의 삶을 변화시키는 데 도움이 되는 목표를 계획할 수 있다.

(2) 진행과정

① 관계 형성

만남에 대해 환영하는 모습을 보이고 긍정적인 일들에 대해 이야기를 나눈다. 사전회기 이후 변화에 대해 물어본다. 사전회기와의 연결은 사전회기에서 다루었던 내용들을 이해하고 기억할 수 있도록 한다. 이 과정에서 과제를 확인하며 과제를 수행하며 느낀 점을 나눈다.

② 내담자의 자살위험 평가

자살위험도 평가를 하면서 가장 최근에 경험한 자살충동에 대해서 대화를 하면서 자연스럽게 토론을 위한 의제로 화제를 바꾼다.

안전점검 목록

- "일주일간 어떻게 지내셨는지 몇 가지 질문을 드려도 될까요?" (사전 허락 구하기)
- "안전점검 목록을 작성해 주세요."

✓ (기분평가) "최근 1주일 동안 기분은 어떠셨나요? 가장 좋지 않은 기분을 0점으로, 가장 좋은 기분을 100점으로 했을 때 몇 점 정도로 표현할 수 있나요?"
✓ (자살충동횟수 확인) "최근 1주일 동안 자살충동이 몇 번 있었나요?"
✓ (음주하는 사람일 경우) "최근 1주일 동안 술은 얼마나 드셨나요?"
✓ "말씀하신 것을 변화 그래프를 통해 점검해 보시기 바랍니다."

③ 회기 전체에 대한 오리엔테이션

힘든 상황에서도 이 프로그램에 관심을 두고 만남에 응해 주신 점에 대하여 먼저 감사드립니다. 이 프로그램은 생각과 감정이 우리의 행동에 영향을 준다는 점에서 개발된 개별면담 프로그램입니다. 저희는 앞으로 5회기 동안 일주일에 한 번씩(내담자의 자살위험수준에 따라 탄력적 운영) 만나게 될 것이며, 이러한 만남을 통하여 자살시도에 이르게 한 ○○님의 상황과 생각을 탐색해 보고 도움이 되는 대안을 찾게 될 것입니다. 이 시간은 무엇보다 ○○님의 참여가 중요하며, 저는 ○○님의 과정을 돕는 협력자가 될 것입니다. 프로그램 중에 나누게 될 모든 이야기는 비밀이 보장됨을 알려 드립니다. 프로그램을 진행하는 것도 중요하지만, ○○님의 안전이 최우선이기 때문에 ○○님을 위험하게 할 수 있는 절박한 상황에서는 비밀보장이 되지 않을 수도 있음을 먼저 알려 드립니다. 효과적인 변화를 돕기 위하여 합의에 따라 회기마다 과제물을 제안합니다. 혹시 궁금하신 사항이 있으신가요?

이 프로그램을 통해서 원하는 것이 무엇인지 궁금합니다. (욕구나 목표)

제가 도울 수 있는 것에 대해 어떻게 생각하시는지 궁금합니다. (기대)

④ 목표박스 작성하기(브레인스토밍)

내담자가 바라는 의제와 면담자가 필요하다고 판단되는 의제를 함께 목표박스에 작성한다. 이렇게 하면 내담자의 욕구가 손상되지 않으면서, 면담자가 제안하는 의제도 함께 목표박스 안에 포함시킬 수 있다.

포함된 의제들은 시급성과 실현가능성을 기준으로 우선순위를 매긴 후, 문제의 범주를 구분한다. 여기에서는 유관기관과의 연계가 필요한 문제(예: 정신과 문제, 생계 문제)와 자살예방실천현장에서 지원 가능한 문제(예: 심리적 문제)로 구분한다. 심리적 문제 중에서도 자살 관련 인지, 낮은 자기효능감, 완벽주의, 자살충동, 절망감, 우울감 등은 자살과 관련된 변인이다. 자살위험이 있는 내담자는 이러한 변인과 관련된 문제들을 호소할 가능성이 높아서 문제를 집중적으로 다루는 것에 대한 욕구를 가진다. 따라서 문제들을 탐색하면서 자연스럽게 '자살예방'을 목표로 인지행동 회기에 참여하도록 한다.

〈표 10-6〉 목표박스

내담자의 목표	면담자의 희망 목표
1) 2) 3)	1) 2) 3)
공통된 합의 목표 1) 2) 3)	

핵심 질문

- "○○님이 바라시는 목표와 제가 떠오른 목표들을 함께 몇 가지 작성해 보도록 하겠습니다."
- "작성된 대안 중에서 시급성의 순서에 따라 우선순위를 매겨 보도록 하겠습니다."

⑤ 변화계획서 작성하기

〈표 10-7〉 변화계획서 작성하기

1단계 안전계획
위험 신호 1. ____________ 2. ____________ 3. ____________
내부 대응 전략: 다른 사람에게 연락하기 전에 스스로 해 볼 수 있는 일들 1. ____________ 2. ____________ 3. ____________
안전한 환경 만들기(자살위험도구 제거, 비상연락망 소지하기) 1. ____________ 2. ____________
2단계 변화계획
변화계획을 적어 보세요. 1. ____________ 2. ____________ 3. ____________
말씀하신 계획을 성공하기 위해 어떻게 첫 출발을 할까요? 1. ____________ 2. ____________ 3. ____________
계획에 있어서 방해물은 무엇인가요? 1. ____________ 2. ____________ 3. ____________

방해물에 대한 대응 전략은 무엇인가요?

1. ____________________
2. ____________________
3. ____________________

3단계 웰빙계획
나를 행복하게 하는 행복 목록 작성하기 1. ____________________ 2. ____________________ 3. ____________________

위의 계획에 대해 준수할 것을 동의합니다. 참가자 ____________(서명)

⑥ 과제물 제시

강점 30가지를 작성하도록 한다. 강점 목록 작성은 긍정적 정서를 활성화하여 자신을 그동안 부정적으로 바라보던 모습에서 긍정적인 관점을 취할 수 있도록 돕는다. 한편, 내담자가 강점 30가지를 작성하는 것에 대한 부담감을 느낄 수 있다. 부담이 되지 않도록 일상에서 발견할 수 있는 강점(예: 청소를 잘한다, 잠을 잘 잔다)들을 모두 포함해 볼 것을 제안하면 저자의 현장에서는 대부분 과제물을 완수하였다. 만약 과제물을 부담스러워한다면 강요할 필요는 없다. 전적으로 과제물은 내담자의 동기 수준에 따라서 탄력적으로 진행할 것을 제안한다.

다음 회기까지 강점 30가지를 작성하는 과제를 드리고자 하는데 어떠신가요?

⑦ 최종 요약과 피드백

회기의 마지막 5분 동안은 프로그램 시간 동안 나눈 내용들을 요약하고, 내담자에게 참여에 대한 피드백을 받는다.

우리가 지금까지 대화한 내용을 정리해 보겠습니다. 제가 잘 들었나요?

오늘 프로그램에 참여하신 소감은 어떠신가요?

⑧ 다음 회기 약속

다음 회기는 ○○일 ○○시에 뵙도록 하겠습니다.

3) 2~3회기: 인지적 대처 기술 키우기

진행 안내서

인지행동치료에서 치료 중기단계로 인지행동치료의 핵심 과정이다. 자살위기를 유발하는 상황 · 사고를 탐색하면서 사고로 인한 결과로 나타나는 정서와 행동 변화의 과정을 이해할 수 있도록 돕는다. 인지과정을 개념화하여 내담자는 자살사고를 유발하는 상황과 자동적 사고(순간적으로 떠오르는 생각)가 무엇인지를 알아차리고, 상황과 사고에 대처할 수 있는 대처 전략을 발견하게 된다. 자동적 사고에서 반복되는 주제를 탐색하면서 이와 관련된 초기 기억을 탐색해 보고, 자살사고가 있는 동안에는 핵심 신념도 활성화된다는 사실을 이해할 수 있도록 한다. 대처 전략은 도움이 되는 인지적 · 정서적 · 행동적 대처 기술을 모두 포함하지만, 회기 시간이 제한적이므로 인지적 대처 기술을 발견하는 데 중점을 둔다.

(1) 목표

자살 행위를 유발하는 상황 · 사고를 탐색하고 자살예방에 도움이 되는 인지적 대처 기술(정서 · 행동 포함)을 사용할 수 있도록 돕는다.

(2) 진행과정

① 관계 형성

만남에 대해 환영하는 모습을 보이고 한 주간 있었던 긍정적인 일들에 대해 이야기를 나눈다. 지난 회기 이후 변화에 대해 물어보고, 과제를 점검한다. 완수된 과제

(강점 30가지)를 읽어 보며, 강점으로 선택한 이유에 대해서 물어본다. 내담자의 강점을 말하도록 하는 것은 긍정적인 면을 부각시키므로, 긍정정서가 활성화되어 관계 형성을 촉진시키며 면담 회기 진행에 대한 긍정적인 관점을 취하는 데도 효과적이다. 과제 점검은 작성된 목록을 읽어 보며 간단히 이유를 묻는 정도로 진행한다. 대략 5분 정도 진행하며, 너무 시간을 할애하지 않도록 한다.

② 내담자의 자살위험 평가

자살위험도 평가를 하면서 가장 최근에 경험한 자살충동에 대해서 대화를 하면서 자연스럽게 토론을 위한 의제로 화제를 바꾼다.

안전점검 목록

- "일주일간 어떻게 지내셨는지 몇 가지 질문을 드려도 될까요?" (사전 허락 구하기)
- "안전점검 목록을 작성해 주세요."

✓ (기분평가) "최근 1주일 동안 기분은 어떠셨나요? 가장 좋지 않은 기분을 0점으로, 가장 좋은 기분을 100점으로 했을 때 몇 점 정도로 표현할 수 있나요?"
✓ (자살충동횟수 확인) "최근 1주일 동안 자살충동이 몇 번 있었나요?"
✓ (음주하는 사람일 경우) "최근 1주일 동안 술은 얼마나 드셨나요?"
✓ "말씀하신 것을 변화 그래프를 통해 점검해 보시기 바랍니다."

③ 의제 설정

최근의 자살 생각과 관련이 높은 문제를 의제로 설정한다.

이번 시간에는 ○○님에게 가장 최근에 자살 생각이 든 상황에서 떠오른 생각과 영향에 대해 탐색을 해 보고 도움이 되는 방법으로 재구성해 보는 시간을 가져 보겠습니다.

④ 의제 관련 주제논의(사고기록지 작성)

상황탐색

가장 최근에 있었던 자살 생각 경험을 물어본다.

오늘 이 자리에 오시기 전에 가장 최근에 경험한 자살위기 상황에 대해서 말씀해 주시겠어요?

생각(자동적 사고)탐색

순간 떠오르는 생각(자동적 사고)은 기분의 부정적인 변화와 관련되어 내담자가 의식하지 못할 만큼 빠르게 일어난다. 사건과 관련해 감정에 앞서 일어난 자동적 사고를 기록하도록 하고 자동적 사고가 지니는 의미를 탐색한다. 자동적 사고는 인지적 왜곡 목록을 내담자에게 보여 주고, 해당되는 것을 스스로 찾아볼 수 있도록 한다.

정말 힘들었겠네요. 우린 마음이 힘들 때, 어떤 생각이 머리에서 떠나지 않게 되어 더 힘들어지는 경우가 있습니다. 그 당시 어떤 생각이 떠오르셨나요?

자동적 사고는 어떤 의미를 지니나요?

감정 기술

떠오른 사고로 인해 나에게 든 감정을 구체적으로 기술해 본다.

그 순간 구체적인 감정은 어떤 감정이었나요? 예를 들어, 슬픔, 화남 등으로 본다면요.

감정을 점수로 표현한다면 0~100점 중 몇 점 정도로 표현할 수 있나요?

〈표 10-8〉 우울증 환자들이 자주 보이는 인지적 오류

인지적 왜곡	정의 및 예시		
흑백논리	정의		어떤 일을 극단의 두 범주로 나누어 평가함
	예		입학시험에 떨어졌을 때 '나는 얼굴을 들고 다닐 수 없어. 나는 인생의 낙오자야.'라고 생각함
지나친 일반화	정의		자신에게 일어난 좋지 않은 일에 대해 과거에도 그랬고 앞으로도 계속 일어날 것이라고 확대하여 생각함
	예		약속 시간에 늦거나 어떤 실수를 한 경우 자신에게 '나는 항상 늦는 사람이야.' '나는 언제나 실수를 해.' 등과 같이 확대해서 의미를 부여함
부정적 사고의 강조	정의		한 가지 좋지 않은 일에 골몰한 나머지 긍정적인 사실에 대해서는 간과함
	예		여러 사람이 칭찬을 하는데 단 한 사람이라도 자신의 행동을 비판했을 경우 자신이 잘못했다고 스스로 결론지음
평가절하적 사고	정의		긍정적이고 건설적인 것들을 무시하거나 평가절하함
	예		잘 성취한 일에 대해 다른 사람이 칭찬할 때 속으로 말하기를 '나는 칭찬받을 만큼 잘하지 못했어.' 혹은 '그저 사탕발림으로 한 얘기일 뿐이야.'라고 자신의 능력을 비하함
성급한 결론	그릇된 마음 읽기	정의	독심술같이 다른 사람이 마음속으로 생각하는 것을 자신이 안다고 확신함
		예	친한 친구가 며칠 연락이 없자 '이젠 날 좋아하지 않아서일 거야.'라고 혼자 생각하였는데 사실 친구는 해외여행 중이였음
	비현실적 예언	정의	좋지 않은 일이 일어날 것이라고 예상하고 그것이 기정사실인 양 행동함
		예	연극배우가 연극 전에 '망칠 거야. 결국 난 바보꼴이 되겠지?'라고 불안한 기분을 계속 되뇌면서 연극을 한 후 '내 생각대로야. 내 생각처럼 결국 망쳤잖아.'라고 생각함
사고의 확대와 축소	정의		자신이 좋지 않은 면은 확대하고 좋은 면은 축소함
	예		시험에 단 한 문제를 실수로 틀렸을 경우 '그런 실수는 멍청이나 하는 짓이다.'라고 자신의 실수를 확대해석하고, 우등상을 받고도 '이것은 조금만 노력하면 누구나 받을 수 있어.'라며 자신의 능력을 축소시킴

감정적 추론	정의	자신의 감정을 진리의 증거로 생각함
	예	어떤 일을 할 때 질리고 무력한 느낌이 들 경우 '그래서 나는 이 일을 해결하지 못할 거야.'라고 생각하거나, '난 죄지은 것 같은 느낌이야.'라고 생각할 때 이것을 나쁜 일을 했다는 뜻으로 단정함
강박적 의무	정의	어떤 일이 있을 때 그것이 당연히 되어야 하거나 해야만 한다고 강박적으로 자신을 채찍질하고 그 기준에 미흡할 때 부적절한 감정이 나옴
	예	숙련된 피아니스트가 연주 전 '한 치의 실수라도 하면 안 돼.'라고 강박적인 생각을 하고, 작은 실수를 했을 경우 자신에 대해 혐오심이나 수치심을 가짐
낙인찍기	정의	지나친 일반화가 극단적으로 나타남
	예	금연 중인 사람이 무심코 담배를 피운 후 '깜박 실수했네. 다시 노력하자.'라고 생각하는 대신에 '나는 골초라서 안 돼. 나는 실패자야.'라고 자신에게 스스로 낙인을 찍음
내 탓이요	정의	타인의 잘못된 행동에 대해 자신이 책임이 있다고 생각하여 스스로 자신을 탓함
	예	자신의 환자가 식이요법을 잘 안 지킬 때 담당 의사가 '나는 좋은 치료자가 못 돼.' '환자가 식이요법을 못 지킨 것은 내 책임이야.'라고 환자의 책임을 자신에게 돌림

출처: 권정혜, 이재우(2001). 우울증의 인지행동치료. 한국인지행동치료학회, 1, 1-22.

⑤ 결정저울 작성하기

〈표 10-9〉 장단점 탐색

현상유지		변화	
장점	단점	장점	단점

떠오른 생각을 계속 유지하였을 때의 장단점, 변화하였을 때의 장단점을 살펴보겠습니다.

도움이 될 수 있는 생각은 무엇이 있을까요?

⑥ 도움이 되는 생각 발견하기

도움이 되는 생각을 내담자 스스로 발견할 수 있도록 먼저 질문을 한다.

어떤 생각을 하는 것이 도움이 될까요?

선택하신 이유는 무엇인가요?

⑦ 정보 교환하기

도움이 되는 방법에 관하여 면담자가 알고 있는 방법과 내담자가 이미 알고 있는 방법을 모두 포함하여 함께 상의하는 시간을 갖는다. 이 과정에서 내담자가 이미 가지고 있는 내적 자원을 탐색하기 위하여 과제물로 작성한 강점 목록을 활용하면 좋다. 만약 내담자가 대안을 떠올리지 못한다면, 면담자는 도움이 될 수 있는 방법을 제시 또는 교육할 수 있다. 인지행동치료에서는 소크라테스 문답법, 행동실험을 주요 전략으로 사용하면서, 미래 상상하기, 희망 키트, 살아야 할 이유 목록 작성하기, 대처카드 만들기 등을 도구를 활용하기도 한다. 이러한 기법은 매우 효과적이지만 숙련된 훈련과 경험이 요구된다. 자살예방기관의 모든 면담자가 인지전환 기술을 손쉽게 사용할 수 있어야 한다. 따라서 여기에서는 긍정적인 인지에 도움을 주는 정보에 관하여, '다행이다' '감사하다' '용서하자'와 같은 생각으로 바꾸어 상황에 적용해 보도록 제안한다. '용서하자'는 과거의 부정적인 기억에서 유발되는 부정적인 정서를 줄이는 데 도움이 된다. '다행이다'와 '감사하다'는 현재에서 발생된 스트레스 상황을 긍정적인 사고로 재해석하는 데 효과적이다.

⑧ 방해물 제거하기

도움이 되는 생각을 사용하는 데 있어서 방해물들을 탐색하고 제거방법을 상의한다.

선택하신 생각을 실행하는 데 있어서 방해물은 무엇이 있나요?

어떻게 방해물을 제거할 수 있을까요?

⑨ 과제물 제시

과제는 내담자의 인지 기능, 과제를 하는 것에 대한 동기 등을 고려하여 알맞게 제시한다. 내담자 스스로 과제를 정할 수 있도록 격려하며, 수행할 수 있도록 지지한다. 과제물은 사고기록지(부록 참고)를 작성하도록 제안한다.

⑩ 최종 요약과 피드백

회기의 마지막 5분 동안은 프로그램 시간 동안 나눈 내용들을 요약하고, 내담자에게 참여에 대한 피드백을 받는다.

우리가 지금까지 대화한 내용을 정리해 보겠습니다. 제가 잘 들었나요?

오늘 프로그램에 참여하신 소감은 어떠신가요?

⑪ 다음 회기 약속

다음 회기는 ○○일 ○○시에 뵙도록 하겠습니다.

4) 4회기: 정서적 대처 기술 키우기

진행 안내서

2~3회기에서 자살 행위를 예방할 수 있는 인지적 대처 기술을 발견하고 연습(과제)해 보았다. 면담자는 앞으로 내담자가 그러한 상황이 생길 때마다 지속적으로 인지재구성을 하여 대처할 수 있도록 충분한 지지와 정보를 교환한다.
4회기의 목표는 자살 행위를 유발하는 상황·사고를 탐색하고 도움이 되는 정서적 대처 전략(사고·행동 포함)을 사용할 수 있도록 구체화하는 것이다. 자살시도자는 절망감에 깊게 빠져 있는 상태에서 주의가 고착되어 도움이 될 수 있는 과거의 긍정적인 기억을 떠올리지 못하여 문제해결능력이 제한된다. 따라서 정서적 대처 기술은 불안, 우울감과 같은 고통스러운 정서에 휩싸여 있을 때, 심리적 안정감을 회복하고 주의 초점을 이동시켜 주의고착을 예방할 수 있도록 도와준다. 이러한 측면에서 정서적 대처 기술은 자살충동이 있는 상황에서 이성적인 사고를 돕고, 안정적인 기분을 지속해서 유지할 수 있도록 만든다. 여기에서 정서적 대처 기술과 관련된 정보는 변증법적 행동치료의 정서조절 기술로 구성되어 있다.

(1) 목표

자살사고를 경험할 때 정서반응을 조절할 수 있도록 돕는 대처 기술을 발견하고 사용할 수 있도록 한다.

(2) 진행과정

① 관계 형성

만남에 대해 환영하는 모습을 보이고 한 주간 있었던 긍정적인 일들에 대해 이야기를 나눈다. 그리고 지난 회기 이후 변화에 대해 물어본다. 지난 회기와의 연결은 지난 회기에서 다루었던 내용들을 이해하고 기억할 수 있도록 한다(과제 확인 포함).

② 내담자의 자살위험 평가

자살위험도 평가를 하면서 가장 최근에 경험한 자살충동에 대해서 대화를 하면서 자연스럽게 토론을 위한 의제로 화제를 바꾼다.

안전점검 목록

- "일주일간 어떻게 지내셨는지 몇 가지 질문을 드려도 될까요?" (사전 허락 구하기)
- "안전점검 목록을 작성해 주세요."

✓ (기분평가) "최근 1주일 동안 기분은 어떠셨나요? 가장 좋지 않은 기분을 0점으로, 가장 좋은 기분을 100점으로 했을 때 몇 점 정도로 표현할 수 있나요?"
✓ (자살충동횟수 확인) "최근 1주일 동안 자살충동이 몇 번 있었나요?"
✓ (음주하는 사람일 경우) "최근 1주일 동안 술은 얼마나 드셨나요?"
✓ "말씀하신 것을 변화 그래프를 통해 점검해 보시기 바랍니다."

③ 의제 설정

자살위기를 다루는 정서적 대처 기술 개발을 의제로 설정한다.

이번 시간에는 ○○님에게 가장 최근에 부정적인 감정을 유발하는 상황을 확인하고 도움이 되는 방법을 찾아보는 시간을 가져 보겠습니다.

④ 의제 관련 주제논의(사고기록지 작성)

상황탐색

가장 최근에 있었던 자살 생각 경험을 물어본다.

일주일 중에 경험한 자살 생각(스트레스 상황)에 대해서 말씀해 주시겠어요?

생각(자동적 사고)탐색

순간 떠오르는 생각(자동적 사고)은 기분의 부정적인 변화와 관련되어 내담자가 의식하지 못할 만큼 빠르게 일어난다. 사건과 관련해 감정에 앞서 일어난 자동적 사고를 기록하도록 하고 자동적 사고가 지니는 의미를 탐색한다.

정말 힘들었겠네요. 우린 마음이 힘들 때, 어떤 생각이 머리에서 떠나지 않게 되어 더 힘들어지는 경우가 있습니다. 그 당시 어떤 생각이 떠오르셨나요?

자동적 사고는 어떤 의미를 지니나요?

감정 기술

떠오른 사고로 인해 나에게 든 감정을 구체적으로 기술해 본다.

그 순간 구체적인 감정은 어떤 감정이었나요? 예를 들어, 슬픔, 화남 등으로 본다면요.

감정을 점수로 표현한다면 0~100점 중 몇 점 정도로 표현할 수 있나요?

⑤ 결정저울 작성하기

〈표 10-10〉 장단점 탐색

현상유지		변화	
장점	단점	장점	단점

감정(생각)을 계속 유지하였을 때의 장단점, 변화하였을 때의 장단점을 살펴보겠습니다.

도움이 될 수 있는 대처 기술은 무엇이 있을까요?

⑥ 정서적 대처 기술 탐색하기

도움이 되는 대처방법을 내담자 스스로 발견할 수 있도록 먼저 질문을 한다. 대처 방법은 인지 · 정서 · 행동 과정을 모두 포함하지만, 여기에서는 정서적 대처 기술을 발견하는 데 중점을 둔다.

어떻게 감정을 대처하는 것이 도움이 될까요?

⑦ 정보 교환하기(정서적 대처 기술)

변증법적 행동치료에서는 정서에 초점을 둔 다양한 정서조절 기술을 사용한다. 특히 분노와 같은 감정을 수용하지 않고 반추하면 분노가 더 커진다고 보며, 분노를 일으킨 상황을 수용하고 대처하는 방법을 상세히 설명하고 있다. 충분히 정보를 제공하고, 연습을 해 보면 좋다.

✓ 스트레스 상황 대처 기술

① 스트레스 상황에서 벗어나기
② 산책하기(주변 환경의 자극을 오감을 통해서 알아차려 본다).
③ 충동적으로 행동했을 때의 불이익, 행동하지 않았을 때의 이점 생각하기
④ 천천히 호흡하며 근육 이완하기
⑤ 수용하기
- 1단계: '나에게 이런 생각이 드는구나.'
- 2단계: '내가 판단하고 있구나.'
- 3단계: '상대에게도 그럴 만한 사정이 있었겠지.'

⑥ 의사표현
- 1단계: 정서경험을 사실에 근거하여, 판단하지 않고, 비난적이지 않고 부드러운 목소리로 상대에게 말한다.
- 2단계: 나(I)를 주어로 하여 상대에게 부드럽고 구체적으로 욕구를 요청한다.

"나는 ○○님이 ~해 주면 좋겠어요."

- 3단계: 상대가 반박을 할 때는 부분적으로 인정하며, 나의 입장에 대해서 객관적으로 전달한다. 상대가 요청을 받아들여 준다면 고맙다는 표현을 한다.

"○○님 입장에서는 그럴 수 있겠네요." "제 요청을 받아들여 줘서 고마워요."

✓ 마음챙김 3분 호흡법

① 눈을 감고 다음과 같은 질문을 하며, 감각들을 알아차려 본다.

"지금 이 순간에 나의 생각, 감정, 신체 감각은 어떤 경험을 하고 있는가?"

② 호흡에 집중하며 천천히 들숨과 날숨을 반복한다.

③ 전 신체로 주의를 확장하여 다양한 감각들을 알아차려 본다.

✓ 정서를 다루는 활동

운동, 영화 보기, 음식 먹기, 외출하기, 숫자 세기, 과제하기, 하루 동안 감사한 일 세어 보기, 친절 베풀기, 음악 듣기, 목욕하기, 청소하기, 산책하기

⑧ 정서적 대처 기술 평가하기

대화에서 발견된 대처 기술들을 통합하여 장단점을 평가해 보고, 내담자에게 유용한 대처 기술로 찾는다.

⑨ 방해물 제거하기

정서적 대처 기술을 사용하는 데 방해물들을 탐색해 보고, 방해물을 제거할 수 있는 방법을 상의한다.

⑩ 과제물 제시

과제는 내담자의 인지 기능, 과제를 하는 것에 대한 동기 등을 고려하여 알맞게 제시한다. 내담자 스스로 과제를 정할 수 있도록 격려하며, 이를 수행할 수 있도록 지지한다. 과제물은 사고기록지(부록 참고)를 작성하도록 제안한다.

⑪ 최종 요약과 피드백

회기의 마지막 5분 동안은 프로그램 시간 동안 나눈 내용들을 요약하고, 내담자에게 참여에 대한 피드백을 받는다.

우리가 지금까지 대화한 내용을 정리해 보겠습니다. 제가 잘 들었나요?

오늘 프로그램에 참여하신 소감은 어떠신가요?

⑫ 다음 회기 약속

다음 회기는 ○○일 ○○시에 뵙도록 하겠습니다.

5) 5회기: 행동적 대처 기술 키우기

진행 안내서

자살사고를 유발하는 상황・사고를 탐색하고 도움이 되는 행동적 대처 기술을 사용할 수 있도록 돕는다. 긍정심리학에서는 행복을 위해서는 즐거운 삶, 만족하는 삶, 의미 있는 삶, 좋은 관계의 삶, 성취하는 삶이 중요하다고 말한다. 이러한 행복의 요소들은 인지행동치료의 행동 전략과 잘 부합된다.

인지행동치료에서 행동 전략은 유쾌한 활동 늘리기, 사회적 지지자원 늘리기, 지역자원 활용하기이다. 즐거운 삶을 위하여 유쾌한 활동을, 좋은 관계의 삶을 위하여 사회적 지지자원을 늘릴 수 있도록 돕는다. 이러한 요건들이 충족되어도, 생계적 어려움이나 신체적 질병이 있다면 행복한 삶을 영위하는 데 제한이 따른다. 따라서 만족하는 삶, 성취하는 삶을 살 수 있도록 돕기 위해서는 지역자원을 활용하여 취업성공패키지 프로그램, 의료지원 복지자원 등 지역자원을 활용할 수 있도록 돕는 것이 중요하다.

(1) 목표

자살위기를 다루는 행동적 대처 기술을 개발하고 사용할 수 있도록 돕는다.

(2) 진행과정

① 관계 형성

첫 만남에 대해 환영하는 모습을 보이고 긍정적인 코멘트를 찾아 이야기해 준다. 지난 회기 이후 변화에 대해 물어본다(과제물 확인 포함).

② 내담자의 자살위험 평가

안전점검 목록

- "일주일간 어떻게 지내셨는지 몇 가지 질문을 드려도 될까요?" (사전 허락 구하기)
- "안전점검 목록을 작성해 주세요."

✓ (기분평가) "최근 1주일 동안 기분은 어떠셨나요? 가장 좋지 않은 기분을 0점으로, 가장 좋은 기분을 100점으로 했을 때 몇 점 정도로 표현할 수 있나요?"
✓ (자살충동횟수 확인) "최근 1주일 동안 자살충동이 몇 번 있었나요?"
✓ (음주하는 사람일 경우) "최근 1주일 동안 술은 얼마나 드셨나요?"
✓ "말씀하신 것을 변화 그래프를 통해 점검해 보시기 바랍니다."

③ 의제 설정

자살위기를 다루는 행동 전략 개발을 의제로 설정한다.

이번 시간에는 OO님의 자살위기를 다루는 행동 전략을 개발하고, 구체적으로 삶 속에서 활용할 수 있도록 행동계획서를 작성해 보는 시간을 가져 보겠습니다.

④ 정보 교환하기

내담자가 자살위기 상황을 대처해 본 행동 전략을 탐색하고, 효과적인 정보를 제안한다. 정보는 출력을 하여 언제든지 꺼내서 볼 수 있도록 소지할 수 있도록 한다.

〈표 10-11〉 행동 전략-유쾌한 활동 늘리기

웰빙 정서의 유형에 따른 웰빙 행동 목록의 예

■ 화, 분노, 괘씸함, 배신감, 짜증, 신경질, 불쾌, 미움

- 목사님/스님/신부님의 설교/설법/강론을 유튜브로 시청한다.
- '받아들임'을 읽는다.
- 라디오에서 소개된 독자 사연 모음집을 읽는다.
- 땀에 흠뻑 젖도록 운동을 한다.
- 집 안 대청소를 한다.
- 요가를 한다.
- 등산을 한다.
- 도서관에 가서 책을 본다.
- 영화(액션물)를 본다.
- 음악을 듣는다.
- 가족 사진을 본다.
- 목욕을 한다.
- 즐거운 상상을 한다.
- 쇼핑을 한다.

■ 억울함

- 목사님/스님/신부님의 설교/설법/강론을 유튜브로 시청한다.
- 성경을 읽는다.
- 친구에게 억울한 감정을 토로한다.
- 영화를 본다.

■ 우울, 무기력, 낙담, 좌절, 안타까움

- 음악을 듣는다.
- 동물원에 간다.
- 서점에 간다.
- 맛있는 음식을 먹는다.
- 즐거운 상상을 한다.
- 새벽시장에 나가 본다.

■ 슬픔, 고독, 울적함, 소외감, 허무, 절망, 귀찮음

- 목사님/스님/신부님의 설교/설법/강론을 유튜브로 시청한다.
- 라디오에서 소개된 독자 사연 모음집을 읽는다.
- 맛있는 음식을 먹는다.
- 친구와 노래방에 간다.

■ 권태, 심심함, 무료함

- 피아노를 친다.
- 영화를 본다.
- 친구를 만난다.
- 운동을 한다.
- 즐거운 상상을 한다.
- 책을 읽는다.

■ 죄책감, 수치심, 후회, 자책

- 목사님/스님/신부님의 설교/설법/강론을 유튜브로 시청한다.
- 일기나 편지를 읽는다.
- 전화 상담을 한다.

■ 위축감, 비참감, 열등감

- 목사님/스님/신부님의 설교/설법/강론을 유튜브로 시청한다.
- 땀에 흠뻑 젖도록 운동을 한다.
- 라디오에서 소개된 독자 사연 모음집을 읽는다.
- 친구와 노래방에 간다.
- 여행을 간다.

■ 선망, 시기, 질투

- 목사님/스님/신부님의 설교/설법/강론을 유튜브로 시청한다.
- (노자, 장자, 법정스님의) 책을 읽는다.
- 쇼핑을 한다.

■ 불안, 긴장, 걱정, 초조, 두려움

- 자연의 소리를 담은 음원을 듣는다.
- 명상을 한다.
- 스트레칭, 요가, 태극권을 한다.
- 근육이완법을 실시한다.

■ 답답함, 암담함, 압박감, 중압감, 부담감, 쫓기는 느낌

- 목사님/스님/신부님의 설교/설법/강론을 유튜브로 시청한다.
- 일의 계획을 다시 세운다.
- (노자, 장자, 법정스님의) 책을 읽는다.
- 생활 지침을 읽는다.
- 땀에 흠뻑 젖도록 운동을 한다.

■ 갈등, 혼란

- 영화를 본다.
- 미용실에 간다.
- 목욕을 한다.
- 사이버 상담을 한다.

■ 당황, 어색함

- 호흡 명상을 한다.
- 근육이완법을 실시한다.

출처: 김정호(2015). 생각바꾸기. 서울: 불광출판사.

⑤ 행동계획서 작성하기

〈표 10-12〉 행동계획서 작성하기

1단계 유쾌한 활동계획
1. ________________
2. ________________
3. ________________
2단계 사회적 지지자원 늘리기
1. ________________
2. ________________
3. ________________
3단계 지역자원 활용하기
1. ________________
2. ________________
3. ________________
위의 계획에 대해 준수할 것을 동의합니다. 참가자 ____________(서명)

⑥ 최종 요약과 피드백

회기의 마지막 5분 동안은 프로그램 시간 동안 나눈 내용들을 요약하고, 내담자에게 참여에 대한 피드백을 받는다.

우리가 지금까지 대화한 내용을 정리해 보겠습니다. 제가 잘 들었나요?

프로그램에 참여하신 소감은 어떠신가요?

⑦ 회기 마무리

프로그램 과정 동안의 소감을 나누고, 발견하고 실제로 사용해 본 기술들을 종합해 본다. 성공적으로 회기가 마무리되었다면 앞으로 지역사회 자살예방기관에서는 내담자를 유지단계 대상자로 변경하여 사후관리 모니터링을 실시해 나가면 된다. 이 과정에서 변화행동을 지속해서 유지할 수 있도록 사회적 지지를 제공하는 것이 중요하다. 프로그램 종료 후 지속적인 행동 유지를 위하여 사후자기관리 프로그램 '행복노트'를 수행해 보도록 제안한다. 사후자기관리 프로그램 '행복노트'는 긍정심리학을 기반으로 하여 긍정정서를 키우는 활동들로 구성되어 있다.

6) 유지단계: 사후자기관리 프로그램 '행복노트'(90일 작성)

〈표 10-13〉 행복노트 준비회기

1. 대표 강점 탐색하기 긍정심리학의 창시자 Seligman의 연구에 의하면 사람들은 저마다 몇 개의 대표 강점을 지니고 있다고 본다. 대표 강점은 현재 당신의 모습이자 정체성으로 대표 강점을 사용하면 큰 기쁨을 느끼며 기운이 나며 관련된 일에 몰입하게 되고 그 강점에 따라 행동하기를 열망하게 된다. 궁극적으로 자신의 모습을 부정적으로 바라보던 시선에서 강점을 바라보는 시선으로 재구조화하게 되는 것이다. 대표 강점 한두 가지를 일상생활 속에서 활용하게 하여 즐거움을 느낄 수 있는 삶을 살아가도록 돕는 것이 주요 전략이다.

• 대표 강점 목록

호기심	학구열	판단력	창의성	예견력
용감성	끈기	정직	열정	사랑
친절	사회성지능	팀워크	고정성	리더십
용서	겸손	신중함	자기통제력	감상력
감사	희망	유머	영성	

"당신이 앞으로 매일 일상생활에서 사용하고 싶은 대표 강점 두 가지는 무엇인가요?"

2. 운동 계획하기

운동은 도파민을 증가시켜 자신감을 높이고 세로토닌을 분비시켜 불안과 우울감을 줄인다.

- 매일 꾸준히 할 수 있는 운동은 무엇인가요?
- 매일 꾸준히 할 수 있는 운동 시간은 얼마인가요?
- 언제 어떻게 운동을 실시할 계획인가요?

3. 감사일기

긍정심리학의 창시자 Seligman은 평균 우울증 점수 34점의 극단적 우울증 환자 50명을 대상으로 우울증 검사와 행복도 검사를 받게 한 다음, 감사일기에 일주일 동안 매일 그날의 감사한 일 세 가지와 왜 감사한지 이유를 적게 하였다. 그들의 평균 우울증 점수는 34점에서 17점으로, 즉 극단적 우울증에서 경미한 우울증으로 크게 내려갔고, 행복 백분위 점수는 15점에서 50점으로 올라갔다. 이 활동을 연구하면서 Seligman은 감사한 기억을 세는 활동이 향후 6개월까지 행복감을 증진시키고 좌절감의 징후를 감소시킨다는 것을 발견하였다. 감사를 세는 활동을 3주(21일) 동안 반복하다 보면 습관이 형성되고, 최대 100일 정도를 하면 몸에 자연스럽게 익게 된다.

• 감사일기

(	다행입니다. 왜냐하면	)
(	감사합니다. 왜냐하면	)
(	감사합니다. 왜냐하면	)

〈표 10-14〉 행복노트 본 회기(90일 작성)

• 오늘 나의 기분은?

매우 안 좋다 0점 매우 좋다 10점

• 오늘 나의 음주량은?

• 오늘 내가 한 운동은? 운동 시간은? 운동 후의 생각이나 느낌은?

• 오늘 대표 강점을 사용한 것은?

• 오늘 내가 베푼 친절은?

• 감사일기

(다행입니다. 왜냐하면)

(감사합니다. 왜냐하면)

(감사합니다. 왜냐하면)

✓ 마음을 편안하게 하는 대처방법

① 5초간 숨을 천천히 들이마시고 내뱉는다.

② 호흡으로 인해 신체에서 느껴지는 감각에 30초간 천천히 집중한다.

③ 고마운 경험이나 기분 좋았던 일을 떠올리며 생각을 전환한다.

④ 감정이 쉽게 회복되지 않으면 주변의 좋아하는 산책로를 걸으며 ③에 집중한다.

부록

1. 인구사회학적 및 자살위험성 평가

날짜: 이름:

연번	구분	평가 결과
1	교육정도	
2	결혼상태	
3	동거 여부	
4	현재 직업	
5	과거 직업력	
6	과거 정신과 진단	
7	진단명	
8	과거 자살시도	
9	처음 자살시도	

10	자살시도 횟수	
11	가장 최근 자살시도 시기 및 방법	
12	과거 자살시도 방법	
13	가족 중 자살자	
14	음주 유무 및 음주량	
15	사회복지서비스 이용	
16	현재 자살위험성 여부	
17	기질적 뇌손상 여부	
18	자살 관련 타 프로그램 참여 여부	

비상연락망

비상연락망	
1. 가장 가까운 사람들의 연락처	
1) 이름:	연락처:
2) 이름:	연락처:
3) 이름:	연락처:
4) 이름:	연락처:
2. 위기상황 시 도움을 받을 수 있는 기관	
1) 정신건강복지센터	연락처:
2) 치료 중인 병원	연락처:
3) 사회복지서비스 기관 담당자	연락처:
4) 기타 ( )	연락처:
5) 상담전화	
보건복지콜센터 상담전화 129	정신건강위기상담전화 1577-0199
한국 생명의 전화 1588-9191	경찰서 112

(절취선)

비상연락망	
1. 가장 가까운 사람들의 연락처	
1) 이름:	연락처:
2) 이름:	연락처:
3) 이름:	연락처:
4) 이름:	연락처:
2. 위기상황 시 도움을 받을 수 있는 기관	
1) 정신건강복지센터	연락처:
2) 치료 중인 병원	연락처:
3) 사회복지서비스 기관 담당자	연락처:
4) 기타 ( )	연락처:
5) 상담전화	
보건복지콜센터 상담전화 129	정신건강위기상담전화 1577-0199
한국 생명의 전화 1588-9191	경찰서 112

2. 동기증진 프로그램(참가자용)

1회기. 변화목표 세우기

1) 지난 한 주 동안의 기분, 자살충동횟수, 음주횟수를 점검해 보세요.

기분 (일주일간)	자살충동횟수 (일주일간)	음주횟수 (일주일간)

2) 가치관 탐색하기

너그러움	정확함	달성	모험
매력	권위	자율	미
보살핌	도전	변화	마음이 편한
서약	동정	공헌	협력
예의	창조성	신뢰할 만한 것	임무
생태학	흥분	정절	명성
가족	피트니스	유연성	관대함
우정	즐거움	선심	성실함

3) 목표박스 작성하기

내담자의 목표	면담자의 희망 목표
1) 2) 3)	1) 2) 3)
공통된 합의 목표 1) 2) 3)	

4) 결정저울

현상유지		변화	
이득	손해	이득	손해

2회기. 강점 탐색하기

1) 지난 한 주 동안의 기분, 자살충동횟수, 음주횟수를 점검해 보세요.

기분 (일주일간)	자살충동횟수 (일주일간)	음주횟수 (일주일간)

2) Seligman의 대표 강점

호기심	학구열	판단력	창의성	예견력
용감성	끈기	정직	열정	사랑
친절	사회성지능	팀워크	고정성	리더십
용서	겸손	신중함	자기통제력	감상력
감사	희망	유머	영성	

3회기. 과거의 성공 경험담 찾기

지난 한 주 동안의 기분, 자살충동횟수, 음주횟수를 점검해 보세요.

기분 (일주일간)	자살충동횟수 (일주일간)	음주횟수 (일주일간)

4회기. 변화계획서 작성하기

1단계 안전계획

위험 신호

1. ______________________________
2. ______________________________
3. ______________________________

내부 대응 전략: 다른 사람에게 연락하기 전에 스스로 해 볼 수 있는 일들

1. ______________________________
2. ______________________________
3. ______________________________

안전한 환경 만들기(자살위험도구 제거, 비상연락망 소지하기)

1. ______________________________
2. ______________________________

2단계 변화계획

변화계획을 적어 보세요.

1. ______________________________
2. ______________________________
3. ______________________________

말씀하신 계획을 성공하기 위해 어떻게 출발할까요?

1. ______________________________
2. ______________________________
3. ______________________________

계획에 있어서 방해물은 무엇인가요?

1. ______________________________
2. ______________________________
3. ______________________________

방해물에 대한 대응 전략은 무엇인가요?

1. ______________________________

2. ______________________________

3. ______________________________

3단계 웰빙계획
나를 행복하게 하는 행복 목록 작성하기 1. ______________________________ 2. ______________________________ 3. ______________________________
위의 계획에 대해 준수할 것을 동의합니다. 참가자 ____________(서명)

3. 자살위험이 있는 내담자를 위한 동기증진 인지행동 프로그램(참가자용)

변화계획 세우기

지난 한 주 동안의 기분, 자살충동횟수, 음주횟수를 점검해 보세요.

기분 (일주일간)	자살충동횟수 (일주일간)	음주횟수 (일주일간)

내담자의 목표	면담자의 희망 목표
1) 2) 3)	1) 2) 3)

공통된 합의 목표
1)
2)
3)

변화계획서 작성하기

1단계 안전계획

위험 신호
1. ______________________
2. ______________________
3. ______________________

내부 대응 전략: 다른 사람에게 연락하기 전에 스스로 해 볼 수 있는 일들
1. ______________________
2. ______________________
3. ______________________

안전한 환경 만들기(자살위험도구 제거, 비상연락망 소지하기)
1. ______________________
2. ______________________

2단계 변화계획

변화계획을 적어 보세요.
1. ______________________
2. ______________________
3. ______________________

말씀하신 계획을 성공하기 위해 어떻게 출발할까요?

1. ____________________
2. ____________________
3. ____________________

계획에 있어서 방해물은 무엇인가요?

1. ____________________
2. ____________________
3. ____________________

방해물에 대한 대응 전략은 무엇인가요?

1. ____________________
2. ____________________
3. ____________________

3단계 웰빙계획
나를 행복하게 하는 행복 목록 작성하기 1. ____________________ 2. ____________________ 3. ____________________
위의 계획에 대해 준수할 것을 동의합니다. 참가자 ____________(서명)

인지적 대처기술 키우기

지난 한 주 동안의 기분, 자살충동횟수, 음주횟수를 점검해 보세요.

기분 (일주일간)	자살충동횟수 (일주일간)	음주횟수 (일주일간)

사고기록지 작성

상황	자동적 사고	감정	행동	자동적 사고 (자살의도)	자살시도

결정저울

생각의 장단점	
이득	손해

도움이 되는 생각 발견하기

자동사고	대안 생각	효과

방해물 제거하기

방해물	대처 전략	효과

정서적 대처 기술 키우기

지난 한 주 동안의 기분, 자살충동횟수, 음주횟수를 점검해 보세요.

기분 (일주일간)	자살충동횟수 (일주일간)	음주횟수 (일주일간)

사고기록지 작성

상황	자동적 사고	감정	행동	자동적 사고 (자살의도)	자살시도

정서적 대처 기술 탐색 및 평가하기

대처 방법	평가하기	
대처 방법 1	장점	단점
대처 방법 2	장점	단점
대처 방법 3	장점	단점

방해물 제거하기

방해물	제거 방법	효과

행동적 대처기술 키우기

지난 한 주 동안의 기분, 자살충동횟수, 음주횟수를 점검해 보세요.

기분 (일주일간)	자살충동횟수 (일주일간)	음주횟수 (일주일간)

행동계획서 작성하기

1단계 유쾌한 활동계획

1. ______________________________

2. ______________________________

3. ______________________________

2단계 사회적 지지자원 늘리기

1. ______________________________

2. ______________________________

3. ______________________________

3단계 지역자원 활용하기

1. ______________________________

2. ______________________________

3. ______________________________

위의 계획에 대해 준수할 것을 동의합니다. 참가자 ____________(서명)

4. 사후자기관리 프로그램 '행복노트'

• 오늘 나의 기분은?

매우 안 좋다 0점 매우 좋다 10점

• 오늘 나의 음주량은?

• 오늘 내가 한 운동은? 운동 시간은? 운동 후의 생각이나 느낌은?

• 오늘 대표 강점을 사용한 것은?

• 오늘 내가 베푼 친절은?

• 감사일기

(다행입니다. 왜냐하면)

(감사합니다. 왜냐하면)

(감사합니다. 왜냐하면)

✓ 마음을 편안하게 하는 대처방법

① 5초간 숨을 천천히 들이마시고 내뱉는다.

② 호흡으로 인해 신체에서 느껴지는 감각에 30초간 천천히 집중한다.

③ 고마운 경험이나 기분 좋았던 일을 떠올리며 생각을 전환한다.

④ 감정이 쉽게 회복되지 않으면 주변의 좋아하는 산책로를 걸으며 ③에 집중한다.

사고기록지

<table>
<tr><th>사건</th><th colspan="2">생각
(떠오른 생각에 ✓표시하세요)</th><th>자기점검</th></tr>
<tr><td rowspan="4"></td><td>예: 흑백논리</td><td></td><td rowspan="4">1) 내가 이런 생각이 드는구나.
2) 상대에게도 '사정이 있겠지.'
3) 그래도 이만하니 다행이다.</td></tr>
<tr><td></td><td></td></tr>
<tr><td></td><td></td></tr>
<tr><td></td><td></td></tr>
</table>

감정 대처방법

✓ 마음을 편안하게 하는 대처방법 안내하기

① 5초간 숨을 천천히 들이마시고 내뱉는다.

② 호흡으로 인해 신체에서 느껴지는 감각에 30초간 천천히 집중한다.

③ 고마운 경험이나 기분 좋았던 일을 떠올리며 생각을 전환한다.

④ 감정이 쉽게 회복되지 않으면 주변의 좋아하는 산책로를 걸으며 ③에 집중한다.

웰빙인지문구

이 또한 지나가리라	이렇게 산다는 건 정말 감사한 일이야	모든 일은 마음 먹기 나름이다	이만하면 다행이다	지나고 나면 다 아무렇지 않게 될 거야
나는 행복하다	나는 운이 좋은 편이기 때문에 다 잘될 거야	넌 할 수 있어	내 주위엔 다 좋은 사람들 뿐이다	감사한 일이다
그럴 수도 있다	그 사람도 다 이유가 있을 거다	하늘은 언제나 나의 편	괜찮아 괜찮아	별거 아니다
이성적으로 생각하자	천천히 생각하자	난 멋진 사람이야	다 잘되고 있어	바라지 말고 내가 먼저 하자
문제가 문제지 사람이 문제가 아니다	악한 사람은 없다	할 수 있다	다들 힘들 거야 나만 힘든 게 아니야	나보다 더 힘든 사람도 있는데, 이 정도면 괜찮아
정말로 간절히 원하면 이루어진다	카르페 디엠	어떤 이름으로든 그대가 있어 행복하다	힘들면 쉬어 가자	매 순간이 꽃봉오리인 것을
참자	힘들지만 다 좋은 경험이 될 거야	고생 끝에 낙이 온다	가는 말이 고와야 오는 말이 곱다	최선을 다하고 하늘의 뜻을 기다리자
고생 끝에 낙이 올 거야	행동하면 생각이 바뀐다	오늘은 어제 죽은 이가 그토록 바라던 내일이다	고통은 나를 성장시키는 연습일 뿐	시련 후에 성장한다
인생은 연습의 연속이다	모든 사람은 외롭다	파리가 아름다운 이유는 3일만 머물기 때문이다	비 온 뒤에 땅이 굳어진다	행복은 스스로 만들어 가는 것이다

웰빙인지구절

첫째는 희망, 둘째는 믿음, 그리고 마지막으로 신은 행운을 끼워 두었다. (E-히엔슨)

세상에서 가장 중요한 일들은 전혀 가망이 없는 것처럼 보이는데도 끝까지 노력하는 사람들에 의해 이루어졌다. (데일 카네기)

할 수 있는 일은 때를 놓치지 말라! 인생의 불행은 자기가 할 수 있는 일을 하지 않은 데 있다. (로맹 롤랑)

당신은 매우 특별한 사람이다. 진정 당신 자신이 되어라. (데즈먼드 투투)

인생에서 가장 견디기 힘든 시기는 나쁜 날씨가 계속될 때가 아니라 구름 한 점 없는 날들이 계속될 때다. (카를 힐티)

행복은 입맞춤과 같다. 행복을 얻기 위해서는 누군가에게 행복을 주어야 한다. (디오도어 루빈)

무언가 하고 싶은 사람은 방법을 찾아내고 아무것도 하기 싫은 사람은 구실을 찾아낸다. (아랍 속담)

짐이 무거울수록 우리의 삶은 보다 생생하고 진실해진다. (밀란 쿤데라)

추녀 끝 풍경은 바람이 불지 않으면 소리를 내지 않는다. 인생도 힘든 일이 있기 때문에 비로소 즐거움을 알게 된다. (채근담)

두려움은 당신을 가두고 희망은 당신을 자유롭게 한다. (영화 〈쇼생크 탈출〉 中에서)

행복은 언덕의 저녁 노을 같다. 누구에게나 보이지만 대개는 다른 쪽으로 눈을 돌려 그것을 놓치고 만다. (마크 트웨인)

웰빙 정서의 유형에 따른 웰빙 행동 목록

■ 화, 분노, 괘씸함, 배신감, 짜증, 신경질, 불쾌, 미움

- 목사님/스님/신부님의 설교/설법/강론을 유튜브로 시청한다.
- '받아들임'을 읽는다.
- 라디오에서 소개된 독자 사연 모음집을 읽는다.
- 땀에 흠뻑 젖도록 운동을 한다.
- 집 안 대청소를 한다.
- 요가를 한다.
- 등산을 한다.
- 도서관에 가서 책을 본다.
- 영화(액션물)를 본다.
- 음악을 듣는다.
- 가족 사진을 본다.
- 목욕을 한다.
- 즐거운 상상을 한다.
- 쇼핑을 한다.

■ 억울함

- 목사님/스님/신부님의 설교/설법/강론을 유튜브로 시청한다.
- 성경을 읽는다.
- 친구에게 억울한 감정을 토로한다.
- 영화를 본다.

■ 우울, 무기력, 낙담, 좌절, 안타까움

- 음악을 듣는다.
- 동물원에 간다.
- 서점에 간다.
- 맛있는 음식을 먹는다.
- 즐거운 상상을 한다.
- 새벽시장에 나가 본다.

■ 슬픔, 고독, 울적함, 소외감, 허무, 절망, 귀찮음

- 목사님/스님/신부님의 설교/설법/강론을 유튜브로 시청한다.
- 라디오에서 소개된 독자 사연 모음집을 읽는다.
- 맛있는 음식을 먹는다.
- 친구와 노래방에 간다.

■ 권태, 심심함, 무료함

- 피아노를 친다.
- 영화를 본다.
- 친구를 만난다.
- 운동을 한다.
- 즐거운 상상을 한다.
- 책을 읽는다.

■ 죄책감, 수치심, 후회, 자책

- 목사님/스님/신부님의 설교/설법/강론을 유튜브로 시청한다.
- 일기나 편지를 읽는다.
- 전화 상담을 한다.

■ 위축감, 비참감, 열등감

- 목사님/스님/신부님의 설교/설법/강론을 유튜브로 시청한다.
- 땀에 흠뻑 젖도록 운동을 한다.
- 라디오에서 소개된 독자 사연 모음집을 읽는다.
- 친구와 노래방에 간다.
- 여행을 간다.

■ 선망, 시기, 질투

- 목사님/스님/신부님의 설교/설법/강론을 유튜브로 시청한다.
- (노자, 장자, 법정스님의) 책을 읽는다.
- 쇼핑을 한다.

■ 불안, 긴장, 걱정, 초조, 두려움

- 자연의 소리를 담은 음원을 듣는다.
- 명상을 한다.
- 스트레칭, 요가, 태극권을 한다.
- 근육이완법을 실시한다.

■ 답답함, 암담함, 압박감, 중압감, 부담감, 쫓기는 느낌

- 목사님/스님/신부님의 설교/설법/강론을 유튜브로 시청한다.
- 일의 계획을 다시 세운다.
- (노자, 장자, 법정스님의) 책을 읽는다.
- 생활 지침을 읽는다.
- 땀에 흠뻑 젖도록 운동을 한다.

■ 갈등, 혼란

- 영화를 본다.
- 미용실에 간다.
- 목욕을 한다.
- 사이버 상담을 한다.

■ 당황, 어색함

- 호흡 명상을 한다.
- 근육이완법을 실시한다.

출처: 김정호(2015). 생각바꾸기. 서울: 불광출판사.

5. MITI 4.1 코딩 가이드라인: 동기면담 치료효과 검증도구

원저자: T. B. Moyers, J. K. Manuel, D. Ernst

A. MITI 소개

MITI의 목적

동기면담을 사용하는 임상가가 얼마나 잘 사용하는지 아니면 얼마나 잘못 사용하는지 검토하는 것을 목적으로 한 MITI는 행동 코딩 체계로서 이러한 목적을 달성한다. 더불어 동기면담을 적용하는 임상가의 기술을 증진하는 데 사용할 수 있는 피드백을 제공하기도 한다. 다음과 같은 목적으로 사용된다.

1) 동기면담의 임상적 적용 수준을 측정한다.
2) 실험 장면이 아닌 실무에 적용할 때 동기면담 역량을 증진하도록 구조화된 객관적 피드백을 제공하고자 한다.
3) 훈련 및 전문가 채용에 선별 기준을 위한 구성요소가 된다.

MITI는 관계 형성하기, 초점 맞추기, 변화동기 유발하기, 계획하기 등 동기면담

내에 존재하는 구성적 절차를 평가한다. 따라서 구체적인 변화 목표가 없이 진행된 회기는 MITI로 평가하는 데 적합하지 않다. 그러나 몇 가지 요소는 관계 형성 기술을 평가하고 피드백을 제공하는 데 유용할 수 있다.

B. MITI의 구성요소

MITI는 두 가지 구성요소를 가지는데, 바로 총점과 행동점수이다.

총점은 5점 척도 중 하나의 점수로 나타내야 한다. 총점은 평가자가 느끼는 전반적인 인상이나 판단을 의미하는 숫자로서, 게슈탈트적인 차원이다. 네 가지 총점 영역들은 변화대화 일구기, 유지대화 완화하기, 파트너십, 그리고 공감이다.

행동점수는 행동 하나하나를 하나의 점수를 세기만 하면 된다. 일반적으로 녹음 사례를 한 번에 들으면서 총점과 행동 점수를 모두 낸다. 20분 정도만 부호화하면 된다. 이보다 짧아도 길어도 좋지 않다. 20분 잘라 내는 부분은 무작위로 한다. 필요할 경우 녹음 사례를 멈출 수도 있지만 너무 많이 멈추지 말라. 이는 총점 내기가 어려울 수 있기 때문이다. 능숙해지기까지는 두 번 돌려서 들으면서 부호화할 수도 있다. 그 경우에는 첫 번째는 총점을 내고 두 번째는 행동 점수를 낸다.

C. 변화 목표 정하기

MITI의 중요한 특징이라 함은 특정한 변화 목표에 초점을 맞추면서 대화 중에 그 변화에 대해서 특정한 방향을 유지하고 있는지에 초점을 맞춘다. 변화 목표라는 것을 목표행동으로 때로 부를 수 있는데, 이 목표를 매우 구체적이면서도 행동적이어야 한다(예를 들어, 음주 줄이기, 혈당 조절하기, 치료 프로그램 참여하기). 코딩하기 전에 코더들은 면담에서 다루고 있는 변화 목표가 무엇인지를 알아야 한다. 그래서 부호화 용지에 부호화하기 전에 써야 한다. 이렇게 해야 면담자가 변화 목표를 행해 개입을 방향 잡고 가고 있는지, 변화 목표에 대해 내담자로부터 이야기 내용을 유발하고 있는지를 보다 더 정확하게 판단할 수 있게 해 준다.

D. 총점

총점이란 영역마다 면담자가 얼마나 잘했는지, 잘못했는지에 대한 평가자의 전반적인 인상을 포착하는 것이고, 작은 요인들이 많이 동시적으로 평가하면서 총점을 낼 수 있지만, 평가자의 즉시적인 판단이다. 총점은 면담자에 대한 총체적인 평가를 반영해야 한다.

5점 척도로 하고, 1점은 최하점, 5점은 최고점으로 3점을 중심으로 위아래로 움직인다. 3점은 혼합된 적용이 있음을 발견하는 것일 수 있다. 5점은 잘못한 부분이 확연히 드러나는 예들이 있는 경우 일반적으로 주지 않는다.

변화대화 일구기

이 척도가 측정하려고 하는 것은 변화 목표를 선호하는 내담자의 언어적 표현을 면담자가 적극적으로 도모하고 있는 정도이다. 그리고 그 변화를 하는 것에 대한 자신감을 어느 정도 격려하고 있는가이다. 높은 점수를 얻으려면 변화 목표가 면담에 명백해야 하고, 대화가 변화에 대부분 초점 맞추고 있어야 하고, 면담자는 가능할 때라면 적극적으로 변화대화를 일구고 있어야 한다. 낮은 점수는 변화에 대해 내담자가 표현하는 데 부주의하는 경우로, 변화대화를 인지하지 못하거나 따라가

변화대화 일구기				
낮음				높음
1	2	3	4	5
변화에 대한 내담자의 말에 확연히 주의를 기울이지 않고 있고 선호하지도 않는 경우	내담자의 변화대화에 대해 간헐적으로 주의를 주지만, 빈번하게 변화대화를 고무할 기회를 놓친 경우	내담자의 변화 대화에 종종 주의를 기울이기는 하지만, 격려할 기회들을 가끔씩 놓치는 경우	변화대화에 일관성 있게 주의를 주면서 변화대화를 격려하려는 노력을 보이는 경우	현저하고도 지속적으로 변화대화의 깊이 강도, 추동력 수준을 증가시키려는 노력을 하는 경우

지 못하는 경우, 대화에서 다른 측면들을 우선적으로 두는 경우(예: 개인력 조사, 사정, 비지시적 경청)이다. 이 척도에서 낮은 점수를 보여 주는 경우라 하더라도 높은 공감과 임상적 적합성을 가질 수도 있다.

언어적 표현기준

① 변화에 대한 내담자의 말에 확연히 주의를 기울이지 않고 있고 선호하지도 않는다.

예

- 문제의 내력에만 질문하는 경우
- 내담자가 경험하고 있는 문제들에만 초점을 맞추어 대화를 구조화하는 경우
- 내담자 가치나 장점, 희망에 과거 성공에 관심을 보이지 않거나 염려하지 않는 경우
- 내담자와의 대화가 오직 교육으로만 이루어진 경우
- 내담자로부터 변화의 이유를 이끌어 내기보다는 면담자가 제공하는 경우
- 변화대화가 나왔는데도 무시하는 경우

② 간헐적으로 주의를 준다. 내담자의 변화대화에 대해 간헐적으로 주의를 준다. 그러나 빈번하게 변화대화를 고무할 기회를 놓친다.

예

- 변화 목표에 대한 내담자 언어에 피상적으로 주의를 주는 경우
- 변화가 가져오는 잠재적 이득에 대해 묻지 않는 경우
- 내담자의 가치, 장점, 과거 경험에 궁금증이 없거나 관심이 최소인 경우

③ 내담자의 변화대화에 종종 주의를 기울이기는 하지만, 격려할 기회들을 가끔씩 놓치는 경우

예

- 격려할 기회를 놓치는 경우
- 유지대화와 변화대화에 동일한 양의 시간과 주의를 두는 경우. 예를 들어, 변화의 추동력이 나타난 다음인데도 결정저울을 사용한 경우

④ 변화대화에 일관성 있게 주의를 주면서 변화대화를 격려하려는 노력을 보이는 경우

예

- 종종 변화의 이유를 인정하고 변화 이유가 나올 경우 탐색한다.
- 종종 반영하기로 변화대화에 반응을 하는데, 반영이 조금 더 심도 있는 탐색을 격려하지 않는 경우
- 내담자가 변화대화를 하는 경우 궁금증을 표현한다.
- 변화 목표와 관련하여 내담자의 가치, 강점, 희망 성공을 탐색하는 경우

⑤ 현저하고도 지속적으로 변화대화의 깊이 강도, 추동력 수준을 증가시키려는 노력을 하는 경우

예

- 일련의 대화에 걸쳐서 변화대화가 나오도록 조성하는 경우
- 구조화된 치료적 과제들을 사용하여 변화대화를 이끌어 내고 견고하게 하는 경우
- 내담자가 변화대화를 할 때 조금 더 깊게 탐색할 수 있는 기회를 놓치지 않는 경우
- 변화대화를 전략적으로 이끌어 내면서 변화대화가 나왔을 때 일관성 있게 반응하는 경우
- 변화대화의 추동력을 만들어 낼 수 있는 기회들을 거의 놓치지 않는 경우

유지대화 완화하기

이 척도는 내담자가 변화에 대해 반하는 이유나 현재 상태를 유지하려는 이유에 면담자가 초점을 두는 것으로부터 피하는 정도를 측정한다. 높은 점수가 나왔다면 변화의 어려움이나 바람직하지 않는 점에 대해 이야기하는 것에 머무르기를 피해야만 된다. 관계 형성을 위해서 유지대화에 때로는 주의를 기울일 수는 있으나 일반적으로는 필요한 만큼만 시간을 들여야 하며 대화가 동기를 세우는 데 보다 더 선호할 만한 영역으로 이끌어지도록 해야 한다. 낮은 점수는 변화의 걸림돌에 상당히 많은 주의를 면담자가 하는 경우로서 동기면담 기법들 사용하더라도 면담 내내 유지대화를 유발하거나 반영하는 경우이다.

유지대화 완화하기				
낮음				높음
1	2	3	4	5
현재 상태를 선호하는 언어 표현의 빈도나 깊이를 촉진하는 태도로 내담자에게 반응을 일관성 있게 하는 경우	일반적으로 내담자의 현상 유지에 대한 이유들을 탐색 또는 초점을 맞추거나 그것에 반응하는 경우	유지대화에 대해 면담자가 선호도를 가지고 있기는 하지만, 가끔씩 유지대화로부터 초점을 멀리 두려고 하는 경우	유지대화를 강조하는 것을 일반적으로 피하는 경우	현저하면서도 지속적으로 노력하여 유지대화의 깊이, 장점, 추동력을 저하시키려 하는 경우

언어적 표현기준

① 현재 상태를 선호하는 언어 표현의 빈도나 깊이를 촉진하는 태도로 내담자에게 반응을 일관성 있게 하는 경우

예

- 변화에 반대되는 말을 하도록 드러내어 요청할 때 어려운 점들을 질의하는 경우
- 유지대화가 나타났을 때 질문이나 반영이나 인정하기를 함으로써 상세하게 말하도록 적극적으로 하는 경우
- 변화대화와 함께 유지대화가 나타날 경우 유지대화에 선호적으로 관심을 가지

고 이를 강화하는 경우
- 변화하지 않아야 하는 이유에 대해서 지속적으로 궁금증을 가지고 초점을 맞추는 경우

② 일반적으로 내담자의 현상 유지에 대한 이유들을 탐색 또는 초점을 맞추거나 그것에 반응하는 경우

예

- 내담자가 변화의 걸림돌이나 어려운 점들을 언급할 경우 종종 그것에 대해 더 많은 이야기를 하게 하는 경우
- 내담자가 말하지 않음에도 불구하고, 면담에서 1회 이상 변화의 걸림돌에 대해 질문하는 경우
- 종종 현상유지가 가지는 이득들에 대해 반영하는 경우

③ 유지대화에 대해 면담자가 선호도를 가지고 있기는 하지만, 가끔씩 유지대화로부터 초점을 멀리 두려고 하는 경우

예

- 유지대화로부터 초점을 멀리 둘 수 있는 기회들을 때로 놓치는 경우
- 내담자가 변화대화를 하는데 현상 유지에 대한 이득에 주의를 기울이는 경우

④ 유지대화를 강조하는 것을 일반적으로 피하는 경우

예

- 변화하지 말아야 하는 이유들을 드러내서 질문하지 않는 경우
- 유지대화가 나왔을 때 최소량의 주의만 주는 경우
- 유지대화에 대해 상세히 말하도록 하지 않는 경우
- 현상 유지를 하려는 이유에 대해서 호기심이나 초점을 두지 않는 경우
- 변화의 걸림돌에 대한 이야기에 머물지 않는 경우

⑤ 현저하면서도 지속적으로 노력하여 유지대화의 깊이, 장점, 추동력을 저하시키려 하는 경우

예

- 구조화된 치료적 과제를 사용하여 유지대화로부터 변화 행동 목표 쪽으로 초점을 바꾸는 경우
- 양면반영을 사용하여(변화대화 반영으로 끝을 맺는다), 유지대화로부터 면담을 멀어지게 하는 경우

파트너십

이 척도는 변화에 대한 전문성과 지혜가 대부분 면담자 내에 자리 잡고 있음을 전달하는 수준을 측정하고자 한다. 높은 점수의 경우, 대등한 파트너로 대화가 이루어지는 경우로서 두 사람이 함께 변화를 해결하는 데 유용할 수 있는 지식을 고려하고 있을 때이다. 낮은 점수의 경우는 대부분의 대화가 전문가로서의 면담자만 보여지면서 면담의 본질에 부정적 영향력을 가지고 있을 경우이다.

파트너십				
낮음				높음
1	2	3	4	5
대부분의 대화에서 면담자가 적극적으로 전문가 역할을 취하는 경우나 협동이나 파트너십이 부재한 경우	협동할 수 있는 기회들에 대해서 피상적으로 반응하는 경우	내담자가 기여한 바를 통합하기는 하지만 미온적 태도를 보이거나 불규칙하게 하는 경우	협동과 힘의 공유를 촉진시킴으로써 내담자가 기여한 바들이 면담에 영향력을 줄 수 있도록 하며 그렇게 하지 않았을 때에는 영향력이 없는 방식으로 하는 경우	면담에서 힘의 공유를 촉진하고 격려하는 것이 적극적이어서 내담자가 기여하는 바가 상당 부분 대화의 본질에 영향을 주는 경우

언어적 표현기준

① 대부분의 대화에서 면담자가 적극적으로 전문가 역할을 취하는 경우나 협동이나 파트너십이 부재한 경우

예

- 전문가로서 문제를 정의하고, 목표를 처방하고 또는 행동 계획을 펼치는 경우
- 대부분의 면담에서 적극적으로 어떤 특정한 의제에 초점을 맞추는 경우
- 내담자의 아이디어를 부인하거나 최소화하는 경우
- 대화를 주도하는 경우
- 내담자가 대안을 말할 때 논쟁하는 경우
- 종종 교정반사를 보이는 경우

② 협동할 수 있는 기회들에 대해서 피상적으로 반응하는 경우

예

- 전문가 역할을 거의 놓치지 않는 경우
- 내담자의 생각에 대해서 최소한으로 질문을 하거나 피상적으로 물어보는 경우
- 자신의 지식이나 전문성을 제공하려고 상호간 문제해결 기회들을 종종 희생하는 경우
- 내담자가 가지고 있는 잠재적인 의제 항목이나 지식, 아이디어 또는 염려들에 대해 최소량으로 반응하거나 피상적으로 반응하는 경우
- 내담자의 말을 때때로 교정하거나 반박하는 경우

③ 내담자가 기여한 바를 통합하기는 하지만 미온적 태도나 불규칙하게 하는 경우

예

- 협동할 수 있는 기회들을 이용하기는 하지만 협동을 이끌어 내기 위한 대화를 구조화하지 않는 경우
- 내담자가 시작했음에도 불구하고 협동할 수 있는 기회들을 때로 놓치는 경우
- 교정반사는 대부분은 보이지 않는 경우

- 지식이나 조언을 제공하고자 상호적인 문제해결의 기회들을 때로 희생하고 마는 경우
- 내담자와 맞서는 것처럼 보이지만 레슬링도 아니고 댄싱도 아닌 경우

④ 협동과 힘의 공유를 촉진시킴으로써 내담자가 기여한 바들이 면담에 영향력을 줄 수 있도록 하며 그렇게 하지 않았을 경우에는 영향력이 없었을 방식으로 하는 경우

예

- 내담자가 생각을 이야기할 수 있도록 면담을 어느 정도 구조화하는 경우
- 문제의 정의나 의제 설정이나 목표 설정에 내담자와 합의점을 찾으려고 노력하는 경우
- 형식적인 방식을 넘어서서 내담자의 관점을 얻는 경우
- 문제해결이나 브레인스토밍에 내담자를 관여시키는 경우
- 내담자가 유지대화를 하면서 뒤로 물러날 때 교육을 시키거나 지시하려는 시도를 하지 않는 경우
- 내담자가 준비가 되지 않은 한 결단을 고집하지 않는 경우

⑤ 면담에서 힘의 공유를 촉진하고 격려하는 것이 적극적이어서 내담자가 기여하는 바가 상당 부분 대화의 본질에 영향을 준다.

예

- 회기의 의제와 목표에 대해 진정성을 가지고 타협하는 경우
- 질문과 경청을 통해 내담자의 아이디어에 호기심을 보이는 경우
- 대안과 계획하기에 대해 내담자가 평가하도록 촉진하는 경우
- 내담자가 전문가이자 의사결정자임을 현저히 보이는 경우
- 내담자의 의견에 따라서 조언하기와 전문성을 완화시키는 경우
- 내담자의 결함을 탐색하는 것보다는 장점과 자원들에 대해 이야기하는 것을 선호하는 경우

공감

이 척도가 측정하는 바는 내담자의 관점과 경험을 어느 정도 이해하고 있으며 또는 포착하려는 노력을 하고 있는지를 측정한다(예: 내담자가 느끼거나 생각하는 것에 대해서 알아보고자 얼마나 많이 시도하는가). 공감을 동정, 온정, 수용, 진정성, 지지, 내담자 옹호와 혼동해서는 안 된다. 이 모든 것들은 공감 평가와는 별개다. 반영적 경청이 이 특성에 중요한 부분이긴 하지만 총점은 면담자의 모든 노력들을 포착해야 한다. 내담자의 관점을 이해하고 이해한 바를 내담자에게 전달하려는 노력을 말한다. 높은 점수는 내담자의 세계관을 이해하고 있다는 근거를 보여야 하는데, 다양한 방법들이 포함되며 내담자가 의미는 하지만 아직 표현하지 않은 것을 예측하는 복합반영이나 경청을 토대로 한 통찰력 있는 질문과 내담자의 정서적 상태에 대해 정확하게 알고 있는 것을 말한다. 낮은 점수는 내담자의 관점에 관심을 가지지 않은 경우이다.

공감				
낮음				높음
1	2	3	4	5
내담자의 관점에 거의 또는 전혀 관심이 없는 경우	간헐적으로 관점을 탐색하려는 노력을 하나 내담자의 진정한 의미로부터는 멀어져 있으며 면담자의 이해한 바가 부정확한 경우	적극적으로 내담자의 관점을 이해하려는 노력은 있는데, 성공은 보통 수준인 경우	내담자의 관점을 이해하려는 노력을 적극적이고도 반복적으로 하고 있는 경우, 내담자의 세계관을 정확하게 이해하고 있다는 근거를 보이기도 하지만 외적인 내용에 대부분 국한되어 있는 경우	내담자가 밖으로 표현한 말이 아니라 표현을 하지 않았으나 의미한 바를 내담자의 관점으로 깊이 이해하고 있다는 증거를 보이는 경우

언어적 표현기준

① 내담자의 관점에 거의 또는 전혀 관심이 없는 경우

예

- 정보를 얻으려는 질문만 하는 경우
- 내담자의 관점을 이해하려는 노력을 하지 않고 사실 정보만 탐색하는 경우

② 간헐적으로 관점을 탐색하려는 노력을 하나 내담자의 진정한 의미로부터는 멀어져 있으며 면담자의 이해한 바가 부정확한 경우

예

- 반영은 하지만 내담자가 한 말을 오해석하는 경우
- 내담자를 이해하려는 노력의 수준은 얕은 경우

③ 적극적으로 내담자의 관점을 이해하려는 노력은 있는데, 성공은 보통 수준이다

예

- 어느 정도 정확한 반영하기를 하지만 내담자의 핵심을 놓치는 경우
- 면담 전반에 걸쳐 내담자가 의미하는 바를 포착하려는 시도를 하는 경우

④ 내담자의 관점을 이해하려는 노력을 적극적이고도 반복적으로 하고 있다. 내담자의 세계관을 정확하게 이해하고 있다는 근거를 보이기도 하지만 외적인 내용에 대부분 국한되어 있다.

예

- 내담자의 관점이나 상황에 대해 관심을 가지고 있음을 전달하는 경우
- 내담자가 이미 말한 것에 대해 정확히 반영하는 경우
- 내담자의 관점을 이해한 바를 효과적으로 소통하는 경우
- 내담자가 가진 염려나 경험들이 정상적이며 또는 타인들과 유사함을 표현하는 경우

⑤ 내담자가 밖으로 표현한 말이 아니라 표현을 하지 않았으나 의미한 바를 내담자의 관점에서 깊이 이해하고 있다는 증거를 보인다.

예

- 회기에서 내담자가 한 이야기를 넘어서서 이해한 바를 효과적으로 소통하는 경우
- 내담자의 관점이나 상황에 대단한 관심을 보이는 경우
- 역지사지 노력을 하는 경우
- 이야기를 단순히 따라가는 데 필요한 것을 넘어서 내담자가 상세히 말하도록 종종 격려하는 경우
- 정확한 복합반영을 많이 하는 경우

E. 행동점수

행동점수는 면담자의 동기면담 사용에 대한 전반적인 느낌과는 관계없이 구체적인 행동을 말한 경우의 개수를 센다. 총점과는 달리, 행동점수는 유형화와 결정 규칙에 따라 결정한다. 코더는 추론에 의지하여 행동점수를 세지 않아야 한다.

E.1. 면담자의 문장을 나누기

회기를 발리로 나누는데, 발리는 중단 없이 나온 면담자의 표현이다. 면담자가 말을 시작하여 끝날 때까지가 발리이다. 화자 전환과 동일하다.

E.1.a. 나누기 규칙

발리는 문장이 하나일 수도 있고 여러 개일 수도 있다. 문장은 하나의 완전한 생각 또는 생각 단위다. 행동 점수는 문장에 주는 것으로, 모든 문장이 부호를 받는 것은 아니다.

각 문장에 행동 부호 하나만 매겨진다. 발리도 하나의 부호가 주어진다. 예를 들어, "음주에 대해 염려를 하시는군요."는 하나의 문장이고 하나의 부호를 매긴다. 반면에, "음주에 대해 염려하시는군요. 이전에 그것이 문제가 되었나요?" 이것은

두 개의 문장으로 하나마다 별도의 부호를 준다. 따라서 상당히 긴 답을 하는 경우 만약에 면담자가 반영하고 직면하고 정보를 주고 나서 질문을 했다면, 이것들은 각각 행동 부호를 하나하나 매길 수 있다. 이와 마찬가지로 만약에 동일한 발리에 면담자가 자율성 강조하기와 인정하기를 했다면 두 개의 부호화를 매긴다[이전의 MITI 부호화와는 MI 일치(MIA)와 MI 불일치(MINA) 문장에 대한 문장 나누기 기준에서 다르다].

반영하기는 다르게 취급한다. 발리 안에 단순반영과 복합반영이 조합을 이루어지든지 아니든지 간에 발리마다 단 하나의 반영하기에 부호를 매긴다. 만약에 반영하기 중에 어느 것이든 복합반영이라면 CR을 매긴다. 그렇지 않으면 SR이 주어진다. 예를 들어, 단순반영을 하고 나서 닫힌질문을 하고 그다음 복합반영을 했다면, 발리는 두 개의 부호를 갖게 되는데, 복합반영과 질문이다.

마지막으로, 질문에 대해서는 발리마다 하나의 부호만을 주도록 한다. 동일한 발리 내에 많은 질문을 했을 경우, 유일하게 질문하기 부호만 준다.

발리마다 최대 가능한 부호화 수는 8개다. 다음의 각각의 부호화를 하나씩만 발리에 매길 수 있다.

정보 제공하기(GI)
설득하기(Persuade 또는 Persuade with)
질문하기(Q)
단순반영(SR) 혹은 복합반영(CR)
인정하기(AF)
협동 구하기(Seek)
자율성 강조하기(Emphasize)
직면하기(Confront)

결정 기준: 나누기가 확실하지 않으면, 나누기 수를 줄이라.

E.2. 문장 나누기 연습하기

E.3. 문장 나누기를 해야 할 경우

내담자가 '예' 또는 '맞아요'라고 하는 경우가 있는데, 이때는 촉진적인 진술로 보기 때문에 코딩할 때는 넘어간다. 반면에 내담자의 촉진적 진술이 면담자의 직접적인 질문이나 반영에 답으로 쓰이는 경우에는 거기에서 발리가 끊긴다. 되도록 많이 나누지 말라.

E.4. 행동 부호화

E.4.a. 정보 제공하기

면담자가 정보를 제공하거나 교육을 하거나 피드백을 하거나 설득이나, 조언이나, 경고하기 없이 전문가 의견을 하는 경우에 쓰인다. 일반적으로 톤이 중립적이고 내담자에게 해야 한다는 말이 없어야 한다. 하위코드는 없다.

예

"저의 전문가적 견해로 봤을 때, 심장질환 재활로 가는 것이 선생님의 상황에 있는 대부분의 분들에게 최상의 선택이라고 생각하는 바입니다."

"지침에 의하면 여성은 일주일에 7잔 이상을 마셔서는 안 된다고 적혀 있군요."

E.4.a.1. 구조화하기 진술은 정보 제공하기로 부호화하지 않는다. 면담에서 무엇을 하게 되는지, 회기 중의 활동 지시 사항 주기, 다음 약속 시간 정하기, 연구를 위한 회기를 몇 번, 시간이 어떤지에 대해 이야기하는 것 등이 구조화하기 진술들이다.

예

"장점 목록을 보시고 ○○님에게 해당하는 것 2~3개를 골라 주세요."

"○○님의 치료 계획을 함께 보면서 뭘 바꿔야 할지 보도록 하겠습니다."

"오늘 회기 이후에 두 회기만 남아 있어서 그것에 대해서 계획해야 되겠군요."

E.4.a.2. 정보 제공하기(GI)를 다른 행동 점수와 구분해야 한다. 설득하기, 직면하기, 또는 허락 구하고 설득하기 등과는 구별해야 한다.

설득하기: 선생님에게는 최상의 것이라 생각합니다. 이 대화에 대해 어떻게 생각하세요?

허락 구하고 설득하기, 협동 구하기: 평가에서 ○○님은 매주 18잔을 마신다고 하셨군요. 이건 사교적 음주를 훨씬 더 넘어섭니다.

직면하기: 매일 과일 두 개만 드시고 있고요.

설득하기: 저에게 아주 효과가 있었어요. 선생님도 해 보시면 효과가 있을 거예요. ○○님에게 딱 맞는 것을 찾아야 할 것 같아요. 딱 맞는 건 찾지 못하신 거예요.

설득하기: 헬멧을 늘 쓰길 권합니다. 넘어질 때 보호해 줄 거예요.

구조화 진술이므로 부호화하지 않는다: 오늘 다른 사람에게 효과적인 것 몇 가지 이야기하려고 합니다.

자율성 강조하기, 허락 구하고 설득하기: 선택은 ○○님에게 있습니다.

설득하기: 이 정도로 술을 계속 드신다면 정말 간에 피해가 될 수 있습니다.

E.4.b. 설득하기

밖으로 드러날 정도로 내담자의 태도, 의견, 행동 변화를 하려고 논리를 사용한다든가, 강요하는 논쟁, 자기 개방이나 사실(이러한 도구들을 드러내서 변화로 연결시키려고 하는 경우) 등을 펼치는 경우다. 만약 내담자가 편견을 가진 정보, 조언, 제안, 팁, 의견 또는 문제해결책들을 내담자의 자율성을 강조하는 표현이나 강한 맥락적인 단서 없이 하는 경우에도 부호화할 수 있다.

만약에 중립적인 태도로 드러내서 내담자에게 영향을 준다거나, 확신을 주지 않고 정보를 주면 GI이다.

설득인지 GI인지 모를 경우 GI를 준다. 설득하기의 부호는 기준을 좀 더 높게 두고 있다.

설득하기: 아침 식사 시간에 과일을 넣으시지 않는 한 매일 식이요법에 과일 다섯 개와 채소를 드실 수는 없어요.

설득하기: 저는 과잉 체중이었는데 제 삶을 제가 택하기로 결정했어요. ○○님도 하신다면 좋을 거예요.

설득하기: 완전히 금주를 할 경우 얼마나 삶이 좋아질지 진짜 모르시는군요.

설득하기: 글쎄요. 아버님이 심한 음주를 하셨다고 하시니 선생님도 그러실 가능성이 있는 것 같네요.

정보 제공하기: 글쎄요. 알코올 중독자의 아이들이 문제 음주 위험성이 높다는 걸 알고 있지요.

협동 구하기: ○○님의 음주 문제의 위험성에 대해 몇 가지 증거가 있고요. 함께 나눌 수 있을지 궁금합니다.

설득하기: 모든 것이 합해져서 볼 때 ○○님은 처방약 없이 혈당 수준을 관리하려면 어려움이 많을 것이라는 생각이 드네요. 이것이 ○○님에게 최선이 아니라면 제 이야기를 하지 않을 겁니다. 제 직업은 ○○님이 나아지도록 돕는 것이고 심각하게 받아들이고자 합니다.

설득하기: 매번 콘돔을 사용한다면 성병감염에 대해 걱정하실 필요가 전혀 없으시지요. 그거 좋지 않을까요?

정보 제공하기: 아이들을 어린이집에 데려다주는 것이 좋지 않다고 생각해 왔어요. 하지만 이제는 어린이집에 한 번도 가지 않는 것에 비해 간 아이들이 사회적 기술이 더 좋다는 근거가 있지요.

설득하기: 지금 당장 ○○님의 삶에 이 모든 일들이 벌어지고 있는데 자녀들을 어린이집에 이틀 정도 데려다주는 것이 어떻게 피해가 될 수 있을까요?

E.4.c. 허락 구하고 설득하기

설득하기를 하는 동안에 협동이나 자율성 지지의 강조를 하고 있을 때이다. 허락 조건은 다음과 같을 때이다.

- 내담자가 직접적으로 의견을 구한 경우
- 내담자에게 직접적으로 허락을 구해서 조언을 제공할지, 제안할지, 피드백을 제공할지, 염려를 표현할지, 제언할지, 특정 주제에 대해 이야기할지에 대해 허락을 구한 경우
- 맨 처음에 면담자가 자율성을 지지하는 말을 했거나 또는 조언의 질을 높였을 때 내담자가 그 조언을 고려하지 않건 무시하건, 개인적으로 평가를 선택할 수 있도록 두는 경우

면담자는 일반적인 허락을 구한 느낌을 추구해야 하거나(오늘 보호관찰 요구 사항에 대해 이야기를 시작하는 것에 대해 어떻게 생각하세요?) 또는 주제나 조건이나 행동 사항에 맞는 특정 허락을 구할 수 있다. 예를 들어, "○○님에게 괜찮다면 다른 사람들이 그들의 혈당 수준을 조절하는 데 사용해 온 몇 가지 전략들을 나누겠습니다."라고 할 수 있다.

허락하기는 설득하기를 하기 전, 중간, 한 후에 할 수 있지만, 시간 내에 해야 한다. 만약에 허락을 구한 설득하기와 병행하여 두드러지게 협동 구하기나 자율성 강조하기가 있다면, 허락과 함께 설득하기와 협동 구하기 또는 자율성 강조하기 부호화가 모두 매겨져야 한다.

면담자가 여러 차례 말할 때, 제언할 때마다 허락을 구할 필요는 없다. 3~4분 정도는 허락의 조건이 지속된다고 본다. 면담자가 주제를 바꾸고 보다 지시적이 되어서 중요한 내용들을 추가하기 시작한 경우(전문가가 되기 시작한 경우) 다시 허락을 구하지 않고 계획을 처방하기 시작한 경우라면 설득하기를 부호한다.

여기서 주시해야 할 것은 면담자의 정보나 조언을 중립적인 태도로 제공한 경우, GI를 매긴다. 확실하지 않으면 GI를 더 선호한다.

> 글쎄요. 아버지가 문제 음주자였으니까. ○○님도 숫자에 따르면 위험성이 상당히 높다는 게 확실하네요. 하지만 모든 사람은 다릅니다. 이것에 대해 어떻게 생각하세요? (허락 구하고 설득하기, 협동 구하기)

제 내담자 중 몇몇 사람의 경우, 어린이 집이 진짜 구원자 같을 수 있다는 점인데, 특히 ○○님과 같이 현재 삶의 조건이 힘들 때는 그렇더군요. 하지만 이 점에 대해 ○○님이 염려를 하시는 것에 대해 알고 있습니다. 그래서 어떻든 간에 ○○님에게 좋지 않을 수 있겠군요. (허락 구하고 설득하기, 협동 구하기)

자녀들이 좀 더 많은 도움을 줄 수 있도록 하는데, 몇 가지 아이디어가 있습니다. 저의 아이들의 경우, 별 차트를 만들어서 방 청소를 한 적이 있었어요. 저의 아이들의 경우 방 청소할 때마다 별을 얻었고 7개가 되면 토요일 밤에 영화를 볼 수 있도록 했습니다. (설득하기)

예제—인슐린주사

A1C 수준이 12점을 넘어섰고 지난 3차례 동안 그랬네요. 일반적으로 이 점수는 후유증의 위험성을 가져올 수 있습니다. (GI)

A1C 수준이 ○○님이 혈당 수준을 통제하는 데 어려움이 있는 게 확실하네요. 최선을 다하셨는데도요. 이 시점에서 저의 최선의 조언은 ○○님이 인슐린 주사로 바꾸는 것이고 복약을 하지 않는 것입니다. 하지만 이것이 ○○님이 기꺼이 고려하실 건지에 대해서는 저는 알 수 없군요. ○○님의 생각을 듣고 싶습니다. (허락 구하고 설득하기, 협동 구하기)

임상가: ○○님의 검사 결과를 살펴보았고요. 혈당 수준을 어떻게 개선해서 관리할 수 있는지에 대해 몇 가지 생각을 나눌 수 있을지 궁금하네요. (협동 구하기)
내담자: 물론이죠. 선생님이 어떻게 생각하는지 궁금해요.
임상가: A1C 수준이 ○○님이 혈당 수준을 통제하는 데 어려움이 있는 게 확실하네요. 최선을 다하셨는데도요. 이 시점에서 저의 최선의 조언은 ○○님이 인슐린 주사로 바꾸는 것이고 복약을 하지 않는 것입니다. 하지만 이것이 ○○님이 기꺼이 고려하실 건지에 대해서는 저는 알 수 없군요. ○○님의 생각을 듣고

싶습니다. (허락 구하고 설득하기, 협동 구하기)

예제—자녀양육에 대한 자기개방

임상가: 글쎄요. 여기에 적합한 우리 아이 이야기가 하나 있어요. ○○님이 제 경험을 듣고 싶은지 궁금하네요. (협동 구하기)

내담자: 도움이 된다면 언제든지요.

임상가: 저의 아이들의 경우, 별 차트를 만들어서 방 청소를 한 적이 있었어요. 저의 아이들의 경우 방 청소할 때마다 별을 얻었고 7개가 되면 토요일 밤에 영화를 볼 수 있도록 했습니다. (허락 구하고 설득하기)

예제—금연

임상가: 금연하는 방법에 대해 ○○님과 몇 가지 정보를 제공한다면 괜찮을지 어떨지 궁금하네요. (협동 구하기)

내담자: 예.

임상가: 니코틴 껌을 사용할 때 내담자들이 운이 좋았던 경험이 있습니다. (허락 구하고 설득하기)

E.4.c.1. 설득하기와 허락 구하고 설득하기의 기준　두 가지 모두 동일한 발언에서 나온 경우 허락을 구한 설득으로 부호화한다. 설득하기는 부호화되지 않는다. 부호화되지 않은 설득하기가 두 사람의 협동의 저해가 된다고 판단될 정도라면 파트너십 총점에 반영해야 한다.

E.4.d. 질문하기

열린질문, 닫힌질문, 유발적 질문, 사실 확인 질문 등 모든 질문은 질문으로 부호화한다. 발리마다 오직 질문 하나만 부호화한다. 따라서 하나의 발리의 질문에 4개를 별개로 했을 때도 하나의 질문하기로만 숫자를 센다. 여기서는 닫힌질문, 열린질문을 하지 않고 대신 질문의 본질을 주의해서 보고 총점을 염두에 두고 보도록 한다. 면담의 사실을 찾으려는 질문들이 많이 있으면 파트너십 점수가 낮아질 수도 있으며, 유지대화를 완화시킬 수 있는 기회들을 감소시키게 된다.

E.4.e. 반영하기

내담자의 진술에 반응하는 반영적 경청 진술을 포착하고자 하는 것이다. 변영하기란 새로운 의미나 자료를 소개할 수도 있지만, 본질적으로 볼 때 내담자가 금방 말한 것을 포착하여 돌려주는 것으로 단순 · 복합 반영이 있다.

E.4.e.1. 단순반영 일반적으로 이해한 바를 전달하거나 두 사람의 대화를 촉진시켜 준다. 내담자가 한 말에 거의 혹은 전혀, 강조를 더하지 않는다. 단순반영은 내담자의 매우 중요한 정서나 강렬한 정서를 말해 주지만 내담자의 본래의 진술에서 많이 넘어서지 않는다. 예를 들어, 내담자가 한 말을 서너 가지로 요약하여 단순반영으로 부호화할 수 있다. 단, 요약하기가 더 추가적인 핵심이나 방향을 더하지 않았을 경우에 그러하다.

E.4.e.2. 복합반영 복합반영은 일반적으로 내담자가 한 말에 상당한 의미나 강조를 더한 것이다. 내담자가 한 말을 좀 더 깊게 더 많이 복합적 그림을 전달하려는 목적으로 사용한다. 때로 내담자가 한 말 중에서 특정한 말을 강조할 수 있고, 그럼으로써 대화를 다른 방향으로 이끌어 가거나 요점을 말해 주고자 할 때이다. 내담자의 단어에 미묘하거나 매우 명백한 내용을 덧붙일 수 있다. 또는 내담자가 한 말들을 조합하여 본질적으로 방향성을 지닌 요약하기로 만들 수 있다.

예제—속도위반

내담자: 3개월에 세 번째 속도위반입니다. 보험금이 하늘을 치솟을 거예요. 정말

죽이고 싶어요. 우리 가족들이 다른 것에 그 돈이 필요하다는 것을 모를 수 있을까요?

면담자: 이것 때문에 분노하시는군요. (단순반영)

면담자: 이것이 ○○님에게 마지막 지푸라기군요. (복합반영)

예제—혈당 조절하기

면담자: ○○님의 혈당 수준 관리에 대해 이미 어떤 말을 들어 오셨나요? (질문하기)

내담자: 농담하십니까? 저는 수업도 듣고 비디오도 보고 집에 간호사 방문도 하고 온갖 조언을 가지고 이 혈당이 어떻게 더 잘 좋아질 수 있는지에 대해 알고 있어요. 하지만 조절을 안 하고 있는 것뿐입니다. 왜 그런지는 모르겠어요. 제가 그냥 죽고 싶은 마음이 있나 봐요. 아시겠어요?

면담자: 이것 때문에 상당히 좌절하셨네요. (복합반영)

또는

면담자: ○○님이 거부하는 것에 대한 이유를 잘 모르시는 거군요. (복합반영)

예제—어머니의 독립

내담자: 저의 어머니는 정말 저를 미치게 해요. 독립하고 싶다고 말은 하지만 사소한 질문으로 하루에 4번씩 저에게 전화를 합니다. 그리고 제가 어머니에게 조언을 하려고 하면 화를 냅니다.

면담자: 어머니 때문에 매우 스트레스 받는군요. (단순반영)

또는

면담자: 엄마가 진정 원하는 것을 알아내는 데 힘든 시간을 보내시고 계시군요. (복합반영)

또는

면담자: 엄마가 진정 원하는 것을 알아내는 데 힘든 시간을 보내시고 계신가요? (질문하기)

또는

면담자: 어머니가 진정 원하는 것이 무엇이라고 생각하시나요? (질문하기)

예제—흡연

내담자: 저에게 뭘 하라고 하는 걸 듣는 것에 정말 싫증이 나요. 이것이 저에게 얼마나 힘든지 아무도 이해를 못하지요.

면담자: 이것이 ○○님에게 압도적인가요? (질문하기)

또는

면담자: ○○님이 화가 나고 좌절하셨군요. (복합반영)

또는

면담자: ○○님의 주변의 사람들이 그것을 이해한다는 것이 어렵다는 거군요. (복합반영)

결정 기준: 단순반영인지 복합반영인지 코더가 구별하기 어려울 경우(요약하기 포함해서), 단순반영으로 부호화한다.

E.4.e.3. 반영이 연속될 때 동일한 발리 안에 단순반영과 복합반영이 여러 개 있을 경우, 복합반영으로만 부호화한다. 반영이 연속적으로 종종 나오기도 하고 문단을 나누는 것이 신뢰도를 갖는 데 어려움을 가져올 수 있고, 발리의 의도에서 멀어질 수 있다. 따라서 단순반영을 한 후 이어서 자율성 강조하기를 하고 나서 복합반영을 한 경우, 복합반영과 자율성 강조하기만 부호화한다.

예제—식이요법 실패

내담자: 이 식이요법에 실패하고 있어요. 잠시 동안 잘했지만 어느새 브라우니 한

판을 먹고 있다거나 잘 해 오던 것을 망가뜨리는 걸 보게 돼요. 브라우니 한 판이 몇 칼로리인지 아세요? 브라우니랑 아이스크림이랑 같이 먹는 건 제쳐 두고요. 이것이 그렇게 어렵다는 걸 결코 알지 못했어요.

면담자: 앞으로 두 발자국 뒤로 한 발짝 가는 거군요. 이렇게 진보하는 것이 충분한 것처럼 보이지 않을 수 있어요. 힘든 점은 브라우니 한 판과 같이, ○○님에게 매우 정상적이 것이 ○○님의 체중에게는 매우 끔찍하다는 것이 되겠지요. 이렇게 힘든다는 걸 아셨더라면, 체중 감소를 시도조차 하지 않았을 테니까요. (복합반영)

내담자: 아니에요. 이것을 해야 해요. 제 나머지 인생 동안 브라우니를 절대 먹지 않을 것이라는 것을 받아들여야 한다 해도, 저는 제 체중으로 제 스스로를 죽이는 것을 중단해야 합니다.

면담자: 정말 해야 한다면 브라우니를 포기해야 할 정도로 체중 감량을 많이 원하시는군요. (복합반영, 변화대화 일구기를 위한 가치 추가하기)

또는

면담자: 사실상, 모든 음식을 영원히 포기할 필요는 없으세요. 연구 결과에 의하면 자기가 좋아하는 음식을 제한하려고 할 때 더 많이 먹게 된다고 합니다. 최상의 목표는 적당히 먹는 것입니다. (설득하기)

E.4.e.4. 반영과 질문이 함께 있을 경우 때로 반영으로 시작했는데, 확인을 위해 질문하는 경우에는 두 개 다 부호화한다.

내담자: 이따위 것을 더 이상 사용할 수 없어요.

면담자: 더 이상 헤로인 사용을 원하지조차 않고 있음을 확신하시는군요. 맞습니까? (복합반영, 질문하기)

내담자: 상사가 말하기를 제가 근신 중이라고 합니다. 초과 근무, 보너스도 없고 아무것도 없어요.

면담자: 이 사건으로 더 이상 초과 근무를 할 수 없다고 상사가 말했군요. 그것에

대해서 어떤 마음이 드세요? (단순반영, 질문하기)

E.4.e.5. 반영하기로 보이는 구조화 진술　때로 면담자가 질문을 하였는데, 질문 전에 그 질문 내용에 대해서 경청자가 단서를 가지도록 만들어진 정보를 제공할 수 있다. 본질적으로 "○○님이 말한 다른 사항을 기억하시나요? 이제 그것에 대해 이 질문을 제가 드리고 싶네요."와 같이 말하는 것일 수 있다. 질문을 하기 전에 나타나는 구조화하기 진술의 이러한 유형들은 반영하기로 별개로 부호화해서는 안 되며, 대신 구조화를 위한 진술로 고려해야 하기 때문이다. 이러한 기준의 의도는 주제에 대해 면담자가 내담자에게 단순히 단서를 주는 경우에 그것을 반영하기로 인정해 주는 것을 피하기 위해서이다.

'설정하기' 진술과 질문 사이에 명백한 구별을 하거나 쉬는 경우라면, 반영하기를 별도로 부호화할 수 있다. 이 경우에, 질문을 하기 전에 내담자가 어떤 식으로든 반응할 수 있는 기회를 가져야 한다.

면담자: 네가 사탕을 훔친 그 가게로 다시 가진 않았다고 말하고 있구나. 네가 그것을 회피하고 있다고 느끼는 거니? (질문하기)

또는

면담자: 네가 사탕을 훔친 그 가게로 돌아가지 않았구나. (단순반영)

내담자: 맞아요.

면담자: 그것을 회피하고 있다고 느끼는 거니? (질문하기)

코더가 보기에 반영하기의 목적이 질문을 하기 위한 토대 혹은 단서를 제공하기 위해서로 본다면 그렇게 부호화하지 말라.

E.4.f. 동기면담 일치(MIA) 행동

종종 훌륭한 동기면담 적용의 예들이 MIA 부호화를 얻지 못한다는 것을 아는 것이 중요하다. 초보 코더들이 하는 흔한 실수(그리고 동기면담 훈련가)는 훌륭한 동기면담 적용의 예를 들어서 MIA 부호 중 하나로 맞추려고 노력하는 것이다. 여기에서는 가능한 MIA 부호화만을 매겨야 하고 또 부호의 명료한 예로 들려지는 경우에만 한다. 의심이 되거나 맞추려고 하는 데 너무 진을 뺀다고 한다면, 다른 부호를 매긴다. 기억할 것은, 행동 점수로 쉽게 포착되지 않은 동기면담 적용의 요소들에 대해서는 총점을 매기는 것이 도움이 될 수 있다.

**이전의 개정판과는 달리 MIA의 각기 하위 유형은 별도로 부호화되고 숫자를 매기게 되어 있다.

E.4.f.1. 한 문장이 MIA 하나 이상에 해당되는 경우는 어떻게 하나요?

"트럼프" 룰 (1580년대 유래됨)

동사: ~을 넘어서다 혹은 이기다

명사: 다른 카드를 넘어섬을 나타내는 카드

대부분의 경우 확신을 가지고 MIA 부호화를 매길 수 있다. 하나 이상의 MIA 문장을 보게 될 때가 있다. 확실하지 않은 경우는 규칙대로 한다. 이 규칙을 트럼프 룰이라고 하는데, 어떤 부호들이 먼저 적용될 수 있는지 말해 줄 수 있기 때문이다.

MIA의 경우 다음의 위계질서는 어떤 부호를 매겨야 하는지 결정하는 데 사용할 수 있다. 불분명할 경우, 낮은 수준이 부호를 매긴다. 이것이 통제 강조하기인지 협동 구하기인지 모를 경우는 강조하기다. 하나만 매긴다. 상당한 자신감을 가지고 있어야 한다. 따라서 확실하지 않으며, 더 낮은 부호를 매기라, 이러한 트럼핑 피라미드의 의도는 코더들을 동기면담에서 높은 중요성을 가진 부호들을 너무 쉽게 매기지 않게 하기 위함이다. 예를 들어, 인정하기를 상대적으로 덜 중요한 반면, 자율성 강조하기는 성취하기에도 도전적 과제가 되고, 이론적인 관심도 따라서 의도적으로 자율성 강조하기를 더 높게 매긴다.

E.4.f.1.a. MIA인지 다른 부호인지(질문하기 또는 반영) 잘 모르는 경우 어떻게 하나요? 질문하기인지 반영하기인지, 잘 모를 경우, MIA를 매기지 말아야 한다. 어떤 표현이 MIA 또는 다른 부호로 매길 수 있는 경우라면, 확실할 때만 MIA를 매겨야 한다. 확실하지 않으면 다른 부호를 선택하라.

E.4.f.2. 인정하기(AF) 인정하기는 내담자에 대해 긍정적인 것을 강조하는 말로서 내담자의 강점, 장점, 노력, 의도, 가치에 대한 것이어야 한다. 진정성 있는 태도로 한 말이어야 하고, 내담자에 대한 진솔함이 반영되어야 한다. 변화목표에 초점 맞출 필요는 없고 인정하기는 내담자의 특정 특성, 행동, 성취, 기술, 강점에 대해 상을 주는 것과 같다. 종종 인정하기가 복합반영일 수 있다. 이 경우라면 인정하기 부호를 더 선호해야 한다.

인정하기는 면담자가 내담자의 말에 동의하거나, 승인하거나, 부추기거나, 불특정으로 칭찬하는 경우에는 자동적으로 매겨서는 안 된다. 인정하기는 현저하게 내담자 행동이나 특성과 연계되어야 한다. 그 문장은 진정성이 있어야 하고 단순히 촉진을 위한 것이어서는 안 된다.

인정하기의 이러한 정의는 동기면담 3판과 이전의 MITI 개정판에서 사용된 것보다 더 엄격하다. 구체적으로 이야기하면, 지지하기("처음 시작할 때는 항상 힘들지요.")는 더 이상 MITI에서는 부호화하지 않는다.

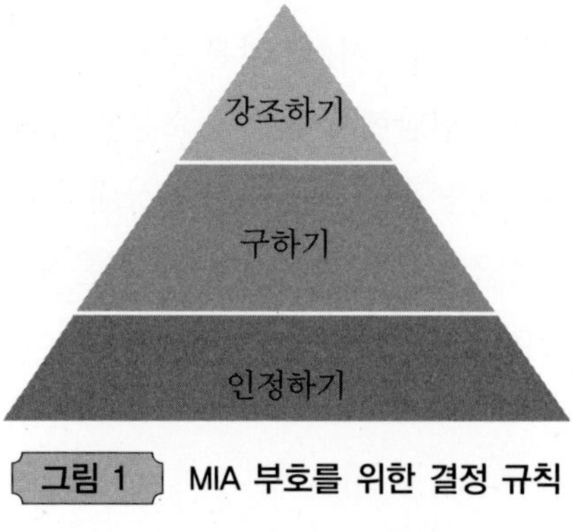

그림 1 MIA 부호를 위한 결정 규칙

인정하기를 줄 정도로 구체적이지도 않고 강력하지도 않을 경우 부호화하지 않는다. 그 예는 다음과 같다.

음주를 줄이기 위한 방법에 대해서 ㅇㅇ님은 많은 좋은 아이디어들을 떠올리셨군요. 오늘 브레인스토밍을 잘 하셨습니다. (인정하기)

훌륭한 부모가 된다는 것이 ㅇㅇ님에게 중요하군요. 마치 ㅇㅇ님의 부고가 ㅇㅇ님에게 그런 것처럼요. (인정하기; 트럼프 반영하기)

ㅇㅇ님이 정말 자랑스럽습니다. (구체적이지 않아서 부호화하지 않음)

공휴일 동안 단것들을 피할 수 있으셨군요. 그렇게 하신 것에 스스로 자랑스러우시군요. 대가가 있었네요. (인정하기; 트럼프 반영하기)

책임감을 심각하게 여기는 분이시군요. 올바른 일을 하길 원하시고요. (인정하기)

주차 문제가 있고 비가 이렇게 쏟아지는데, 여기까지 오시기 쉽지 않으셨겠습니다. 여기 와 주셔서 감사합니다. (인정하기)

금연이 정말 어렵다는 걸 제가 알고 있습니다. (지지하기; 부호화하지 않음)

잘 하셨습니다! (부호화하지 않음)

그렇게 하셔야지요! (부호화하지 않음)

훌륭한 부모가 되려고 정말 노력해 오셨어요. 상황이 어려워질 때도 그것에 기꺼이 머물러 있으려는 점에 제가 매우 감동됩니다. (인정하기)

체중 감량에 이전에 성공한 것에 대해 이야기하신 것을 보면, 준비가 될 때 다시

성공하실 것으로 확신합니다. (인정하기)

패스트푸드 때문에 매우 좌절감을 느끼시고 있군요. 지난 2주 동안 드라이브로 주문을 하지 않으려고 하셨군요. 그동안 두 번 가셨다 하더라도, 매일 가는 것보다는 덜 가시는 것이 제겐 놀랍군요. 그건 큰 변화인 것 같습니다. (인정하기)

E.4.f.2.a. 인정하기의 삼진 아웃 기준 "잘하셨어요."를 과다 사용할 수 있다. 일반적으로 첫 번에 2~3개는 인정하기로 부호화할 수 있는데, 그다음에는 하지 않는다.

E.4.f.3. 협동 구하기 내담자와 힘을 공유하려고 현저히 시도하거나 내담자의 전문성을 인정할 때 매긴다. 회기의 과제나 목표나 방향과 관련하여 내담자와 합의를 진정으로 구하려고 할 때 매긴다. 협동 구하기는 제공한 정보에 대해 내담자가 어떻게 생각하는지 물을 때 매겨질 수 있다. 정보나 조언을 주기 위해 허락을 구할 때, 협동 구하기가 일반적으로 매겨진다.

특정 주제에 대해 내담자가 지식을 가지고 있는지, 이해하였는지 묻는 경우는 질문하기로 부호화한다. 협동 구하기로 간주할 수 없다.

대장암의 위험성을 어떻게 줄이는지에 대해 몇 가지 정보를 가지고 있는데 이것을 ○○님과 이야기할 수 있을지 궁금합니다. (협동 구하기)

임신 중의 음주에 대해 어떤 이야기를 들어 오셨나요? (질문하기)

임신 중에 알코올 소비 표준량에 대해 함께 이야기해도 괜찮을까요? (협동 구하기)

이것이 ○○님에게는 올바른 것이 아닐 수도 있지만, 저의 내담자 중에 몇몇은 손목시계에 알람을 설정하여 혈당 수준을 점심 후 두 시간 후에 체크하는 것을 기억하는 데 좋았다고 합니다. (협동 구하기, 허락을 구한 설득하기 고려)

이것을 제가 어떻게 도와드릴 수 있을까요? (협동 구하기)

흡연에 대해서 말할 수 있을까요? 여기에 그 이야기를 하려고 온 것이 아닌 줄 압니다. (협동 구하기)

○○님의 검사 결과가 있습니다. 함께 검토하고 싶은가요? (협동 구하기)

E.4.f.3.a. 유발하기-제공하기-유발하기(E-P-E) 대화는 협동 구하기의 예가 될 수도 있고 되지 않을 수도 있다. 각각의 항목을 나누어서 부호화하는 것이 일반적이다.

예제—협동 구하기를 하지 않은 E-P-E

면담자: 임신 중의 음주에 대해 어떤 점을 알고 계신가요? (질문하기)
내담자: 마시지 않는 것이 더 좋다는 걸 알고 있어요.
면담자: 맞습니다. 임신 중에는 술을 마시지 않도록 권하고 있지요. (정보 제공하기)

예제—협동 구하기를 한 E-P-E

면담자: 임신 중의 음주에 대해 어떤 점을 알고 계신가요? (질문하기)
내담자: 마시지 않는 것이 더 좋다는 걸 알고 있어요.
면담자: 이 질문에 대해 어떻게 생각하세요? 음주에 대한 ○○님의 방식에 그것이 어떻게 어우러질까요? (협동 구하기)

이와 대조적인 예는 다음과 같다.

면담자: 금연을 할 수 있는 방법들에 대해 무엇을 알고 계신가요? (질문하기)
내담자: 패치가 가장 효과적이라는 걸 알고 있어요. 패치는 얼마나 오랫동안 해야

하나요? 1~2주 사용하면 되나요?

면담자: 패치는 금연을 하는 한 가지 방법입니다. 효과적인 방법이고요. 4개월에서 6개월간 사용하는 게 일반적이지요. (정보 제공하기)

E.4.f.4. 자율성 강조하기(emphasize) 자율성 강조하기는 변화에 대한 결정 또는 행동에 대한 내담자의 책임성에 명확하게 초점을 맞춘 표현들이다. 선택의 자유, 통제감, 개인적 자율성, 또는 태도와 행동에 대한 결정할 수 있는 능력이나 책임감이나 의무를 강조하는 말인 경우다. 자율성이 아닌 경우는 자기효능감, 자신감, 특정 행동을 수행할 수 있는 능력을 강조할 때는 아니다.

네. 맞습니다. 누구도 ㅇㅇ님이 금주하도록 강요할 수 없습니다. (자율성 강조하기)

여기에서 ㅇㅇ님 자신을 가장 잘 아시는 사람은 ㅇㅇ님입니다. 이 치료 계획에 무엇이 들어가야 한다고 생각하시나요? (자율성 강조하기)

몇 개의 과일과 야채를 먹을 것인지는 ㅇㅇ님에게 달려 있습니다. (자율성 강조하기)

이것은 정말로 ㅇㅇ님의 인생이자 길입니다. 어느 방향으로 갈 것인지 결정하는 것은 오로지 ㅇㅇ님입니다. 여기서부터 어디로 가고 싶으신가요? (자율성 강조하기)

ㅇㅇ님은 어려운 지점에 와 있습니다. 수감되어 있는 것이 ㅇㅇ님의 삶에 통제력이 없는 것처럼 느끼게 됩니다. ㅇㅇ님이 하게 결정하도록 통제력을 어느 정도 얻을 수 있게 해 주는 치료 프로그램에 참여할 것을 고려하도록 요청되었습니다. 이 시점에서 무엇을 선택할지 확실하지 않으신 거군요. (자율성 강조하기)

이것은 ㅇㅇ님이 보시기에 기회이자 도전이지요. 대안들을 견주어 보고 무엇이 최상의 것인지를 판단하려고 하시는 군요. (자율성 강조하기)

예제—금주

내담자: 영원히 금주할 수 있다고 확신합니다.

면담자: 이전에 그런 적이 있어서 금주에 자신감이 있으시군요. (반영하기, 변화대화 일구기)

면담자: ○○님 앞에는 선택이 있으며 어느 방향으로 가길 원하는지에 대해 상당히 자신이 있으시군요. (자율성 강조하기)

면담자: 어느 방향으로 가고 싶은지 매우 자신이 있으시군요. (반영하기, 변화대화 일구기)

면담자: ○○님은 끊을 준비가 되어 있으시군요. (반영하기, 변화대화 일구기)

예제—혈당 수준 확인하기

내담자: 매일 혈당 수준을 체크할 준비가 되어 있지 않지만 1주일에 한 번을 할 수 있겠어요.

면담자: 궁극적으로 얼마나 자주 할 수 있는지는 ○○님께 달려 있습니다. (자율성 강조하기)

면담자: 한 가지 변화를 검토하고 계시는 것은 주별로 체크하는 거군요. (단순반영, 변화대화 일구기)

면담자: 매일 검사하는 것이 매우 어려우시군요. (복합반영, 유지대화 완화하기)

예제—HIV 검사

내담자: 지난주에 집에서 하는 검사에 대해 간호사와 이야기했어요. 약국에서 검사 도구를 사서 바로 결과를 알아볼 수 있다고 하더군요.

면담자: 필요한 답을 얻기 위해 이미 행동을 하셨군요. (반영하기, 변화대화 일구기)

면담자: 최상의 선택이 무엇인가에 대해서 ○○님이 결정해야 합니다. (자율성 강

조하기)

면담자: 결과를 알아내는 방법에 대해 두 가지 마음을 가지고 계시는군요. (복합반영)

면담자: 가정에서 하는 검사 도구에 대해서 몇 가지 정보를 가지고 있습니다. 함께 나눌 수 있는지 궁금합니다. (협동 구하기)

면담자: 와우! 그것을 목표로 삼으셨군요. (인정하기)

면담자: 해야 할 것을 이루셨군요. (인정하기)

E.4.g. 동기면담 불일치(MINA) 행동

오직 두 개의 부호가 있다. 설득하기와 직면하기이다.

E.4.g.1. 설득하기(E.4.b 영역 참조)

E.4.g.2. 직면하기 이는 직접적으로 애매모호하지 않게 반대하거나 논쟁하고, 교정하고, 수치심을 주거나, 비난하고, 비평하고, 명명하고, 경고하거나, 도덕화하거나, 조롱하거나, 내담자의 정직성에 의문을 던지거나 함으로써 내담자를 직면할 때 사용한다. 이러한 대화들은 힘의 불균형의 특성을 가지며 비승인이나 반대가 동반된다. 이 경우는 면담자가 질문을 사용하기도 하고 반영하기를 할 때도 있다. 직면일 경우에 확실히 목소리 톤이 그러하다.

내담자가 이미 알고 있거나 또는 개방을 했던 부정적인 정보를 재진술하는 것이 직면이 될 수도 반영이 될 수도 있다. 대부분이 직면은 목소리 톤이나 맥락을 주의 깊게 들으면 정확하게 분별된다.

결정 기준: 잘 모를 때가 있는데, 이럴 때는 부호화를 매기지 말라.

안타부스를 사용했다고 하면서 술을 마셨다는 건가요? (직면하기)

이것이 ㅇㅇ님이 사랑하는 사람에게 하는 태도라고 생각하시나요? (직면하기)

네, ㅇㅇ님은 알코올 중독자입니다. 그렇게 생각하지 않으셔도 그렇습니다. (직면하기)

잠깐만요. 여기 ㅇㅇ님의 점수가 12점입니다. 죄송합니다만, 이 정도로 높다면 관리를 잘 하고 있었을 리가 없지요. (직면하기)

자녀를 생각하세요. (직면하기)

ㅇㅇ님의 음주에 대해 어떻든 관심이 없다는 겁니까? (직면하기, 트럼프 룰로 인해 질문하기로 부호화하지 않음)

ㅇㅇ님처럼 많이 마시는 대부분의 사람들은 다시는 정상적으로 술을 마실 수 없게 됩니다. (직면하기)

적당하게 마신다는 ㅇㅇ님의 계획에 염려가 됩니다. 그것에 대해 ㅇㅇ님에 대해 나눌 수 있을지 궁금합니다. (협동 구하기)

처벌로 아이들을 훈육하는 것은 다른 문제를 가져옵니다. 처음엔 괜찮은 겁니다. 또 문제가 발생합니다. (직면하기)

콜레스테롤 수준이 ㅇㅇ님 삶의 위협이 된다고 말한 걸 기억하세요. 다이어트를 관리할 수 없다면 뇌졸중이나 심장 마비의 위험성을 가지는 겁니다. (직면하기)

부모들이 면밀하게 지도하지 않은 아이들은 약물 남용의 위험성이 더 높아집니다. 이와 관련하여 ㅇㅇ님의 양육 기술에 대해 어떻게 생각하는지 궁금합니다. (아마도 직면하기-톤에 귀를 기울일 것)

계속 음주를 하신다면, ㅇㅇ님을 도와 드릴 수 있는 게 전혀 없습니다. (아마도 직면하기-톤에 귀를 기울일 것)

직면을 사용함으로써 내담자의 강점 미덕, 긍정적 성취를 강조하는 경우라면, 인정하기를 매겨라. 내담자를 인정하려고 하거나 지지하려고 명백하게 노력하는 경우라면 직면하기는 아니다.

예제—끔찍한 엄마

내담자: 저는 끔찍한 엄마예요.
면담자: 아니에요. 아니십니다. ○○님은 어려운 점이 있었지만 훌륭한 엄마입니다. (인정하기)

예제—콜레스테롤 개선

내담자: 이번 달에 많이 좋아졌어요. 적어도 과일이나 야채를 매일 세 번을 먹었어요.
면담자: 네. 하지만 콜레스테롤 수치가 매우 높아요. (직면하기)
또는

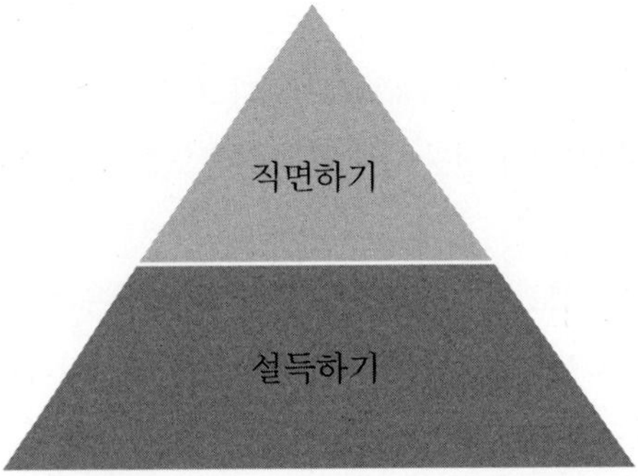

그림 2 MINA 부호를 위한 결정 규칙

면담자: 식이 습관에 정말 많은 개선을 하셨군요. 장기적인 건강 목표와 관련하여 그것에 대해 어떻게 생각하시나요? (인정하기, 협동 구하기)

E.4.g.3. MINA 결정 기준 설득하기와 직면하기는 때로 중복될 수 있고 한 가지 이상의 유형에 맞을 수도 있다. 이럴 경우에서는 [그림 2]의 위계를 사용해야 한다.

F. MITI에서 부호화하지 않는 문장들

예

구조화 진술: 지난주 실시했던 설문지에 대해 이야기합시다.

인사말: 안녕하세요. 와 주셔서 감사해요.

촉진적 진술: 좋아요. 잘했어요.

지난 회기 내용 언급: 지난주 많이 피곤하셨다고 하셨는데요.

토막난 말: 말씀하기로는…… (내담자가 가로막았음)

주제와 관련 없는 말: 여기 좀 춥습니다.

G. 부호화할 대화 길이와 유형

녹음 사례의 길이는 20분에 걸쳐서 맞추어서 해야 한다. 20분 이상으로 길게 전체 회기를 다 볼 수도 있다. 길이가 길어지게 되면, 코더들의 집중력이 유지되기 어렵고 자료가 점점 많아 총점 내기가 어려워진다. 한꺼번에 듣지 않고 자꾸 끊어서 듣게 된다. 비디오보다는 녹음을 대부분 하고, 비디오를 부호화할 수도 있지만 시각적인 정보를 알아내려고 해서는 안 된다.

H. 요약 점수

각 점수를 보기보다는 부호의 빈도에서 계산을 해낸 요약 점수를 가지면 부호화의 적용들을 잘 할 수 있다. 숫자가 중요하지 않다. 예를 들어, 질문 대 반영의 비율의 경우를 보면, 동기면담의 과정을 자세하게 측정할 수 있다. 다음의 공식은 동기면담의 능력을 결정하기 위해서 성과 측정 도구로 사용될 수 있다.

- 기술 총점
  = (변화대화 일구기+유지대화 완화하기)/2

- 관계 총점
  = (파트너십+공감)/2

- 복합반영 %
  = 복합반영/(단순반영+복합반영)

- 반영하기 대 질문하기 비율(R:Q)
  = 총 반영하기/총 질문하기

- 총 동기면담 일치(MIA)
  = 협동 구하기+인정하기+자율성 강조하기

- 총 동기면담 불일치(MINA)
  = 직면하기+설득하기

주: 이것은 이전 MITI 개정판과는 다르다.

I. 면담자 기본 능력과 유창성 기준치

다음의 수치는 전문가 의견에 토대로 하여 나온 것이지 표본의 타당도 결과는 아니다. 다른 자료들과 함께 써야 한다.

MITI 유창성 기준치

	적절함	훌륭함
관계적	4	5
기법적	3	4
% CR	40%	50%
R:Q	1:1	2:1
총 MIA	–	–
총 MINA	–	–

MITI 부호 목록

총점	
변화대화 일구기	(Cultivate)
유지대화 완화하기	(Sidestep)
파트너십	(Partner)
공감	(Empathy)
행동 개수	
정보 제공하기	(GI)
설득하기	(Persuasion)
허락을 구한 설득하기	(Persuasion with)
질문하기	(Q)
단순반영하기	(SR)
복합반영하기	(CR)
인정하기	(AF)
협동 구하기	(Seek)
자율성 강조하기	(Emphasize)
직면하기	(Confront)

부록 A: 상담한 것에 대해 MITI가 적절히 사용될 수 있는지에 대한 질문

동기면담이 구체적인 변화가 들어 있지 않는 인생변화나 인생 상황을 다루는 데 종종 쓰일 수도 있다. 하지만 MITI는 이런 경우의 상담 개입에 대해서는 가치 면에서 제한이 될 수 있다. 추상적 변화에 있어서 코더가 변화대화를 신뢰도 있게 평가하는 데 어려워질 수 있으며, 더 중요한 것은 변화대화를 적절하게 유발하고 반응하고 있는지가 가늠하기 어려워질 수 있다.

동기면담의 유발적 요인이 중요한데, 이것이 없다면 동기면담을 적용하는 능력을 평가하는 도구로 사용하는 데는 빈약해질 수 있다. 수많은 중요한 영역에서 낮은 점수를 얻을 수도 있는데, 면담자는 어느 특정 방향으로의 내담자 언어에 영향을 주지 않기로 선택을 하기 때문일 수도 있다. 이와 유사하게 면담자가 관계 맺기나 초점 맞추기 과정에 주로 초점을 맞추는 경우 동기면담의 유발적 요소가 부재하기 때문에 MITI에서는 낮은 점수를 줄 수 있다. 동기면담 기술이 전체적으로 면담에서 사용되는 경우 MITI가 가장 적절하게 적용된다.

다음 상황에서 MITI가 가치 면에서 제한적일 수 있다.

- 변화 목표가 행동으로 설명될 수 없을 때 결정하는 경우
- 면담자가 내담자로 하여금 특정 목표로 가도록 영향을 주고 싶지 않은 경우, 즉 평형을 유지하고 싶은 경우
- 관계 맺기나 초점 맞추기 기술만을 의도적으로 사용하고 있는 경우

J.1. 변화목표가 한 가지 이상인 경우는 어떻게 하나요?

때로 일어나는 경우인데, 상담이 한 가지 이상의 목표 변화를 가지고 있는 경우로, 예를 들어 '1. 처방약 복용 준수'와 '2. 적절한 주택 찾기'가 있다. 이 두 가지 변화 목표가 내담자로부터 행동들을 하게 만든다면 내면적인 사건이라기보다는 MITI를 사용할 경우이다.

J.2. MITI 부호화를 하기에는 부적합한 변화 목표들의 예들

J.2.a. '결정하기': 명백한 변화대화가 없는 목표 변화

목표가 '결정하기'라고 한다면 변화대화의 내용은 딜레마의 한쪽 면이 되지 않을 것이다(바람직한 변화가 구체적으로 명시되어 있는 경우처럼). 하지만 언어 표현이 결정 자체에 대한 것이 될 것이다. 예를 들어, 변화 목표가 금연이라면, 다음과 같은 변화대화가 가능하다.

금연을 해야 할 필요가 있어요.

금연하지 않으면 암에 걸릴 거예요.

돈이 더 많이 모아졌을 거예요.

아이들에게 훌륭한 모델이 되고 싶어요.

한편, 목표가 '흡연에 대해 결정하기'가 된다면 앞의 문장들은 변화대화로 나오지 않을 것이다. 대신 다음과 같은 말들이 가능하다.

결정할 필요가 있어요.

결정하지 않는다면 계속 이런 상태가 될 거예요.

이것을 처리한다면 상당한 안도가 될 거예요.

이러지도 저러지도 못하는 건 싫습니다.

결정하기에 대해서 변화대화를 부호화하는 것이 이론상으로는 가능할 수 있지만, 복잡한 과제이기 때문에 심리 측정학적으로 평가해 본 적이 없으며, 따라서 저자들은 MITI 4.0에 그것을 포함시키지 않기로 결정한 바 있다.

J.2.b. '좀 더 나은 사람이 되는 것': 행동이 아닌 목표 변화

비행동적 목표가 변화 목표라면 변화 목표를 정의하는 것이 어려워질 수 있다. 만약 내담자의 목표가 '좀 더 나은 사람이 되는 것'이라고 한다면 다음과 같은 말들이 변화대화라는 자격을 가질 수 있을 것인가?

나의 분노를 좀 더 자유롭게 표현할 필요가 있어요.

친구들이 좀 더 많아지기를 원한다면 나 자신보다는 다른 사람들의 바람들에 대해 생각할 필요가 있어요.

좀 더 자주 운동하고 덜 먹고 싶어요.

죄책감을 느끼지 않고 이제 그것을 할 수 있어요.

앞의 예들을 각각 보면, 임상적 맥락에 온전히 따라 달라진다. 그것들이 변화대화인지 아닌지를 결정하는데, 예를 들어 운동을 좀 더 많이 하고 덜 먹는 것이 목표인 경우, 그 사람의 BMI가 25를 넘어섰다고 들은 사람에게는 잘 맞아떨어진다. 거식증의 내담자에게는 맞지 않는 것이다. 또는 좀 더 나은 사람이 되기 목표에는 그 어느 것도 맞지 않은 사람이 될 수 있다. 여기서 핵심은 그런 상황에서 코더들이 신뢰성 있게 변화대화를 식별할 수 없다는 것이다. 따라서 평가자간 신뢰도가 잘 나오지 않을 수 있다. 이런 이유에서 MITI 4.0에서는 목표 행동이란 것을 규정한 바 있다.

J.3. 면담에서 관계 맺기와 초점 맞추기 영역만을 평가하고자 한 경우는 어떨까요?

면담이 변화를 유발하려는 목표를 가지고 있지 않는 경우라도 MITI의 몇 개의 하위 척도들은 면담자의 기본적 상담기술을 평가하는 데 여전히 사용될 수 있다. 파트너십과 공감 총점과 더불어 질문하기, 반영하기, MIA, MINA 등의 행동 점수는 면담에서의 비시적 접근에 대한 유용한 정보를 모두 다 제공해 줄 것이다. 이것들은 적절한 참고 자료로 사용될 수 있고 채택될 수 있다.

부록 B: 자주 하는 질문들(FAQ)

① 회기가 20분보다 짧은 경우는 어떻게 할까요?

10분보다 짧다면 총점내기는 더 어려워진다. 극단적으로 짧은 회기 2~5분 정도는 행동점수만 부호화하는 것이 최상이다.

② MITI 4.0을 가지고 동기면담 정신을 어떻게 포착할 수 있나요?

동기면담 정신은 더 이상 MITI 4.0에서 측정하지 않는다. 파트너십과 변화 이유 유발하기와 같은 동기면담 정신의 중요한 영역들은 MITI 4.0에서 여전히 측정한다.

③ MIA, MINA 요약점수 %는 어떻게 되었나요?

이 행동 %는 이전의 개정판에는 계산을 했지만, %가 특별히 정보를 제공해 주지 않았는데, 특별히 MINA와 MIA가 없는 회기에서 그러했다. 따라서 %가 오해될 수 있고 비정보적이어서 생략하였다.

④ MITI 4.0의 기준치는 무엇인가요?

기준치를 결정하는 것이 이전의 개정판처럼 직설적이지 않다. 왜냐하면 저자들의 동기면담 적용에 대한 이해가 과거보다 더 복잡해졌기 때문이다. 따라서 어느 것이 수용 가능한 것인지를 결정하는 것이 도전과제가 될 수 있다. 더 나아가 대부분의 평가들이 새로운 개정판에서 수정되었는데, 그것이 의미하는 바는 이전 개정판과 비교하기 어렵다. 마지막으로 많은 평가에 대해 추천할 만한 경험적 자료가 부족하다. 그러나 머지않아 그 자료들이 나올 거라 기대한다.

몇 가지 지적 사항:

MITI 4.0에서는 관계 요인의 기준치가 기술 요인보다 더 높다. 이것이 의미하는 것은 관계 맺기를 하는 관계 기술들이 유발하는 기술 요인들을 위한 토대로서 동기면담이 강조하고 있는 현재의 이론적 틀을 반영하는 것이 된다.

저자들이 결론을 내리는 것은 복합반영의 기준치를 유지하는 데 충분한 경험적 근거가 있다는 것이며 특히 질문과 반영의 비율이 그러하기 때문에 그대로 유지하기로 했다.

MIA, MINA의 기준치는 의도적으로 구체적인 설명 없이 그대로 두었는데, 왜냐하면, 기준치를 알려 줄 만한 기준치가 없다. 우리가 도모하고자 하는 것은 치료 효과성을 기록하는 데 사용될 수 있는 임상연구에서는 MITI 4.0 점수들을 모두 다 전체 기록하기를 바란다. 임상적인 성과와 연결되는 경우 이렇게 하면 상당히 짧은 시간에 MIA, MINA 기준치에 대해 자신 있게 이야기할 수 있게 될 것이다.

⑤ 허락 구하기를 하고 설득하기 부호를 기술적으로 매겨야 하는 경우라면 어떻게 해야 하나요? 그런데 허락이라고 하는 것이 진정성 있는 것처럼 보이지 않거나 정보가 설득하기에 더 가깝게 보이는 경우에는 어떻게 해야 하나요?

총점, 특히 파트너십 점수를 임상가가 정보 제공하기, 허락 구하기, 또는 제언이나 의견 제공하기를 어떻게 했는냐에 따라서 영향을 받을 수 있다. 다음과 같은 상황들에서는 파트너십 점수를 낮추어 버릴 수 있다. 하지만 허락을 구한 설득하기 점수는 매길 수 있는 경우이다.

• 매번 코멘트할 때마다 허락을 구한 경우

- 허락 구하는 목소리 톤이 피상적이거나 진실하지 않은 경우
- 허락 구하기를 하고 나서 내담자가 답을 할 시간을 충분히 주지 않은 경우
- 허락 구하기 경계선을 너무 광범위하게 잡은 경우, 즉 음주에 대한 정보를 제공하기를 물은 후에 정보를 주고 나서 그 밖에 라이프 스타일이나 행동 문제에 대해 추가적으로 주는 경우
- 일반적인 주제에 대해서 허락을 구하고 받은 다음에 너무나 많은 정보를 쏟아붓는 경우(또는 한참 동안 계속 정보를 제공하는 경우)

참고문헌

권정혜, 이재우(2001). 우울증의 인지행동치료. 인지행동치료, 1, 1-22.

김정호(2015). 생각 바꾸기. 서울: 불광출판사.

신수경, 조성희(2015). 중독과 동기면담의 실제. 서울: 시그마프레스.

신수경, 조성희(2016). 알기 쉬운 동기면담. 서울: 학지사.

중앙자살예방센터(2015). 자살상담매뉴얼.

한국자살예방협회(2012). 자살시도자 사후관리를 위한 매뉴얼.

Amrhein, P. C., Miller, W. R., Yahne, C. E., Palmer, M., & Fulcher, L. (2003). Client commitment language during motivational interviewing predicts drug use outcomes. *Journal of Consulting and Clinical Psychology*, *71*(5), 862-878.

Arkowitz, H., Westra, A., Miller, W. R., & Rollnick, S. (2009). *Motivational interviewing in the treatment of psychological problems.* New York: Guilford.

Berman, A. L., Jobes, D. A., & Silverman, M. M. (2006). *Adolescent suicide assessment and intervention* (2nd ed.). American Psychological Association.

Brittion, P. C., Bryan, C. J., & Valenstein, M. (2014). Motivational interviewing for means restriction counseling with patients at risk suicide. *Cognitive and Behavioral Practice*, *23*(1), 56-61.

Britton, P. C., Patrick, H., & Williams, G. C. (2011). Integrating motivational interviewing and self-determination theory with cognitive behavioral therapy to prevent suicide. *Cognitive and Behavioral Practice, 2011*(18), 16–27.

Burke, B. L., Arkowitz, H., & Menchola, M. (2003). The efficacy of motivational interviewing: A meta-analysis of controlled clinical trials. *Journal of Consulting and Clinical Psychology, 71*, 843–861.

Brown, G. K., Have, T. T., Henriques, G. R., Xie, S. X., Hollander, J. E., & Beck, A. T. (2005). Cognitive therapy for the prevention of suicide attempts: A randomized controlled trial. *Journal of the American Medical Association*, *294*(5), 563–570.

Henriques, G., Wenzel, A., Brown, G. K., & Beck, A. T. (2005). Suicide attempters' reaction to survival as a risk factor for eventual suicide. *American Journal of Psychiatry*, *162*, 2180–2182.

Jobes, D. A., & Mann, R. E. (1999). Reasons for living versus reasons for dying: Examining the internal debate of suicide. *Suicide and Life-Threatening Behavior*, *29,* 97–104.

Know, K. L., Stanley, B., Currier, G. W., Brenner, L., Ghahramanlou-Holloway, M., & Brown, G. (2012). An emergency department–based brief intervention for veterans at risk for suicide. *American Journal of Public Health*, *102*(1), 33–37.

Miller, W. R. (2015). Motivational interviewing TNT in Korea. Seoul, Korea.

Miller, W. R., & Rollnick, S. (2002). *Motivational interviewing: Preparing people for change,* New York: The Guilford Press.

Miller, W. R., & Rollnick, S. (2013). *Motivational interviewing.* New York: The Guilford press.

Reinecke, M. A., DuBois, D. L., & Schultz, T. M. (2001). Social problem solving, mood, and suicidality among inpatient adolescents. *Cognitive Therapy and Research*, *25,* 743–756.

Rollnick, S. (2015). The 1st Asia–Pacific symposium on motivational interviewing. Singapore.

Simon, R. I. (2011). *Preventing patient suicide: Clinical assessment and management*. 박원명, 윤보현, 김문두, 우영섭 공역(2013). 자살예방을 위한 임상적 평가와 관리. 서울: 학지사.

Westra, H. A. (2012). *Motivational interviewing in the treatment of anxiety.* New York: The Guilford Press.

Wenzel, A., Brown, G. K., & Beck, A. T. (2009). *Cognitive therapy for suicidal patients:*

Scientific and clinical applications. 김학렬, 김정호 공역(2012). 자살환자의 인지치료. 서울: 학지사.

찾아보기

【 인명 】

【내용】

저자 소개

강호엽(Kang Ho Yup)
대구대학교 일반대학원 사회복지학과 박사과정
전 정신장애인 사회복귀시설 시설장
현 정신건강복지센터 근무, MINT 회원, 한국정신건강사회복지사협회 대의원
정신건강사회복지사 1급, 동기면담 국제훈련가
중앙자살예방센터 자살예방교육프로그램 강사

조성희(Cho Sung Hee)
미국 미주리주립대학교 대학원 교육 및 상담심리학 박사
전 국립법무병원 임상심리실장
현 백석대학교 기독교학부 교수
백석대학교 학생생활상담센터 소장
임상심리전문가, 동기면담 국제훈련가

자살예방실천현장에서의 동기면담
Motivational Interviewing in Suicide Prevention Practice

2017년 9월 25일 1판 1쇄 인쇄
2017년 9월 30일 1판 1쇄 발행

지은이 • 강호엽 · 조성희
펴낸이 • 김진환
펴낸곳 • (주) 학지사
04031 서울특별시 마포구 양화로 15길 20 마인드월드빌딩
대표전화 • 02)330-5114 팩스 • 02)324-2345
등록번호 • 제313-2006-000265호

홈페이지 • http://www.hakjisa.co.kr
페이스북 • https://www.facebook.com/hakjisa

ISBN 978-89-997-1385-9 93180

정가 17,000원

이 도서의 국립중앙도서관 출판시도서목록(CIP)은 서지정보유통지원시스템 홈페이지(http://seoji.nl.go.kr)와 국가자료공동목록시스템(http://www.nl.go.kr/kolisnet)에서 이용하실 수 있습니다.
(CIP 제어번호: CIP2017023879)